赤道几内亚简史

HISTORIA CONCISA DE GUINEA ECUATORIAL

许昌财 编著

世界知识出版社

目 录

自序 ……………………………………………………… 1
序一（西班牙文）……… ［赤道几内亚］特奥多洛·奥比昂 6
序一（中译文）………………………………………… 7
序二 "我们踏着小路前进"………………… 李肇星 8

第一章 概 况 ……………………………………… 1
　第一节　国名、首都、国旗、国徽 ………………… 1
　第二节　行政区划 …………………………………… 3
第二章 自然地理 …………………………………… 5
　第一节　地理位置、地形、地貌 …………………… 5
　第二节　岛屿 ………………………………………… 7
第三章 一个多民族国家 …………………………… 12
　第一节　班图人大迁徙 ……………………………… 12
　第二节　向木尼河流域迁徙的班图人 ……………… 14
　第三节　芳族 ………………………………………… 15
　第四节　布比族 ……………………………………… 22
　第五节　恩多维族 …………………………………… 28
　第六节　安诺本族 …………………………………… 33
　第七节　比西奥族 …………………………………… 37
　第八节　巴仑戈族 …………………………………… 39

第四章　丰富的民族文化 …… 41
第一节　音乐和舞蹈 …… 41
第二节　民间文学 …… 44

第五章　沦为殖民地 …… 48
第一节　葡萄牙同西班牙争夺海上霸权 …… 48
第二节　葡萄牙占领费尔南多·普岛 …… 52
第三节　葡萄牙割让费尔南多·普岛 …… 55

第六章　西班牙征服费尔南多·普岛 …… 58
第一节　探索开辟新航路 …… 58
第二节　阿赫莱霍斯伯爵远征 …… 61
第三节　贩奴贸易 …… 74
第四节　英国在费尔南多·普岛的殖民活动 …… 79
第五节　胡安·何塞·德莱雷纳远征 …… 88
第六节　阿道夫·吉列马德远征 …… 92
第七节　卡洛斯·查孔远征 …… 98
第八节　费尔南多·普岛殖民化 …… 106
第九节　殖民主义扩张 …… 119
第十节　柏林会议和《巴黎条约》 …… 122

第七章　巩固殖民主义统治 …… 129
第一节　完善行政管理机构 …… 130
第二节　强化军事机构 …… 134
第三节　加强文化、教育和宗教渗透 …… 135

第八章　各族人民反对外来侵略和占领 …… 144
第一节　强化殖民统治 …… 144
第二节　农业开发和争夺土地的斗争 …… 150

第三节　佛朗哥政权加强对费尔南多·普岛
　　　　　控制和掠夺 ………………………… 153
　第四节　落后的殖民地经济 ………………………… 158
第九章　实现自治 …………………………………………… 162
　第一节　反殖民主义统治初期斗争 ………………… 162
　第二节　如火如荼的非洲民族独立和解放运动 …… 165
　第三节　西班牙竭力维护殖民主义统治 …………… 167
　第四节　为实现自治而斗争 ………………………… 176
　第五节　通过自治法 ………………………………… 188
　第六节　实现自治的四年 …………………………… 191
第十章　走向独立 …………………………………………… 210
　第一节　第一次立宪会议 …………………………… 210
　第二节　来自联合国的压力 ………………………… 223
　第三节　第二次立宪会议 …………………………… 227
　第四节　独立后的第一次总统选举 ………………… 242
　第五节　移交权力 …………………………………… 253
第十一章　马西埃政权11年 ……………………………… 256
　第一节　新政府成立 ………………………………… 256
　第二节　同前宗主国的紧张关系 …………………… 258
　第三节　一次未遂政变 ……………………………… 260
　第四节　建立民兵 …………………………………… 262
　第五节　成立全国劳动者统一党 …………………… 264
　第六节　走向独裁 …………………………………… 266
第十二章　奥比昂政权时代 ………………………………… 268
　第一节　"8·3"政变 ………………………………… 268
　第二节　巩固权力 …………………………………… 275

第三节	基本法诞生		277
第四节	赤道几内亚民主党成立		279
第五节	建立多党制		280
第六节	一统天下的局面		284
第七节	修改宪法		290

第十三章 经济快速发展 … 294
  第一节 殖民地经济时期 … 294
  第二节 发现石油 … 296
  第三节 经济结构的变化 … 303
  第四节 2020年经济社会发展规划 … 312
  第五节 发展经济改善民生 … 315

第十四章 外交政策和对外关系 … 318
  第一节 日益活跃的和平外交 … 318
  第二节 对外关系 … 320

大事年表 … 344

附录一 … 353
  奥比昂总统九次访华回顾 … 353

附录二 … 369
  赤道几内亚基本法 … 369

附录三 … 403
  地名人名中外文对照 … 403

参考书目 … 430

自 序

赤道几内亚是一个风光秀丽,充满纯净优美故事的国度。在赤道几内亚的历史长河中,满载着贫穷与财富,征服与反抗,凌辱与尊严,冲突与和谐的冲撞。进入21世纪,这个昔日被殖民主义者欺凌的弱小国家成为镶嵌在几内亚湾的一颗璀璨明珠,为世界所瞩目。中国有句古话:"三十年河东,三十年河西。"今天,殖民主义者的帆影早已消失在历史的海洋里。目睹赤道几内亚日新月异的变化,自然会把这个国家传统意义上的落后印象抛掷度外,并很容易得到这样一个结论——这里不仅有丰富的石油资源,还有勤劳奋进和富有智慧的人民,他们正在用自己勤劳的双手建设自己的美好家园,并满怀信心地迎接一个个新的挑战。

从某种意义上说,赤道几内亚是一个年轻的国家。1968年实现独立前,连正式国名都没有。从昔日贫弱受欺到今日经济勃兴,成为非盟峰会等一系列重大国际会议的举办国,赢得非洲兄弟国家的赞誉，赤道几内亚人民为此付出了长期的艰苦奋斗和不懈努力。20世纪70年代，联合国把赤道几内亚列为世界最不发达国家之一。进入21世纪，石油的开发为这个国家经济发展注入了活力，其增长速度令世人刮目相看。2007年，赤道几内亚政府出台了2020年经济社会发展远景规划，标志着国家经济社会进入一个可持续发展新时期。正如赤道几内亚人民所高喊的口号："为了一个更美好的赤道几内亚！"

2000年，笔者出任中国驻赤道几内亚大使。在近三年的时间里，亲眼目睹了这个国家在经济、社会、文化和教育方面的进步和变化，特别感受到赤道几内亚人民对中国人民的友好情谊。受奥比昂总统的委托，笔者曾于2003年翻译出版了他的回忆录《我为人民而生》。未曾想这本书特别受中国读者的欢迎。随着中国同赤道几内亚友好合作关系的发展，两国人员交往日益密切，越来越多的人希望更多、更深地了解这颗名不见经传的新星。由此，笔者便有了写一本赤道几内亚历史书的想法，让更多的人特别是年轻人了解这个国家的过去和这个国家的人民如何展望美好的未来。

笔者在写本书的过程中所遇到的最大困难是资料的收集工作。由于历史的原因，在赤道几内亚很难找到详尽叙述本国历史的书籍和资料。在西班牙虽然能读到一些介绍赤道几内亚的出版物，但自然少不了美化殖民主义的成分。笔者在阅读和使用这些资料时，尽量避免先入为主，不被那些根深蒂固的偏见所误导，力求去伪存真，深入了解和客观解释历史事实。在写法上，笔者以殖民化和非殖民化两个不同历史阶段为主线，详尽叙述赤道几内亚的历史演变过程。尽管殖民化这段历史非常沉重，时间跨度很大，但考虑到许多人对这个国家独立后的情况比较熟悉和了解，笔者用较长的篇幅侧重叙述殖民化的过程，因为这段历史是赤道几内亚灾难深重、屈辱的历史，又是一部伴随着侵略和反侵略、奴役和反奴役、压迫和反压迫的斗争史。长期的殖民主义统治给这个国家留下的是贫穷、落后，甚至给外界一种"愚昧和无知"的错觉。这是西方殖民主义者片面宣传的结果。笔者希望通过本书试图给读者一个完整的赤道几内亚历史概念，为史学者们提供一些尽量接近历史真实的资料。这也是我写这本书的初衷和责任所在。很显然，本书不可能涉猎赤道几内亚所有的历史细节和真实，特别是对于那些有兴趣研究这个国家历史的学者们，如果能起到一个抛砖引玉的作用，引起他们研究的兴趣，笔者就感到十分欣慰了。

笔者在过去两年多的时间里竭尽全力，终于使这本书问世，搁笔时顿感如释重负，心情轻松了许多。但此刻笔者不能忘记为本书的成功出版所提供宝贵帮助的人们。

应笔者的请求，中国前外交部长李肇星先生在百忙之中为本书写了序言。他的一番热情话语，笔者受之有愧，愧则有余。我深知，那是老领导对我的关心、鼓励和鞭策。谨此表示衷心的感谢。

2015年8月，笔者给赤道几内亚总统奥比昂写信，请他写几句话作为本书的序言。奥比昂总统欣然接受了这一请求，写下了许多美好的语言。在此，谨向奥比昂总统表示诚挚的谢意。

承蒙中国驻赤道几内亚大使馆的帮助和支持，谨在此深表谢意。

本书由中国世界知识出版社出版发行，他们为这本书的策划和出版投入了许多精力和辛勤劳动，并提出了有价值的意见和建议，在此亦表示由衷的感谢。

此外，笔者还要特别感谢中国路桥工程有限责任公司为出版这本书所提供的宝贵支持。

恰逢中国赤道几内亚建交45周年，谨出版此书以示祝贺和纪念。

由于资料欠缺，加之笔者水平有限，书中出现缺点和错误在所难免，衷心希望专家、学者和读者们多多批评指正。

许昌财
2015 年 11 月 23 日

Prólogo

Para que haga realidad nuestro lema **Unidad Paz y Justicia**, que es el lema de la solidaridad patriótica, todos tendremos que respetar al máximo el bien común y los intereses comunes, y sólo asć quedará garantizado el interés personal, el familiar, etc.

Sea esta nuestra ilusión y nuestra mayor inquietud nacional convertir a Guinea Ecuatorial en uno de los mejores paises del mundo, compartiendo el crecimiento y desarrollo de nuestra subregión y de nuestro continente, en sintonía permanente con la andadura de los pueblos hispánicos de la gran comunidad historica.

Deseo que este libro ayude a los lectores chinos a conocer mejor la historia de mi país. Mi pueblo es laborioso y valiente. Hay razones para creer en un futuro prometedor y aspirar a un destino próspero y lleno de esperanza.

Teodoro Obiang Nguema Mbasogo
Presidente de la República de Guinea Ecuatorial
En septiembre de 2015

序一(中译文)

　　我们的格言是"团结·和平·正义",这也是爱国团结的座右铭。为了实现它,我们必须最大程度地尊重共同幸福和共同利益。只有这样,个人、家庭等利益才能得到保障。

　　使赤道几内亚成为世界最美好的国家之一,同我们的大陆、我们的次区域共同成长和发展,同伟大的历史性的大家庭伊比利亚拉丁美洲人民永远勇往直前,这是我们的理想,也是全国人民的雄心壮志。

　　我希望这本书能帮助中国人民更好地了解我国的历史。我国人民勤劳勇敢,有理由相信一个美好的未来,去追求一个繁荣和充满希望的目标。

赤道几内亚共和国总统

特奥多洛·奥比昂·恩圭马·姆巴索戈

2015年9月

序二 "我们踏着小路前进"
——《赤道几内亚简史》序

本书作者许昌财与我是北京外国语大学的校友、江西上高"五·七"干校和广州军区牛田洋农场的战友、外交部多年的同事。他让我特别钦佩的是：爱人民、爱劳动，恪守《联合国宪章》关于大小国家一律平等的原则，注重学习发达国家人民的优秀文明成果，也注重学习发展中国家人民的优秀文明成果。他退休后勤于笔耕，刚完成《西班牙通史》，又怀着激情写了这部以"我们踏着小路前进"为国歌的赤道几内亚共和国的历史。

他在任驻赤道几内亚特命全权大使的近三年里，牢记天安门城楼两侧"中华人民共和国万岁"和"世界人民大团结万岁"的标语，刻苦工作，为增进中国同赤道几内亚的友谊和合作做出了贡献，得到赤道几内亚总统奥比昂和政府的好评。他离任前夕，奥比昂总统授予他赤道几内亚独立大十字勋章。他在赤道几内亚老百姓中也交了不少朋友。

2007年1月，我曾以外长身份正式访问赤道几内亚。这个面积2.8万平方公里、人口仅120万的国家，独立后的进步给我留下深刻的印象。自20世纪90年代起，赤道几内亚经济发展的高速度在非洲首屈一指，它是非洲人均国民生产总值高于我国的少数国家之一。究其原因，石油资源丰富固然重要，但纵观全局可以看到，保持一个长期和平稳定的环境和齐心走自己"小路"的骨气兴许更为重要。今天，它已被誉为非洲的"新星"。

　　赤道几内亚人民有主持公道的文化传统。我难忘，我任常驻联合国代表期间，和赤道几内亚许多朋友在许多重大国际问题上都有共同立场；我更感谢赤道几内亚于新中国在联合国合法席位得到恢复前就顶住一些大国的压力，承认世界上只有一个中国、台湾是中国领土不可分割的一部分。1971年在第26届联合国大会上，赤道几内亚作为中国恢复在联合国合法席位提案的发起国之一，不畏强权、仗义执言，与不少非洲国家一起将中国"抬进"了联合国。今天，赤道几内亚经济发展了，人民生活改善了，但从来不忘老朋友。2008年中国汶川发生地震，奥比昂总统第一时间派外交部长带着100万欧元来华捐助汶川灾区，相当于每个赤道几内亚人捐款1欧元。这充分表达了赤道几内亚人民对中国人民的深厚情谊。

随着我们同赤道几内亚互利合作和友谊的发展，我国想了解这个"赤道之国"的人越来越多。本书以重大事件为引线，翔实叙述殖民主义对这个国家的野蛮欺侮，歌颂赤道几内亚人民英勇的反殖斗争和建设自己国家的坚毅辛勤。

　　据我所知，这部关于赤道几内亚的专著在我国可能是第一本，值得欢迎，值得品读。

2015 年 10 月 16 日于中国公共外交协会

第一章 概 况

第一节 国名、首都、国旗、国徽

国名：赤道几内亚共和国。因位于几内亚海湾，靠近赤道，故得名赤道几内亚。

首都：马拉博。

国旗：呈长方形，长宽比例5∶3，靠旗杆一侧为蓝色等腰三角形，象征海洋与大陆相连接；右侧为三个平行宽条，自上而下分别为绿、白、红三种颜色，绿色象征财富，白色象征和平，红色象征赤道几内亚人民为实现独立和自由而奋斗的精神。旗面中央是国徽图案。

赤道几内亚国旗

国徽：呈长方形，似一个盾。白色盾面有一棵红树，在热带雨林中随处可见。红树挺拔苍劲，盘根错节，具有特别旺盛的生命力，粗壮高大的树干直插云霄，被誉为"上帝之树"，象征着实现了独立和自由的赤道几内亚共和国永远屹立在这片肥沃的土地上。盾的上端有六颗黄色六角星，象征赤道几内亚大陆和比奥科、安诺本、科里斯科、大埃洛贝、小埃洛贝五个岛。下端的饰带写有国家的座右铭"团结·和平·正义"。

国歌：《我们踏着小路前进》。歌词如下：

让我们踏着小路前进，我们无限幸福，友爱而不分离，我们歌唱自由！

结束了两个世纪的殖民统治，兄弟般的团结，没有歧视，我们歌唱自由！

我们高呼，自由的几内亚万岁！

我们捍卫自由。我们永远歌唱自由的几内亚，我们永远保持团结。我们高呼，自由的几内亚万岁！

赤道几内亚国徽

我们捍卫自由。我们永远歌唱自由的几内亚，坚持，坚持民族独立，坚持，坚持民族独立。

宗教：82％的人信奉天主教，15％的人信奉伊斯兰教，3％的人信奉新教。

重要节日：1月1日——元旦

5月1日——五一国际劳动节

6月5日——奥比昂总统生日

8月3日——"自由政变"纪念日

8月15日——宪法日

10月12日——国庆节（独立日）

11月17日——马拉博保护神节

12月8日——赤道几内亚保护神节

12月10日——人权日

12月25日——圣诞节

人口：1222442人（2015年人口普查结果），其中大陆人口占72.2%，岛屿人口占27.8%。总人口中男性651820人，女性570622人。

语言：第一官方语言为西班牙语，第二官方语言为法语和葡萄牙语。民族语言有芳语和布比语。

中央银行：中非国家银行。

货币：中非金融合作法郎。

第二节 行政区划

全国划为7个省、18个大区、36个市、716个村镇、344个社区。

7个省是：

安诺本省：省会圣安东尼奥·帕莱，包括安诺本大区和安诺本市。

北比奥科省：省会马拉博，包括2个大区：巴内、马拉博；3个市：巴内、马拉博、雷博拉。

南比奥科省：省会卢巴，包括 2 个大区：卢巴、里亚巴；4 个市：卢巴、里亚巴、莫卡、巴特特。

中南省：省会埃维纳永，包括 3 个大区：阿库雷南、埃维纳永、涅芳；7 个市：埃维纳永、阿库雷南、比库尔加、涅芳、恩基米、特戈特、恩库梅肯。

基埃-恩特姆省：省会埃贝比因，包括 3 个大区：埃贝比因、米科梅森；恩索克·恩索莫；6 个市：比德哈比德汉、埃贝比因、米科梅森、恩圭、恩桑、恩索克·恩索莫。

海岸省：省会巴塔，包括 3 个大区：巴塔、科戈、姆比尼；8 个市：巴塔、比蒂卡、科里斯科、科戈、马钦达、姆比尼、坎波河、圣胡安角。

维勒-恩萨斯省：省会蒙戈莫，包括 4 个大区：阿科尼贝、阿尼索克、蒙戈莫、恩索尔克；7 个市：阿科尼贝、阿尼索克、阿耶内、蒙戈梅因、蒙戈莫、恩索尔克、恩桑-恩南。

第二章 自然地理

第一节 地理位置、地形、地貌

位于非洲中西部，赤道线以北，由大陆和岛屿组成，领土总面积为 28051.46 平方公里，其中大陆面积为 26017.46 平方公里，岛屿面积 2034 平方公里。大陆部分称作木尼河地区，北与喀麦隆接壤，东部、南部与加蓬毗邻，边界线总长 539 公里。西部是几内亚海湾，分布着比奥科、科里斯科、安诺本、大埃洛贝、小埃洛贝五个岛。海洋面积 31.2 万平方公里，海岸线长 482 公里，有 12 海里的领海、200 海里专属经济区。海岸线平直、少港湾。大陆沿海地区有 15—25 公里宽的平原，内陆地区多山、多丘陵和高原，平均海拔 500—1000 米。木尼河（又称贝尼托河）是全国第一大河，发源于加蓬，由东向西，横贯大陆全境，顺着倾斜的地势注入大西洋，全长 330 公里，境内长 272 公里。大陆地区河流虽然密集，但水量不大，北部与喀麦隆交界处有坎波河。此外，还有穆比亚河、果洛河、勃洛河、勃诺河、拉尼亚河、阿比亚河。

大陆地区主要山脉有奇梅山，海拔 1800 米，恩萨斯石头山峰和米特拉山峰海拔均为 1200 米，乔科拉特山海拔 1108 米，阿伦山峰海拔 1100 米。沿海地带为狭长平原。

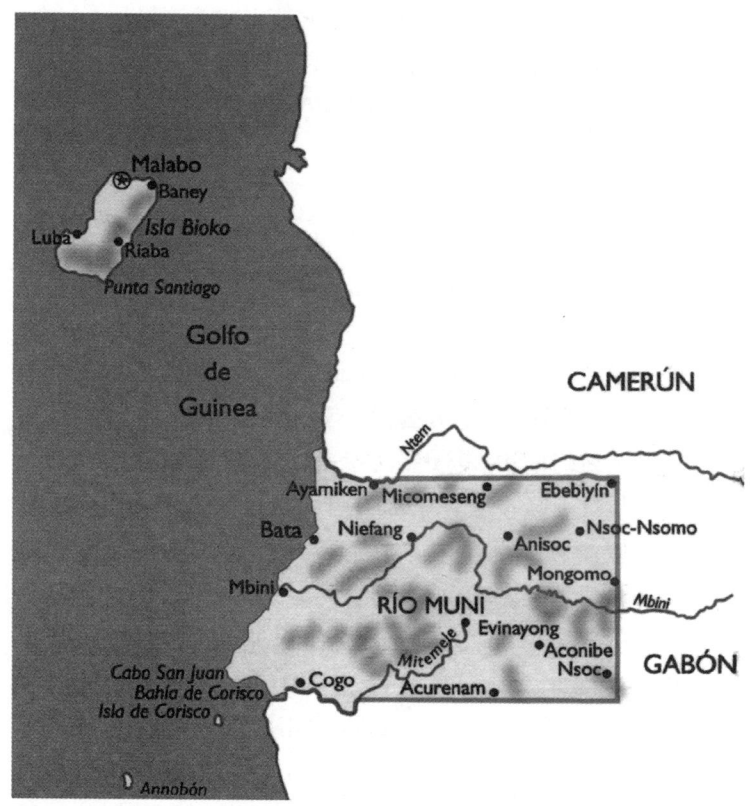

赤道几内亚地图 *

热带雨林气候为动植物生长提供了得天独厚的自然条件。比奥科岛的火山灰土质肥沃，气候温和，雨量充足，大片热带雨林中生长着许多稀有珍贵的植物。大陆地区有许多热带雨林动物，如狒狒、大猩猩、金钱豹、长尾猴、大象、

---

* 图片来源：[赤道几内亚]罗森多-埃拉·恩苏埃·米布依编著《赤道几内亚历史》，2005年版。

羚羊、野牛、鹗、鹦鹉、各种蟒蛇等。

全境属热带雨林气候，雨量丰富。年平均气温22～30℃，最低气温18℃，最高气温34℃。年平均降水量2000～3500毫米。全年无四季之分，只分旱季和雨季。因地域不同，两季的时间也有差异。大陆地区每年3月至5月和9月至11月为雨季，12月至2月和6月至8月为旱季。比奥科岛5月至10月为雨季，1月至4月为旱季。

狒狒　　　　　　　　　金钱豹

热带雨林　　　　　　　猩猩

第二节　岛屿

岛屿系喀麦隆火山带在几内亚湾的延伸，皆为火山形成，地势崎岖，被热带雨林覆盖。

比奥科岛：位于大陆地区北部，距喀麦隆海岸40公里，面积2017平方公里，南北长72公里，东西宽35公里。海岸线总长195公里。人口260462人，其中布比族占58%，芳族占16%，费尔南多人占12%，伊格伯人占7%。

该岛属死火山岛，多山和丘陵。岛上的火山运动约始于480万年以前，结束于10万年以前，从而形成了今日的火山岛。巴西莱山峰（旧称圣伊萨贝尔山峰）海拔3007米，是全国最高峰。

考古学家在比奥科岛的东海岸南达地区曾发现和挖掘出铁器时代早期和中期人类留下的十几处史前遗迹，如骨器、铁斧、标枪、勺子、手镯、铁币等。另外，还发现了铁器时代中期的墓葬。这些挖掘对研究当时人类的葬礼和习俗有很大的参考价值。由此证明，在铁器时代岛上就有人类活动。大约从14世纪起，比奥科岛被遗弃，成为荒无人烟之岛。

1471年，葡萄牙航海家费尔南多·普率领船队在前往印度的途中登上该岛。因岛上风景秀丽，便起名为福尔摩萨岛，葡萄牙语是"美丽"的意思，并把它划入欧洲地图。后为纪念这位航海家，改名为费尔南多·普岛。最早的土著人布比人称该岛为埃图拉。

科里斯科岛：辖属海岸省，位于木尼河入海口西南29公里处，面积15平方公里，最高处海拔30米。人口稀少，约有200位居民。该岛的名字出自葡萄牙语的一个单词"闪电"。本加族人是当地主要居民。因本加族妇女十分漂亮，该岛又称"爱情岛"。根据考古学家2009年、2011年和2012年三次挖掘发现，在铁器时代岛上早就有人居住，大体范围在东岸的南达地区。考古学家在那里挖掘出史前遗址，可推测到公元前50年至公元450年和公元1000年至1150年两个历史阶段。前期，挖掘出非洲铁器时代初期人类的骨骼、斧子、标枪、手镯、勺子和铁币。后期挖掘发现的墓葬有许多祭器。这些考古发现对研究当时人类活动情况具有很重要的参考价值。14世纪，该岛成为荒无人烟的孤岛。3个世纪后，本加人开始在岛上居住。这些居民可能是来自大陆木尼河流域。

科里斯科岛

安诺本岛：辖属安诺本省，面积17平方公里，人口5008人。离比奥科岛595公里，是赤道几内亚最南端的一块领土。这是一个火山岛，约480万年前火山爆发而形成。岛上有一条河，名叫清水河。岛的中部火山口常年积水形成了一个长600米、宽400米的湖，名叫马扎芬湖。

据记载，大约在1405年，葡萄牙胡安二世时期，迪奥戈·康曾登上该岛。1475年1月1日，葡萄牙探险者佩德罗·埃斯克瓦尔和诺昂·桑塔伦在寻找贩卖黑奴转运站途中登上该岛，取名安诺本岛，葡萄牙语是"新年"的意思。最早也有人称作帕加卢岛。

安诺本岛

埃洛贝岛：由大埃洛贝岛和小埃洛贝岛组成，位于赤道线，离加蓬仅 10 公里。面积 2.46 平方公里，其中大埃洛贝岛 2.27 平方公里，小埃洛贝岛 0.19 平方公里。因面积小，又称"蚊子岛"。岛虽小，但地理位置十分重要，堪称非洲西海岸的一艘小航空母舰。考古学家在岛上发现过新石器时期石斧和大量陶器。当地土著人叫土加族，属恩多维族的一个分支。

埃洛贝岛

赤道几内亚岛屿一览表

岛　名	面积(平方公里)	地理坐标
比奥科	2017	3°30′N 8°42′E
安诺本	17	1°26′S 5°38′E
科里斯科	15	0°55′N 9°19′E
大埃洛贝	2.27	0°59′N 9°30′E
小埃洛贝	0.19	1°00′N 9°31′E

第三章 一个多民族国家

第一节 班图人大迁徙

赤道几内亚是一个多民族国家,主要民族有芳族、布比族、恩多维族、比西奥族、安诺本族、莫仑戈族(又称巴仑戈族)。这些民族基本属于班图格罗人的后裔。

西班牙殖民统治时期,实行种族歧视政策,在各民族之间挑拨离间,所以隔阂很深,特别是芳族和布比族之间的矛盾尤为突出,历史上曾多次发生冲突。弗朗西斯科·马西埃·恩圭马担任总统期间(1968—1979年),大搞个人独裁统治,对各民族实行高压政策,民族问题没有得到很好的解决。特奥多洛·奥比昂·恩圭马·姆巴索戈自1979年担任总统以来,重视民族团结问题,号召全国各族人民消除隔阂,团结一致,共建国家繁荣。自1979年起,赤道几内亚民主党一直是执政党。在历届政府中,奥比昂总统照顾少数民族的要求和愿望,吸纳布比族和其他少数民族的政治人物担任总理、副总理、部长等要职。随着经济的发展和民主化的深入,各民族之间的矛盾和隔阂明显减少。

经历史学家考证,赤道几内亚最早民族是班图人。据统计,目前班图人约占非洲总人口的三分之一,是非洲最大的民族集团,主要分布在赤道非洲和南部非洲,包括刚果盆地、大湖地区、赞比西河及林波波河流域，北部西自比夫拉湾，东至朱巴河下游，南至好望角。班图人包括49个民族，有自己的语言，均属刚果语支。

　　班图文化的发祥地在东非大湖区和刚果河下游流域。原始班图人以采集和捕鱼为生，后来生活手段有了进步，进入渔牧农业结合经济。在赞比西河以北，班图人学会种植玉米、高粱、豆类等农作物和香蕉等热带水果。赞比西河以南的班图人以畜牧业为主，放牧牛、羊等牲畜，少数地区从事农耕。公元1世纪，班图人就已经掌握了制陶技术，3世纪学会冶炼技术。

　　公元初，居住在赤道以北喀麦隆高原的班图人由于受北方民族的侵袭开始向赤道一带和赤道以南地区迁徙。一支向坦噶尼喀湖境内迁徙，并在那里定居。11世纪，另一支向东非沿海地带迁徙。第三支向西赤道非洲迁徙和定居。班图人的迁徙给这些地区带来了先进的农耕和畜牧业技术，沿海地带贸易开始兴旺起来，但15世纪的贩卖黑奴贸易使土著居民遭到浩劫，人口大大减少。班图人的生活习俗、礼仪文化在迁徙地区得到了传播。班图人实行一夫多妻制，男子实行割礼。

　　15世纪中叶，奥斯曼帝国仍处于强盛时期，不断干预欧洲政治，霸占欧洲野心不死。1571年10月，西班牙哈布斯堡王朝军在勒班托战役中打败土耳其海军。从此，土耳其对欧洲的军事威胁减弱。自16世纪后期，奥斯曼帝国矛盾加剧，内外交困，走向衰落。欧洲在摆脱土耳其的威胁后，竭力加强对非洲的侵略活动。欧洲殖民者除了掠夺非洲的自然财富外，还加强了自15世纪开始的贩卖黑奴贸易活动，从而导致了班图人、苏丹人向非洲南部大逃亡。

第二节 向木尼河流域迁徙的班图人

据记载，最早迁徙到赤道几内亚的班图人是恩多维族，时间大约在13世纪。恩多维族集团包括许多部落，其中有本加人、布维克人、巴仑葛人、巴普库人、巴诺科斯人、孔贝人、阿松加人等。这些部落可能自13世纪至15世纪先后来到赤道几内亚。本加人向赤道几内亚沿海地区迁徙时间更晚一些，可能是跟随贩卖黑奴的荷兰商人到达这些地区。后来，本加人来到科里斯科岛，成为岛上最早居民。在木尼河地区也有不少本加人。本加人亦称"矮人"，最早以采集野果和打猎为生。

关于布比族的来历有几种推测，有些考古学家认为，早在公元前5世纪，迦太基舰队司令汉农曾率领船队到达非洲西海岸的一个岛。根据他描述的地理情况推测，与比奥科岛十分相似。但是，许多考古学家对这一推测持否定和怀疑态度。比较可靠的看法是12世纪前后，班图人来自北非的几支部落，如包维尔族、巴库塔族和巴坦加族等沿着桑加河流域移动，到达喀麦隆南部，最后来到比奥科岛。这是因为喀麦隆离比奥科岛很近，天晴时能清晰地看到对岸。起先，这些部落在沿海地带活动，后来深入到岛内，并与最先来到比奥科岛的"矮人"发生接触，互相交融。布比族另一次大迁徙可能发生在1550年。

第三节 芳族

芳族占全国人口的 75% 以上，共有 84 个部落。这些部落是：

阿贝因、安戈哥、安沃姆、阿坦克科、阿索戈贝、阿维因、贝库恩、比班克、阿巴、埃法克、埃萨班克、埃萨贝因、埃萨博昂、埃萨博克、埃萨博曼、埃萨克拉、埃萨库南、埃萨福曼、埃萨根哥、埃萨光哥、埃萨曼、埃桑贝、埃萨贝坎克、埃桑比拉、埃萨梅克阿斯、埃萨门孔、埃萨梅图阿、埃桑东、埃桑吉、埃桑图阿、埃桑维因、埃桑文、埃桑维乌斯、埃萨幸、埃萨松、埃萨托普、埃萨图普、埃萨耶卡、埃塞库亚、埃森登、埃森哥、埃塞西米、埃塞西斯、埃乌索克、丰哥、穆邦、梅班、梅博曼、梅克拉、恩克德霍恩、恩东、恩加马、恩根、恩吉恩、恩索莫、恩憝、恩维勒、奥贝库因、奥贝哥、奥布克、奥坎、奥德哈普、奥肯、奥拉、奥隆、昂汪、奥桑维因、奥塞伦贡、奥苏姆、奥耶克、奥巴德霍姆、奥贝克安、耶本维因、耶法、耶克普沃、耶姆比、耶姆比昂、耶门德吉姆、耶门索莫、晏万、晏金、晏芬、晏肯、晏维因。

据记载，芳族人来自苏丹境内的尼罗河流域。南下的芳族人来到喀麦隆雅温得一带居住，后来又被富尔贝人打败。这些芳族部落由于担心被其他强大的部落所分化和削弱便开始了集体大逃亡，最后分散到赤道几内亚、加蓬、喀麦隆和刚果一带定居。当年，芳族人迁徙到赤道几内亚有几条路线，北面沿着坎波河，南面沿着木尼河、东面沿着基埃和恩克莫一带向境内移动。芳族人勤劳勇敢，组织纪律性强，富有游击习气，但各部落的族规戒律十分严格。当年来到赤道几内亚的芳族人分为两支，一支是恩图姆人，主要分布在埃贝比因、恩索尔克、米科梅森、蒙戈莫、阿尼索克、涅芳和巴塔地区；另一支是奥卡克人，主要分布在恩索尔克、阿科尼贝、埃维纳永、阿库雷南、姆比尼、科戈等地区。

芳族的社会组织形式是部落，一个部落就是一个大家庭。根据他们的传统习惯，部落的所有人，不分男女老幼都是这个家庭的成员。因此，同一个部落的人，不管其辈分和地位高低，也不管与其他部落有何种关系，都必须遵守本部落的族规戒律。例如，同一个部落的男人和女人不能通婚。否则，将被视为乱伦，是一种罪孽，要受到严厉惩罚。

芳族人居住的村落大部分位于河畔，主要是为了解决饮水问题。一个自然村是一个部落。过去，部落之间经常发生冲突甚至战争，所以房屋建的必须牢固，墙体多用厚木板做材料，附近建有围墙，以便防御外来袭击。

芳族居住的房屋呈长方形，一般长6米，宽4米，高2米左右。屋顶呈斜面，通常用预先编制好的棕榈树叶覆盖。两扇门，分正门和后门。房屋的建筑材料一般就地取材，用粗大的竹子或灌木做立柱和横梁。为了保证房屋的牢固性，柱子和横梁成排，一般用三根柱子支撑着。房内仅有一间大屋。另有厨房和家务区，是妇女主要活动场所。略高的地方是一个晒台，周围是用竹子做的百叶窗。晒台除了储藏食物如肉类、鱼干、水果和粮食外，另一部分用于存放炊具。

芳族有许多格言，其中有一个格言说，母亲和首任妻子好比房屋的柱子，象征着坚韧、耐力、礼节和同情，她们是一个家庭的顶梁柱。从这个格言中似乎可以看出，芳族最先近乎于母系社会。

每一个部落都有公共财产，如水井、桥梁、道路、公厕。清晨，双脚沾满泥巴进村被视为不礼貌，不尊重别人。妇女外出一般走后门。为了保护和积累部落的公共财产，每一个成员都要参加集体劳动。部落内部遇到困难和问题大家互相帮助，协商解决。

年龄是部落内部等级划分的一个重要标志，长者为大，具有话语权。男童满13岁必须实行割礼，意味着已经是成年人。部落要为实行割礼的男童举行隆重仪式，通常由长者前来主持，邻里朋友都要来祝贺，赠送礼物。不满13岁的男童在家中和部落里都必须遵守传统习惯和规矩，如大人在讨论问题时不能旁听，邻里举行葬礼必须回避，不得吃猴子等动物的肉，因为这些动物被视为人的朋友。如果违反这些习惯和规矩要受到惩罚。部落经常举行各种仪式，宰羊或杀石鸡，跳罪舞，驱散部落里发生的诸如乱伦等违反族规的行为，清算各种罪孽。

部落首领还要为步入成人年龄的青年举行"梅兰"仪式，承认他们走上社会，成为部落里的一名正式成员，开始承担应尽的社会责任，保证自己的行为端正、仁慈，事事为他人着想。按照芳族的观念，经过"梅兰"仪式洗礼的男人有结婚的权利。男人只有结婚后才是一个完整的人，在部落里才能受到他人的尊重，有权参与讨论部落内部重大事务，并拥有发言权。例如，兄弟两人，哥哥没有成婚，而弟弟已经成婚，在家庭和部落里，后者的地位要高于前者。女人被视为家庭的财富，为男人传宗接代。男人认为，家庭最大之不幸是女人不能为其生儿育女。男孩越多，家庭就越富有。男人拥有一个大家庭，就能赢得一个较高的社会地位，活着和死后都会受到人们的尊敬。所以，芳族婚俗是一夫多妻制。这一婚俗在一定程度上扩大了部落与部落之间的交往和联系。今天，一个赤道几内亚成年男人娶几个女人，有十几个孩子是寻常的事情，而且不被视为违反法律。

欢乐的芳族男女

按照族规，婴儿降生要举行几天的洗礼，直到脐带脱落。芳族人称之为"生命的洗礼"。这种仪式虽然非常简单，但却反映出芳族人对生活的美好向往。它是一种朴素而又纯洁的象征，如财富、传宗接代、身体健壮、聪明智慧、出人头地，能同一切邪恶作斗争和保护自己。孩子是芳族人的精神寄托和未来的希望。

婚后的男人取得了独立地位，在家里与父亲有同等的发言权。同时，也意味着担负起家庭的责任，而不仅仅是父亲的一个帮手。他要外出打猎，砍柴和从事其他劳动，成为一家之长。因此，要有荣辱感，教育每一个家庭成员不做坏事。一个人做了坏事，将被视为全家的耻辱。

过去，芳族青年男女的婚姻基本由家长包办，双方自认识到结婚，过程十分烦琐。男方首先要到女方家里相亲，如果男方被女方相中，必须在女方家连续住上两天，一天不能多，一天不能少，而且不能同床。第一天女方诱引男方，后者必须拒绝同床，第二天反之。隔一天，男方再次到女方家，而且要带上礼物，如松鼠、旱獭、穿山甲、豪猪等。双方家长各自介绍家庭情况，并夸奖孩子们的优点和长处，以博得对方的好感和喜欢，然后家长们就可以为儿女们定亲。

除了父母包办婚姻外，也有自由恋爱的。只要女方相中男方，双方父母并不干预和包办他们的婚姻，但这种情况很少见。

芳族的婚礼非常复杂。首先，新郎将新娘"骗"出家门，并藏在一个非常隐蔽的地方。要达到此目的，男方需要用自己的智慧，颇费一番脑筋，甚至"不择手段"方能成功。

芳族对聘礼十分讲究。只有未婚夫向未婚妻送完聘礼，娘家才同意完婚。按照芳族的习俗，女人结婚后一切归男人所有，不得与其他男人发生性关系，否则就是私通，这种行为在部落里被斥责为乱伦和不道德，甚至会引起部落之间不和以及冲突。

按照芳族的旧传统，夫妻不能离婚。

芳族有传统的道德观念。长辈重视教育孩子，从小就教育他们懂得尊重和帮助别人，要有行为规范。从生活习惯到社会交往必须要有正确的准则，即为他人着想，不损人利己。在一个村子里，如果过路人在下午五点还不离开村舍，那就会被村民猜疑和注意。所以，每个村庄都是夜不闭户。

芳族人相信巫术的力量，他们把巫术视为认识自然，利用自然的一种手段。在芳族人中，寻医问药求助巫医，婚丧嫁娶找巫师是经常的事情。巫师在芳族的每个部落都有，而且地位很高。他们相信巫医能祛病驱魔，呼风唤雨，通过施魔法帮助他们消灾，保护他们的财产和生命安全。夜里，黑巫师通常在十分偏僻的地方施魔法。有的人做了坏事，临死前都要请巫师施法把他一生所做的坏事清理一番，让他的孩子继承下来，继续作恶。巫师施法时还要将死者身体的一部分作为祭品。在芳族村落里也有白巫师，他们通过施法教人行善，获得权力，消灾辟邪，获得光明前途。被白巫师施法的人不会做坏事，不害人。有些巫医确实掌握一些简单的医学常识，会用草药治病。还有的巫师能掌握一些天文地理知识，懂得气候变化规律。虽然巫术文化带有浓厚的愚昧成分，但在那个时代容易被人接受，甚至存在至今。好的巫师受人尊重，走遍各个村镇，宣传一些神秘的法术，普及一些自然常识。接受法术的人常常得到图腾，能先知先觉，预知自己和家庭未来的命运。图腾成为氏族的"一面旗帜"。接受法术的人，无论兑现承诺与否，在他的生命中都会得到印证。做好事的人会得到幸福，甚至给全部落带来好运，而做坏事的人会受到惩罚，全部落的人会受到牵连。因此，父母要选择良辰吉日为自己的孩子举行施法仪式。

芳语是中非地区芳族人通常使用的语言。据统计，在喀麦隆、刚果共和国、加蓬、圣多美和普林西比及赤道几内亚的芳族人非常热爱和重视自己的语言。赤道几内亚宪法规定，西班牙语为官方语言，并承认土著语言为国家文化的一部分，各民族有使用本民族语言的自由和权利。赤道几内亚国家电台和电视台专设芳语节目。在日常生活中，芳族人之间喜欢用芳语对话和交流。芳语有自己的文字，也引进一些外来语丰富自己的语言和表达方式。芳语发音与西班牙语不同，发音清脆，音调优美。

中 文	西班牙语	芳 语
喂或你好	Hola	M´bolo
喂或你们好	Hola	M´bolani
早安	Buenos Días	Mbamba Kiri
晚安	Buenas Noches	Mbamba alu
谢谢	Gracias	Akiba
你好吗？	¿Cómo estás?	Y´o num vah?
我说芳语	Hablo Fang	Ma kobe Fang
我懂芳语	Entiendo Fang	Ma wok Fang
我不懂芳语	No entiendo Fang	Ma wok ki Fang
我喜欢你	Te quiero	Ma djing wa
你去哪里？	¿A dónde vas?	Wa keh vay?
我回家	Voy a casa	Ma keh Andah
我去学校	Voy a la escuela	Ma ke see-kolo
我去散步	Voy a dar un paseo	Ma ke ma woolou

第四节　布比族

布比族分 5 个族群，分布在比奥科岛 5 个区：

1. 阿巴－阿巴人，也叫巴哈巴人，主要分布在南部地区莫卡一带。居住在这些地区的部落有巴伊塔、梅瑟、莫塔达、巴维利、瓦里奥、巴梅瑟、巴塔达等。

2. 巴比亚－胡姆人，主要分布在西部，自巴特特至巴拉恰一带，居住在这些地区的部落有巴克克、布里切、巴罗索贝、巴里奥等。

3. 巴洛伊克托人，主要分布在东部的穆索拉至大巴霍一带。其中，居住在比莱利帕地区的部落有巴斯科、巴布阿·阿布；居住在大巴霍地区的部落有布阿卡、巴伊布阿卡、里布内克、巴维戈贝、巴里尼奥哈等。

4. 巴雷卡－穆阿莱人居住在乌雷卡地区，主要部落有瓦里奥、沃波比、瓦洛索贝、沃梅、瓦西奥等。

5. 巴托伊辛巴人分布在三个地区：在巴托伊科波区的部落有阿贝塞贝塞、阿巴科洛克、阿巴里奥里；在巴苏普区的部落有奥洪塔、埃托贝、埃图克、阿巴萨波等；在巴内区的部落有博拉贝萨雷、博丘贝、巴里巴帕特奥、巴西奥、巴索洛、博哈奥、博拉波特雷阿伊阿等。

有人推测，公元前 500 年左右，比奥科岛就有人居住，岛上的土著人野蛮且好战。历史学家经过考证认为，大约在 1550 年，发生大陆居民向比奥科岛第二次大迁徙。比奥科岛上的最早居民来自喀麦隆。属班图人的一个分支。最早的布比人与外界基本隔绝。布比人来到岛上后，居住在海拔

500米至1000米的高原地带，选择能攻易守的地方修建住宅，以防范外来侵略。房屋成排，遇到外来侵袭，立即形成一字形防线。住宅的选址不仅要考虑到安全，还要满足生活的需要。因此，他们通常把房屋建在靠近海滩、森林的平坦处。这样可以狩猎和捕鱼，开荒种田。香蕉等野果是他们的重要食品，棕榈树能提炼出食用油和酒，竹子是制作家具的主要原材料。

布比族村落一角

布比族的每个村落大体有20户至30户人家，居住的茅屋十分简陋，庭院是他们主要活动场所。茅屋呈长方形，十分矮小。屋顶用茅草铺盖而成，围墙栅栏是用比较坚硬的蕨根捆扎起来的。屋内十分简单，有厨房、储藏间。

每个村落都有一个小广场，村中心有个草亭子，这是村民经常集会讨论部落事务和作出重大决定的地方。召集会议时，村长吹起号角。森林、渔船、渔网、猎犬、水井和生产工具均为部落的公共财物。

神灵在布比族生活中占有重要位置,地神、海神、海岸神是他们所崇拜的对象,祈求神能保护他们,赐给他们幸福。

布比族的婚俗是一夫多妻制,但并不是强制性的。一夫一妻和不婚的男人也很多。这是因为男人能娶多少个女人取决于他们的经济条件和社会地位,下层人往往只能娶一个女人,甚至一辈子只能过单身生活。所以,一夫多妻象征着男人的富有。此外,布比族实行异系婚配。青年人的婚姻基本上由父母包办,确切地说由男方的父亲说了算。当家长相中某个女孩和她的家庭时,便同意儿子与女方见面,相互来往,一起劳动,采集山药和拾柴。邻里们见到这种情况便知道双方父母的心愿。男方一旦向女方家中送了彩礼和嫁妆,就算定亲。这些彩礼包括手镯、发卡、牲畜、砍刀、狩猎工具和其他生产农具。订婚后,男方父母到女方家正式求婚。

布比族妇女

布比族有很强的家庭观念,家庭人口越多被视为越富有,三代同堂是常有的事。祖孙三代,包括叔侄、外甥、外孙都被视为家庭成员。每一个家庭群体都有一个说话算数的首长,他有权处理家庭内部的一切事务,其他成员必须服从他的意志。但是，这位一家之长办事必须公正，为人善良仁慈，善解人意，只有具备这些品德，才能得到每个家庭成员的尊重。部落首领一般在战争、狩猎和劳动中产生。那些作战勇敢、有指挥能力或狩猎技术高超的人被推举为酋长。酋长位于所有家长之上，他们必须听从酋长的领导和决定。部落委员会主席由酋长担任。部落内部出现矛盾和冲突，酋长有裁决权。不过，在解决部落内部纠纷中，酋长通常先听取老者们的意见和建议，然后再做出公正的裁决。对犯有过失和罪行的人，根据情节轻重予以不同的惩罚。轻者要罚食品，如鸡、羊、冬瓜、水果等；情节严重者，如通奸、偷窃，则判体罚、强迫劳动、在伤口上浇辣椒水，禁止参加部落内部会议。

18世纪初，在布比族内部出现了帝制雏形和奴隶制的萌芽，其中比较知名的统治者有莫兰博王。残酷的奴隶制度迫使大量布比人离开沿海一带家园，逃往热带雨林中求生。莫兰博死后，洛里托继位（1760—1810年在位）。不过，布比人把洛波阿视为第一任国王（1810—1842年在位）。洛波阿出生于贝斯塞帕村。他统治比奥科岛几个部落时期，正值英国人在岛上进行殖民垦殖活动，在克拉伦斯（今日马拉博）和圣卡洛斯（今日卢巴）建立了殖民点。从第二任国王马达比塔（1842—1860年在位）到第三任国王塞博克（1860—1874年在位）统治时期，正值西班牙取代英国人，开始在比奥科岛进行殖民主义扩张；第四任国王莫卡（1875—1899年在位）出生在雷贝特伊村，其统治的范围有所扩大，许多部落都在他的管辖之下。1899年，第五任国王萨斯·埃布埃拉登基。他曾亲自建立一支反对殖民主义统治的民族武装，后来被捕入狱，在狱中绝食，于 1904 年去世。最后一位国王马拉博·洛佩洛·梅莱卡（1904－1937 年在位）是莫卡的儿子，曾领导布比人进行维护民族权利的斗争。1937 年 4 月 19 日去世。这期间，西班牙殖民者已在比奥科岛巩固了殖民主义统治。

国王拥有至高无上的权力，受到所有部落成员的尊重。国王经常出席重大节日庆典活动。每年初耕和收获季节，布比人都要举行隆重仪式，国王亲自主持。

布比人有丰富的精神世界，相信神灵。传道者是神灵的权威阐释者。活人和死人之间的两个世界靠传道者沟通。因此，传道者受到布比人的尊重。悼念仪式是非常隆重的，传道者在仪式上能真实地传达死者对活人的信息。仪式上摆设的祭品有水、水果、果皮、石头等。

El rey Malabo de Bioko en 1930

比奥科岛的
马拉博王

祭品中不可缺少的是冬瓜。人们把冬瓜切开，口朝下，传道者根据冬瓜籽脱落多少来占卜家庭和个人的命运，传达死者对活着人的信息。活着的人通过传道者甚至能听到死者的声音，成为死者的代言人。他们能预言部落里未来所发生的一切。

最早，布比族曾经历过母系社会阶段。当时，妇女在部落里受到广泛尊重，地位很高。世系按母姓排列，子孙归属母亲。在许多情况下女人的意志和主张起决定性作用，儿子必须服从母亲的意志。

　　布比族是一个有强烈信仰的民族。关于布比族的宗教信仰，历史学家有两种不同的观点。一种认为，布比族的信仰来自原始神教，类似于古罗马、古希腊人所尊崇的那种神。另一种认为，是他们的祖先创造和传承下来的原始宗教。但不管是哪一种，布比族的信仰在他们的生活中占有十分重要的地位。布比族拥有上百种精神或心灵。这种精神带有自身的力量、才能、权力，而且都是独立存在的，不需要求助于其他精神或心灵的支持。但是，布比族对神只是一种模糊的概念。他们相信宇宙分为两个世界，一个是活人的世界，另一个是死人的世界。因此，人有两种才能。死人和活人只是一瞬间的分离。活人要繁衍后代，要积德行善。只有这样，到了死人世界才能获得一个显赫的位置，继续获得力量和权力，以帮助活人。布比人非常聪明、富有想象力，相信权力和力量是宇宙和大自然所赐予的。他们所崇拜的神中，天神和地神最有力量。他们把大地、大海、动物以及雷、雨、风、闪电等自然现象都视为一种精神，他们崇敬勇敢，倡导保护家园精神。所以，布比人实际上是一个多神论民族。不管信奉哪种神灵，都要做善事，死后同先祖团圆，继续过上幸福安宁的生活。

　　布比语是布比族的母语，西班牙语实际上是他们的第二种语言。在家庭和朋友圈中至今仍以布比语为主要交流工具。

第五节　恩多维族

关于恩多维族来到赤道几内亚的背景至今没有定论。一种推测是，公元前西撒哈拉发生一次严重干旱，恩多维族与其他族群开始大逃亡，向非洲南部迁徙。一些历史学家认为，除上述原因外，这些大迁徙运动与当时的社会、经济状况有着密切的联系，其中战争是恩多维族迁徙运动的一个重要原因。当时的伊斯兰扩张在北非引起剧烈动荡，土著人纷纷逃亡。恩多维族为了生存，开始寻找自己的栖息地，而大西洋沿岸一带则成为他们生存最理想的地区。

恩多维族属于刚果班图人的一个分支。他们富有坚毅、团结和吃苦耐劳的精神。恩多维一词是团结、约束、紧密的意思。在大迁徙运动中，他们冲破重重困难，越过桑加河等数条奔腾咆哮的大河来到赤道几内亚。这些河流水深湍急，岸边陡峭，加上茂密的热带雨林，笼罩着一种十分恐怖的气氛。但是，恩多维人凭借自身的团结和坚毅不拔的精神，穿过了这些令人胆战的河流和峡谷，最后来到了大西洋沿岸。其中一部分人在伊克仑戈的带领下，穿过坎波河，越过巴塔山脉来到了几内亚湾沿岸定居下来。

在赤道几内亚的恩多维族主要有以下部落：

1. 姆宾巴族群

部落名称	居住地
贝本加	阿松加
孔贝	本加
扬德耶	巴普库

马里	巴诺克
莫甘达	博姆迪
马潘加	博莱
恩达马	莫阿马

2. 莫顿古族群

部落名称	居住地
奥内	伊亚萨
本多	布维克
阿万德耶	博德莱

3. 博姆巴语族群

部落名称	居住地
巴普库	本加
巴诺克	巴坦加
杜瓦拉	巴林巴

此外还有邦维族群，包括巴塞克、巴伦格和比西奥三个部落。这三个部落虽然归属恩多维族，但与其他部落又有区别，如生活习俗，房屋特点等都有很大不同。

恩多维族的社会组织形式是部落。一个部落就是一个不可分离的大家庭，每一个人都是这个大家庭的成员，彼此之间没有歧视，平等相待，都有财产的继承权，但必须遵守部落内部的传统和族规，恩多维族倡导仁慈和正义，要求每一个成员富有相互帮助的精神，特别是富有者要帮助那些贫困者。

恩多维族有很强的家庭观念。根据传统，恩多维族的家谱包括六代人，即天祖、高祖、曾祖、祖父、父亲、儿子。长辈十分重视对后代的教育，要求他们热爱家庭的每一个成员，做到尊重别人，接受父母的教导。父亲是一家之长，其他人必须尊重和服从他的意志。正是这种爱把每一个家庭紧密地聚集在一起。恩多维人相信人死后并没有消失，而是到了另一个更美好的世界。死后会在另一个世界帮助和保护活着的人。因此，这种爱会无休止的延续下去。

恩多维人来到几内亚湾沿海地区后，首先寻找水源，修建村舍。他们的村舍一般建在热带雨林中，那里有他们所需要的食物和修建房屋的材料。恩多维人在赤道几内亚定居的一个重要原因是看到广袤的热带雨林和肥沃的土地，这里水草肥美，有丰富的热带水果，是他们生存的必要食物。几内亚湾绵长的海岸赐予恩多维族理想的生存条件。

恩多维人修建的村舍十分简陋，几个家庭同住一个大院，直系亲属来往密切。所以，他们的住宅基本都连在一起。修建房屋就地取材，屋顶是用宽大的竹叶或树皮一层层铺盖的，屋梁和墙用坚硬的树干做成。房屋的面积不大，呈长方形，没有窗户，只有两扇门。房屋后面通常有一个后院，用于堆放干柴和劳动工具。有的家庭还在后院搭一个棚子，存放旧物。条件好一点的家庭还有一间储藏室，用来供奉图腾。主屋只有男人才能进去，女人不能入内。所以，这间屋子一般建在院子的一个僻静角落。还有一种情况，一个男人娶几个女人，房屋则分成几间，但根据刚果班图人的习惯，这种房屋是极少见的。恩多维人非常喜欢装饰家园，男人通常把屋子布置得十分漂亮。他们更喜欢用自己制作的篮子、锅碗瓢盆、渔网等劳动工具把厨房装饰得漂漂亮亮。恩多维人常用的一种工具是石臼，采集来的食物用石臼捣碎，然后再食用。恩多维人还会用石头做石磨，用来加工粮食。

恩多维人富有团结和集体主义精神，他们把大海视为公共财富，海湾和海滩大家共同所有，捕鱼用的小划子和独木舟可以随便停靠。恩多维人有一句名言："在大海中没有首领。"特别是在捕鱼区，不设禁区，所有村民都有权捕鱼。由于恩多维人主要靠大海生活，很少修路，仅有的几条土路都是村镇的公共财产，大家负责维修。另外，森林、果树都归部落所有。每个村子有一个小广场或庭院，这是部落举行集会用的地方。

恩多维人非常崇拜和敬仰大海，视大海为自己的生命。他们相信，大海是一个没有富贵和贫贱之分、没有年老和年轻之分的地方，是一个平等的世界。大海是力量的源泉，有恩多维人的一切。

恩多维人的婚俗比较简单，基本由父母包办。当男孩的父母相中一个女孩，便向女孩的父母提亲，各自的父母一旦同意，男女双方必须遵从父母的意志和决定，不得违抗。还有一种情况是，如果一个男孩喜欢上一个女孩，便向父母提出自己的愿望。于是，他的父母出面向女孩的父母提亲。双方父母同意后，男方家长向女方家送彩礼，算是订婚。恩多维人对婚姻年龄没有严格限制，女孩结婚较早，有时年龄很小就出嫁，在丈夫家里担当起家务。

女人结婚后就被丈夫视为家庭的财富，为他们生儿育女，不得与其他男人有来往。否则，将被视为行为不轨，要受到家庭特别是丈夫的严厉体罚。例如，有的家法规定，妻子犯有通奸罪，丈夫可以割掉她的耳朵。

恩多维族实行一夫多妻制，女人越多，生的孩子越多，在部落里越受到尊重。

恩多维族有重男轻女的观念。例如，男人有财产继承权，而女人则没有这种权利。丈夫死后，女人便是家里的财产，嫁给同一个家庭中血缘关系最近的男人，如前夫的兄弟。父亲死后，房屋、生产工具等财产由长子来继承，其他兄弟不得提出异议。

恩多维族的社会基本组织形式是部落，实行酋长制。酋长有至高无上的权力，可以按照自己的意志发号施令。酋长主持部落会议，并有裁判权。部落委员会由若干家长组成，讨论部落内部的重要事务。酋长一般由部落的长者担任，但这不是绝对的，能秉公办事，有组织能力，为他人服务和有较高威信的年轻人也可以被推举为酋长。若干部落中有一个更高的首领——酋长，当部落之间或部落与外部发生冲突时，需要这位首领出面召集各部落议事和讨论，然后做出重大决定。首领平时并不干预每个部落的内部事务，因为这些部落并没有形成联盟。

恩多维部落内部有不成文的司法习惯，每个部落成员必须遵守这些法律，各种处罚也非常严厉。处罚分为若干等级，一些重大案件，如对犯有通奸、杀人、放火、偷盗罪的审判通常在海边的大树下举行。他们相信大海能给每个部落正义和力量。情节较轻的审判则在部落首领的天井举行。判决时，要求部落全体成员参加，对触犯族规的人公开训斥。情节严重的受到体罚，如鞭笞、强迫劳动，最重处罚是断肢或割掉耳朵。犯有杀人罪、通奸罪屡教不改、利用巫术和魔法行骗者、破坏渔船和他人财物者，被永久驱逐出部落。这些人被"流放"到很远的地方，不准再回到部落。其他部落一旦发现有嫌疑的外来人，会把他们押回原来所在的部落进行公审。对一些民事纠纷，败诉者必须向全部落成员免费提供一顿丰盛的午餐或晚餐。全体村民集中在酋长的院子里聚餐。胜诉方也必须杀鸡宰羊，无偿奉献给部落。这顿盛宴是为了表达全体村民对和谐生活的向往。

恩多维族最早的经济形式是一种采集经济，后来逐渐发展到以捕鱼、种植和打猎为生。他们的食品非常丰富，如棕榈油、香蕉、芭蕉、木薯、土豆、甘蔗等。恩多维族非常重视畜牧业发展，几乎家家饲养牲畜和家禽，如羊、牛、鸡、鸭、火鸡、兔子等。

恩多维族又称海岸人，捕鱼是他们的重要食物来源。他们对大海无比的挚爱，有丰富的渔业知识，熟练地掌握大海的动态，如海潮、海风等自然规律。长期的捕鱼生活练就了他们一身好水性。独木舟是他们捕鱼的主要工具，叉鱼技术非常熟练。当男人忙于其他劳动时，女人也经常出海捕鱼。

由于恩多维族人口稀少，随着时间的推移，他们在生活习惯和文化风俗方面与其他民族逐渐融合。

第六节　安诺本族

据记载，1475年1月1日，葡萄牙探险家佩德罗·埃斯克瓦尔和诺昂·桑塔伦登上安诺本岛时，从安哥拉、圣多美和普林西比带来一批黑奴，还有来自比奥科岛的少数土著人。这些人被视为岛上的最早居民，他们在这个小岛上建立了居民点，如帕莱、梅巴纳、阿汉加伊斯（即圣佩德罗）、阿瓦尔（即圣克鲁斯）。1525年，加西亚·霍夫雷·德洛艾萨率领探险队登上该岛，改名为圣马特奥。因该岛与大陆相隔甚远，岛上居民与大陆长期处于隔绝状态。

迄今缺乏描述这些居民生活状况的资料。岛上居民的房屋非常简陋，用可可树和棕榈树叶、草芥和其他木条做屋顶。葡萄牙人登上安诺本岛后建立起居民点。当时，岛上气候炎热，交通不便，疾病肆虐。葡萄牙人从非洲大陆带来黑奴，强迫他们开垦土地。他们生活条件虽然十分艰苦，却无法逃离这座孤岛。岛上的居民大体分为两等，第一等是自由人，即葡萄牙人；第二等是奴隶，即黑人。白人与黑人属于两个不同的阶级，虽然没有法律规定，但不能通婚。随着时间的推移，当地的葡萄牙人开始与黑人建立一种"融洽"的关系。不过，白人和黑人之间的等级仍然分明。黑人勤劳，不怕吃苦，成为葡萄牙殖民者贩卖奴隶的对象。在那个年代，岛上的居民主要是儿童、老人、病残者，强壮劳动力都作为黑奴被贩卖到到拉丁美洲和欧洲。就是这些外来人世世代代在岛上耕耘，繁衍生息，形成了本土文化。由于岛上的生活条件十分艰苦，葡萄牙人逐渐失去了开发这个小岛的兴趣。

最初，岛上的男人占大多数，女人很少，经过长期交融才逐渐形成一个近亲群体。这些居民一开始都是一夫一妻制，后来出现了一夫多妻现象，一些富有者开始娶几个女人。通常情况下，父母不包办婚姻，男女双方直接见面。婚前，男方必须向女方家送聘礼，如各种动物，肉类、鱼、蔬菜、水果等。男人是一家之长，女人服从丈夫的意志，但男人有保护妻子的责任。后来，岛上逐渐形成了村落，出现了自己的传统和文化。

岛上居民除了开荒种地，从事农业生产外，相当一部分人以捕鱼为生。男女都要劳动，男人出海捕鱼，女人种田。

重体力劳动由男人承担，如伐木、开荒、播种等，女人参加收获。主要农作物有木薯和土豆。饲养家禽非常普遍，主要有鸡、山羊、鸭、狗等。安诺本人善于扑捉飞禽，如鸽子、鸵鸟等，捕鱼的办法很多，如钓鱼、网鱼，有时还到远海去捕鱼。安诺本男人有高超的捕捞鲸鱼本领。当有人捕捞到鲸鱼后，全部落像过节一样要欢庆一番，宰杀鲸鱼，做成美味佳肴，全部落的人共享。

18世纪中期，岛上出现了一个贵族阶层，主要是葡萄牙人后裔，也有极少数最初被葡萄牙人带到岛上的安哥拉奴隶，他们获得自由后，逐渐积累财富，生活富裕起来，成为贵族。

由于岛上居民稀少，且葡萄牙人后来又撤离了该岛，初期虽然有等级之分，但始终未形成一个权威的社会组织形式。当地居民的一个重要传统是尊重长者。有正义感、仁慈和善、办事公道的长者被推举为首领。部落内部事务由这位长者负责处理。而贵族一般不干预部落内部事务。神父在部落中很有影响力，被视为心灵的代言人和善与恶的体现，能给他们带来一种精神力量。但是，这种信仰又是非常抽象的。

安诺本人具有叛逆和顺从两面性格。无论是个人、家庭和部落内部的纠纷和矛盾，只要长者出面调解，就迎刃而解。安诺本人相信这样一句话："没有长者解决不了的问题。"可见长者拥有很高的权威。

安诺本人非常敬畏法律的威严。按照族规，处罚是十分严厉的，如虐待长者，特别是虐待父母罪等同于伤人甚至杀人罪，最严酷的刑法是将施虐者扔入大海。对通奸者处罚也十分严厉，对偷盗行为也给予严厉处罚。未经主人同意擅自使用别人的独木舟被视为偷窃，所有收获的鱼产品被没收，连同独木舟一起归还主人后，还要受到处罚，如罚款、交纳鱼和其他食品，甚至被驱逐出部落。

安诺本人具有许多优良品质和传统，相互之间充满爱和尊敬，有恒心和正义感，宽厚而又真诚，慷慨而又宽容，助人为乐，富有合作精神。长辈教育后辈传承这些优良品质，作为自己行动的准则。安诺本妇女十分勤劳、朴实、谦恭、善于料理家务，在家庭里起主导作用。

按照安诺本人的传统习惯，女人把男人比作大海。男人事业的成败总是同他们对大海的认识和掌握大海的技能联系在一起，因为大海是安诺本人生存的的物质世界和精神世界。大海象征正反两种力量，既能帮助他们过上幸福生活，又能给他们带来危害和灾难。所以，安诺本人崇尚大海精神，乞求大海给他们的生活带来福音。在安诺本人中间，男女老幼都多少有些海洋知识。正是大海把他们紧密地联系在一起，使他们能生活在一个平静和谐的环境中。但是，自葡萄牙人来到岛上后，则彻底打破了这种平静。

最初，在安诺本人的心目中没有上帝，他们崇拜"纳西奥"神，它是权力、希望和力量的象征。当收成不好、捕不到鱼、妻子不育、患病、家庭或个人受到挫折时，部落全体成员集合在一起做祈祷，乞求"纳西奥"神的帮助和大海的恩赐，期望得到好的收成和幸福生活。所以，"纳西奥"神同大海是联系在一起的。女人得到"纳西奥"神的恩赐能生孩子，男人出海能捕到更多的鱼，江湖医生可以提高医术给人治好病。所以，部落的男男女女每年都要祭拜"纳西奥"神。

第七节 比西奥族

一些学者认为，比西奥族是恩多维族的一个组成部分，这是因为两个民族居住的区域和生活习俗非常接近。但是，有些学者不同意这种看法，理由是巴塞克族和巴仑戈族同样与恩多维族生活在邻近地区，但这两个族群却不属于恩多维族。巴仑戈族一直坚持自己是一个独立的民族，甚至连恩多维族也承认这一点。

比西奥族主要包括巴克塔、马噶、巴萨、巴库塔、里克耶、莫克克等部落。

比西奥族最早生活在喀麦隆境内，可能在雅温得、埃博洛瓦等地区。当年芳族沿着非洲东线向南迁徙，来到雅温得和埃博洛瓦后，比西奥族被迫离开自己的家园向克里比海岸、坎波河流域和林贝一带迁移，然后又沿着坎波河、蒙贝河、维勒河进入赤道几内亚境内定居。此前，恩多维族已经来到赤道几内亚，为了争夺居住点，两个民族之间冲突不断。

比西奥族来到赤道几内亚后遇到力量强大的芳族人的阻碍。为此，比西奥族又同恩多维族联合共同对付芳族人的进犯。所以，比西奥族的定居点一般都在沿海地带，无法深入内地。那里地势平坦，且靠近森林，比较容易找到水果、木薯、野生巧克力等食物，而且能就地取材，修建房屋。还有一个重要条件是那里能找到水源。不过，随着时间的推移，比西奥族定居下来后，和芳族来往逐渐密切，甚至许多人同芳族通婚。

最早，恩多维人称比西奥人为"马贝阿人"，芳族称他们为"梅库克人"，殖民主义者称他们为"布赫巴人"。比西奥人善于捕捉大象，通常是许多人集体出击，把大象杀死，取出象牙制作各种工艺品在家内摆设或卖掉。比西奥族称象牙为"西奥"，民族的名字也是由此而来。

比西奥人非常勤劳，但他们的生产工具比较落后，主要使用砍刀、斧子等。捕鱼成为生活重要手段，渔网比芳族人使用的先进。

比西奥人住的房屋十分简陋，都是就地取材建起来的。如坚硬的树干做屋梁，竹子做围墙，树叶铺盖屋顶。通常是一间大屋。此外，在院子旁边有一个储藏室。

在部落里，长者为首领，但他必须具有公正、诚实、聪明能干的品质。年轻人如能遵从长者的意志，助人为乐，也可以成为部落首领。比西奥人十分团结，内部有许多禁戒，违者受到惩罚。通奸受到的惩罚最严厉，重者被截肢、割耳朵，轻者向部落缴罚金和实物，如牲畜、猎物、食物、劳动工具。

比西奥族的婚俗比较简单，都是通过男女双方父母介绍。女方一旦被男方父母相中，男方不得违背其父母的意志。两人同居后，只有女方怀孕，才能举行婚礼。还有一种情况是男女相识后向父母提出定亲要求，在父亲同意的情况下，他们才能结婚。

在比西奥人的精神世界里，人死并不是生命的终结，人的灵魂还在漂浮，是永存的。人的一生是善还是恶，取决于他生前行为的好和坏，以及同周围人相处的关系。如果做了一辈子好事和善事，死后会到另一个极乐世界，再次托生成一个好人，甚至能回到原来的家庭。如果生前做了坏事，他的灵魂就泯灭了，不能再复活。

第八节 巴仑戈族

在久远的年代，巴仑戈族与恩多维族是一个族系，后来巴仑戈族同恩多维族分离，来到了木尼河，沿着海岸线定居下来。所以，又称海岸人。巴仑戈族的名字是"流浪"的意思。最初，巴仑戈族与邦德姆人、蒂特姆人和姆比克人同化，成为一个民族。其中，姆比克人同本加人混居，后来又迁徙到加蓬定居。所以，今天姆比克人在赤道几内亚已经消失。巴仑戈族在迁徙过程中，同比西奥族发生过不同规模的冲突，但最后双方在恩多维族首领的调解下达成了和解。巴仑戈族也叫莫仑戈族，分为三个支系，即蒙甘戈人、马迪圭人和兰巴尼人。从生活习惯和人体特征上看，这三种人没有太大的区别，只是各自语言的发音有所不同。2000年3月，巴仑戈人曾一度要求承认他们是不同于恩多维人的独立民族。

巴仑戈人不喜欢群居，村落零散，几户人家组成一个自然村。房屋非常简陋、矮小，屋顶用坚硬的树叶铺成，树干作为屋梁，分前门和后门，但没有窗户，后院很小。

巴仑戈人的食物贫乏，主要有木薯和一些热带水果。捕鱼和打猎成为食物的另一个来源。

巴仑戈人虽然居住非常零散，但拥有一些集体财产，如道路、庭院、捕鱼区、森林等都属于公有。森林对巴仑戈人就像安诺本人对大海那样重要，视森林为自己的生命和力量的源泉。他们了解森林的自然规律，能破解森林的秘密，能根据动物留下的脚印确定动物的踪迹，知晓这些动物是单独行动，还是成双成对或群体行动。他们熟悉森林中的一草一木以及植物的特征和用途，采集各种花草制作草药。

巴仑戈族的首领从年长者中产生。首领必须了解熟悉森林，掌握森林的规律，并把自己所掌握的知识慷慨地传授给他人，不能有任何保留。

巴仑戈族虽然人口少，但非常团结，很少发生内部矛盾和冲突。犯罪情况极为少见。由于巴仑戈族男多女少，通奸现象时有发生。按照族规，通奸男女都要受到惩罚。对男人的惩罚尤其严厉，通常是在男人身上涂满甘蔗汁，然后在太阳下暴晒。

巴仑戈族同芳族和其他民族能长期和平相处，甚至在其他民族之间发生纠纷和冲突时扮演调解人的角色。

第四章 丰富的民族文化

第一节 音乐和舞蹈

赤道几内亚是一个多民族国家,文化底蕴深厚,以本土元素为主,特别是在民间艺术方面带有强烈的民族性。尽管长期遭受殖民主义者统治,民族文化受到压制和不同程度的破坏,但文化根基没有被动摇,文化元素和内涵依然存在。在国家获得独立后,民族文化走出国门,开始同西方文化相互交流,增添了不少西方元素。自20世纪90年代起,随着经济的快速发展,同外部世界的联系和交流日益增多,文化内容更加丰富。

赤道几内亚民族文化最突出的特点是它来自生活和大自然,朴实无华。

音乐和舞蹈是赤道几内亚各民族的伙伴和朋友,他们在生活中离不开唱歌和跳舞,因为这是表达他们喜怒哀乐的一种主要方式。他们的歌舞有强烈的民族性,很少受西方音乐的影响。

鼓在赤道几内亚民族音乐中扮演十分重要的角色。无论是芳族、布比族还是其他少数民族,在他们的乐器中都有各种各样的鼓。鼓是最普及的一种打击乐器,形状类似用来磨玉米和谷物的石磨,用整块树干剜空再蒙上羊皮。这种鼓用手拍击，发出铿锵有力的声音。拍击到不同部位发出不同的音色和音调，可以拍出高音、中音和低音。鼓可以独奏，也可以同其他乐器合奏。每逢周末和节日，村民们点起熊熊烈火，通宵达旦地跳起木鼓舞，表达他们对生活的热爱。

琴是他们的另一种钟爱的乐器。琴的形状不同，发出的音色也不同。芳族人弹奏的穆维特琴，是班图人很早就会弹奏的一种古琴。琴弦最多有15根，连接到用竹子做成的半球形琴身，弹奏起来悠扬动听，清脆而又高昂。除了古琴外，他们还喜欢弹奏木琴、竖琴等。

舞蹈是赤道几内亚各民族用来表达感情的一种形式。最普遍的舞蹈有巴莱莱和伊班加两种舞蹈。舞者不分男女老幼，在琴和鼓的伴奏下边唱边舞，热情奔放，节奏感很强。舞蹈的即兴性很强，有时舞者会一起尖叫起来，烘托出一种欢快而又热烈的气氛。这些舞蹈虽然简单，但却十分优美和朴实。看起来有些单调，不停地舞动上半身、躯干、臀部和脚，但要求身体有非常好的协调性。

假面具是一种较普遍的艺术形式。在载歌载舞中，男人头带假面具，上身赤裸，抹上白色条纹油彩，下身围着一块草帘和布裙，跳起来十分富有震撼性。

赤道几内亚人民是一个十分欢快豪放民族，每逢节日和发生重要事件，如10月12日国庆节，"8·3"自由政变日，公路通车，大桥竣工，男女老少都要穿上节日盛装，载歌载舞，热烈庆祝。追溯这些古老的民族歌舞形式，大部分来自于各部落宗教礼仪，如芳族人相信通过歌舞能除掉邪恶，布比族在沙滩上跳舞，面朝着大海，那是歌唱自己的美好生活和对未来的美好向往。西方殖民者的殖民统治和压迫，没有动摇赤道几内亚民族文化的根基，如今在城市化和西方文化的冲击下，赤道几内亚民族文化仍然保留着自己的传统本色。

赤道几内亚民间艺术丰富多彩，如各种各样的图腾，木雕、象牙雕刻、假面具、服饰、头饰、皮革制品等，既是文化艺术品，又是日常生活用品，做工精细，富有独特的艺术魅力。许多作品反映出赤道几内亚各民族对生活的热爱，对未来的向往，以及生命与自然的和谐。这些作品大都出自民间，题材来源于生活和劳动，把实用和审美融合为一体，具有朴实无华的特点，带有物质和精神的双重性。在西方殖民者的长期统治下，赤道几内亚民间艺术能保留到今天实在是一件不容易的事情。

芳族人制作的假面具

图腾崇拜是赤道几内亚芳族和其他民族最原始的宗教形式。这些民族相信他们与某种动物或植物有一种亲缘关系，于是把某种动物或植物视为自己的祖先。图腾就是他们民族的标志，用来祭祀自己的祖先。随着时间的推移，围绕图腾出现了许许多多的神话故事。

第二节 民间文学

芳族和布比族等民间文学流传至今大部分是口头文学，缺乏文字记载，但文学形式十分丰富，如诗歌、民谣、故事、说书、谜语、寓言等。

唱歌是芳族表达思想感情的一种重要艺术形式，如婴儿出生，儿女结婚都要唱歌祈祷。在婚礼上，通过歌声表达对新郎新娘的祝福和要求，希望他们勤劳、诚实、善良、尊重长辈，有耐心、有毅力、善解人意、有正义感、有自尊心等等。这些都是用歌的形式表达出来。

讲故事在芳族中十分普遍。故事会有两种形式，一种完全是口述，另一种是在讲故事的过程中插入唱的部分，十分动人。在故事里出现的动物，植物都拟人化，故事的寓意很深，通常表现一种道德观或人生的某种启迪。

芳族有强烈的审美观，纹身是他们审美的一种艺术形式。男人在脸部、胸部、胳膊、腿肚子等部位涂上颜色，一般都是黑色或白色。妇女十分讲究头饰，都喜欢梳辫子。

随着经济的振兴，赤道几内亚文化事业出现了一个发展和繁荣的局面，涌现出不少优秀作家和诗人。他们的作品具有现实主义和爱国主义的特点，歌颂人民和表达对祖国的热爱。赤道几内亚作家罗森多·埃拉·恩苏埃·米布伊的一首诗表达了作为一个赤道几内亚人的自豪感：

赤道几内亚！

赤道几内亚，
非洲最小的国家。
她镶嵌在比夫拉海湾，
被大西洋环抱又临近赤道线。

她翘首眺望着喀麦隆，
足临加蓬边界。
左边是大西洋，
跨越赤道线。

我的几内亚分为两个地区，
大陆和岛屿。
成为一个整体，
永远不可分离。

这个美丽的国家无与伦比。
充满神奇和魅力。
一年四季如春，
她是我们民族的骄傲，十分给力。

热带雨林是那么的翠绿，

自北向南覆盖着大地。
那里是财富的源泉,
是为赤道几内亚而富有的。

那里有大自然赐予的财富,
香蕉、木薯、花生和海芋。
还有许多食物,
咖啡、可可、木材在市场上交易。

热带雨露,
滋润了大片植被。
在深处,
是动物群的栖息地。

许多条河流穿过赤道几内亚,
形成了完整的水系。
维勒河、木尼河、恩特姆河,
无数条小溪遍布这片土地。

这里山脉相连,
涅芳山、恩萨斯山和科里斯塔尔山。
还有比奥科岛的巴西莱峰,
组成了赤道几内亚的群峰奇观。

几内亚分为两个区域,
共有七个省,
十八个区镶嵌在大地,

铸成国家的统一。

芳族、恩多维族、比西奥族和布比族,
是赤道几内亚的族群,
还有安诺本人和科里斯科人,
组成了完整的民族大家庭。

赤道几内亚共和国,
享有充分的主权,
她有自己的国歌、国徽和国旗,
象征国家领土是一个整体。

几内亚是我的祖国,
我为几内亚——我的国家歌唱,
我热爱全体几内亚同胞,
他们都是我的兄弟。

第五章　沦为殖民地

第一节　葡萄牙同西班牙争夺海上霸权

14世纪至15世纪，欧洲开始从封建主义向资本主义过渡，生产力大大提高，西欧国家掀起了一股强烈的"黄金热"，商业和贸易随之发达起来，急于扩大海外市场。这个时期，东西方贸易基本上被意大利和阿拉伯商人所控制，欧洲商人对印度、中国等亚洲国家的黄金、香料、丝绸、瓷器、珠宝等颇有兴趣。15世纪末，土耳其征服了西亚，控制着东地中海海域，不仅影响了东、西地中海之间的贸易往来，而且从黑海北岸横穿亚洲大陆直达中国的商路也受到阻隔。为了扩大与东方国家的贸易，满足国内对黄金的需求，掠夺海外资源，欧洲一些国家迫切希望开辟一条通往印度和中国的海运航线。这个时期，葡萄牙、西班牙、荷兰等国已经具备了较先进的航海技术，为开展海上探险活动提供了条件，尤其是葡萄牙和西班牙不满意大利商人对东方贸易的垄断，便捷足先登，开始尝试海上探险活动，开辟新的航线。

葡萄牙的海上探险活动早于西班牙。

葡萄牙位于伊比利亚半岛西南端，东、北两面与西班牙接壤，西、南两面濒临大西洋，独特的地理位置为发展海外贸易和进行海外扩张提供了条件。中世纪后期，葡萄牙开始崛起。14世纪,葡萄牙已经拥有一支庞大的航海舰队,不断扩张海上势力。葡萄牙历代国王十分重视发展航海事业,海上贸易成为国家财政收入的重要来源,海上探险活动盛极一时。当时,葡萄牙商船同英国、荷兰保持贸易往来,其商船队已经到达与摩洛哥相望的加那利群岛,葡萄牙商人垄断了从直布罗陀至北海的香料贸易。此时,船队向南扩展已经势在必行。15世纪初,随着经济的发展,葡萄牙的航海技术处于世界领先地位。为了寻找财富,葡萄牙开始了空前规模的海上探险活动,陆续发现新大陆。最先开辟通往印度航路的是葡萄牙人。1415年葡萄牙占领了直布罗陀海峡南岸的休达城,然后迅速向南扩展。1419年葡萄牙占领了大西洋的马德拉群岛,随后开始了岛上的垦殖和开发活动。1432年葡萄牙占领了亚速尔群岛。1434年,受亨利王子之命,葡萄牙船队绕过博哈多尔角。1445年占领了佛得角,1487年到达非洲最南端的好望角。这是人类航海史上的一个重大突破,预示着通往印度洋的航路被打通,对后来的地理发现起了推动作用。

  1495年曼努埃尔一世(1495—1521年)登基,葡萄牙海上扩张达到了鼎盛时期。

  1497年7月,葡萄牙著名航海家瓦斯科·达·伽马(1460—1524年)奉葡萄牙国王之命率领船队离开里斯本,开始了历史性航行,11月绕过好望角,驶入印度洋,最终抵达印度西岸的卡利卡特,并满载交换来的宝石、香料而归。1500年3月,葡萄牙船队到达巴西,宣称所到达的地方归属葡萄牙。1502年、1524年,瓦斯科·达·伽马又两次远航印度。他开辟的航线,促进了欧亚商业的发展。1519

年,著名航海家费尔南多·麦哲伦(1480—1521年)在西班牙国王的资助下,率领船队向西航行,越过大西洋,穿过连接大西洋和太平洋的海峡(后称麦哲伦海峡),进入太平洋,到达菲律宾。

1492年,西班牙取得了收复失地运动胜利,推翻了阿拉伯在西班牙最后一个王朝——格拉纳达王朝,从而结束了阿拉伯人在西班牙长达八个世纪的统治。国家统一后,有了一个相对和平的环境,天主教双王(伊萨贝尔一世和费尔南多二世)实行一系列发展经济的举措,统一货币和度量衡,发展交通,推行重商主义,经济开始发展,国家财政收入增加。西班牙皇家贵族十分渴望过上骄奢淫逸的生活,便把目光转向外部世界,企图通过航海冒险获得大量财富。1492年8月1日,航海家克里斯托瓦尔·哥伦布在天主教双王的资助和支持下率领由"平达"号、"圣玛丽亚"号和"尼尼亚"号三艘船只和120名水手组成的探险队开始了他的第一次历史性远航。同年10月12日,探险队发现了巴哈马群岛的瓜纳阿尼岛(即今日华特林岛)。哥伦布把这个岛命名为"圣萨尔瓦多",即救世主的意思。此后,哥伦布率领船队进行了第二次远航(1493-1496年),其规模远远大于第一次。船队由17艘船只组成,专业水手1500人。在这次远航中,哥伦布到达了多米尼加、瓜达卢佩、波多黎各。第三次(1498-1500年)远航,哥伦布到达了分割特立尼达岛和委内瑞拉的帕里亚海湾,以及奥里诺科河口。接着,探险队沿着玛格丽塔岛航行。在第四次(1502-1504年)远航中,哥伦布的船队到达了洪都拉斯海岸,还发现了尼加拉瓜、哥斯达黎加、巴拿马和哥伦比亚的乌拉瓦湾。哥伦布认为他发现的这些地方就是印度，因此称当地土著人为印第安人。

哥伦布开辟的新航路和发现新大陆所导致的直接结果是欧洲殖民者对美洲大陆的瓜分和财富的疯狂掠夺，其中最大的受益者是西班牙和葡萄牙。环球航路的开辟，美洲、非洲大陆的发现加速了欧洲资本主义的发展，从此，欧洲各国走上了殖民掠夺的道路。哥伦布发现美洲大陆后，接踵而来的是西班牙和葡萄牙在争夺新土地和掠夺财富中的纠纷和矛盾。1479年9月4日，葡萄牙国王阿方索五世与西班牙天主教双王签订了《阿尔科瓦斯条约》，从而结束了两国就卡斯蒂利亚王位继承权发生的战争。条约还就大西洋和非洲海岸的控制权做出了规定。西班牙承认葡萄牙对马德拉群岛、亚速尔、佛得角、几内亚等地的统治权，而西班牙得到了加那利群岛。

1493年3月4日，哥伦布船队在返回西班牙途中遭遇到大风，在里斯本紧急停靠。葡萄牙国王胡安二世接见了哥伦布。接见时，哥伦布向胡安二世报告了第一次远航发现美洲大陆的情况。胡安二世宣称，根据《阿尔科瓦斯条约》，哥伦布发现的美洲大陆区域应归属葡萄牙。天主教双王拒绝了胡安二世的要求，称哥伦布发现的大陆是在加那利群岛以西，而不是以南。天主教双王还要求教皇亚历山大六世出面调解。1493年5至9月，亚历山大六世连续颁布四道圣谕，划定西葡两国海外势力范围分界线，即亚速尔群岛和佛得角以西100里格（陆地及海洋的古老的测量单位，约330海里）为界，以西归属西班牙，以东归属葡萄牙。据此，西班牙拥有对美洲的绝大部分控制权。葡萄牙对此表示不满，要求重新划。1494年6月7日，在亚历山大六世的仲裁下西葡两国在西班牙的托尔德西利亚斯签订了条约，史称《托尔德西利亚斯条约》。这是一个西葡两国瓜分新大陆的条约。依约，以佛得角群岛以西 370 里格（约 1100 海里）处划界，约位于西经 46°37′的南北经线为两国势力范围的分界线，史称"教皇子午线"。线东归属葡萄牙，线西归属西班牙。据此，西班牙控制了美洲大部分土地，葡萄牙只得到了巴西的控制权。不过西班牙失去了在博哈多尔角以南海域的捕鱼权。

第二节　葡萄牙占领费尔南多·普岛

15 世纪，葡萄牙海上探险队多次驶入几内亚湾，目的旨在为贩卖非洲黑奴的船只寻找停泊港口，几内亚湾又是通往亚洲到达印度洋的必经之路。1471 年，葡萄牙航海家费尔南多·普率领的船队在通往印度的途中登上了几内亚湾的一个岛，起名为"美丽之岛"，后来改称这位航海家的名字，即费尔南多·普岛。1493 年，葡萄牙宣称国王胡安二世为费尔南多·普岛的领主。1475 年，葡萄牙航海队登上安诺本岛后，便在这两个岛建立商站和贩卖黑奴据点。1507 年，葡萄牙人路易斯·拉莫斯·埃斯吉维尔开始在费尔南多·普岛进行垦殖活动，在里亚巴建立了一家商行，并尝试种植甘蔗，但没有成功。不久，科里斯科岛成为葡萄牙人同法国交易黑奴的重要据点。据不完全统计，1713 至 1753 年，从科里斯科岛运往欧洲的黑奴达 4 万多人，主要贩卖到法国、英国和西班牙。

1525 年，加西亚·霍夫雷·德洛艾萨率领远航队在安诺本岛停留，将该岛改名为圣马特奥。1592 年，葡萄牙为了加强对几内亚湾诸岛的控制，扩大贩奴市场，向安诺本派遣一名副总督，隶属圣多美总督府。不久，葡萄牙人在该岛创办了一所学校，派出教师。1692年，迭戈·德尔加多从圣多美来到安诺本岛开垦土地种植甘蔗，但没有成功。

实际上，葡萄牙控制费尔南多·普岛主要目的是将其作为贩奴的一个转运站。岛上气候炎热，疾病肆虐，葡萄牙对土地开发并不十分感兴趣。16世纪，葡萄牙人曾计划在费尔南多·普岛东岸的里亚巴沿岸大面积种植果树，但没有成功。几年后，葡萄牙人便离开了费尔南多·普岛，主要原因是岛上的布比人奋起反抗葡萄牙占领他们的土地。为了扩大黑奴贸易，葡萄牙商人试图在岛上建立数个商站，但都因为土地问题同土著人发生冲突，最终未获成功。布比人为了赶走葡萄牙人，在他们的饮用水里偷偷放了毒药，引起一片恐慌。

1532年5月20日，葡萄牙国王胡安三世致函教皇，要求向圣多美派驻主教。信中还提及费尔南多·普和安诺本两个岛。但是，在后来葡萄牙国王给教皇的信中再也未提及这两个岛的情况，只介绍葡萄牙在圣多美的传教活动。葡萄牙似乎已经对这两个岛的开发失去了兴趣。葡萄牙殖民者称费尔南多·普岛上的布比人"好战、野蛮"，同他们无法交往。布比族首领不愿意把他们的臣民作为奴隶贩卖给葡萄牙人。所以，费尔南多·普和安诺本两个岛虽然属于葡萄牙的海外领地，但长期得不到开发。当时，葡萄牙的商贸活动主要集中在喀麦隆、卡拉巴尔和雷伊河一带。

期间，葡萄牙曾组织几次从圣多美向安诺本移民计划。1503年10月16日，葡萄牙国王曼努埃尔一世将安诺本岛赐予豪尔赫·德梅里奥。不久，豪尔赫·德梅里奥委托巴尔塔萨·德阿尔梅达组织一次小规模的从圣多美到安诺本的移民活动。圣多美的一些渔民来到安诺本以捕鱼为生。后来，路易斯·德阿尔梅达从豪尔赫·德梅里奥手中买下了这个小岛的拥有权，打算做些农业开发。1554年6月，阿尔瓦罗·达孔纳向圣多美王提出向安诺本移民计划。他的计划虽然被批准，但并没有取得成功。他在描述16世纪安诺本岛上的情况时写道，岛上十分荒凉，到处是坚硬的岩石。不过，周围的渔产丰富，圣多美的渔民每年从那里带来大量的渔产品。17世纪，安诺本岛发生了变化。1606年，圣多美主教向安诺本派出一名牧师。加西亚·门德斯·德卡斯特洛·布兰科在描述安诺本岛时说，棉花是当地居民主要经济作物。岛上居民很少，一些黑人和外来人种植棉花，收获后运往外地。这种情况大约持续了一个世纪。

安诺本岛曾是欧洲商船通往南美的一个给养基地。1661年，荷兰人曾占领安诺本岛，作为攻占安哥拉的后勤基地。1664年，荷兰人放弃了安诺本岛。东印度公司在未经葡萄牙同意的情况下在费尔南多·普岛建立了商站，作为在几内亚湾贩卖黑奴的基地。

1731年，意大利向圣多美教区派驻传教士，曾到过安诺本岛。1757年，葡萄牙曾计划派代表到安诺本岛常驻，但遭到当地首领的拒绝。土著人表示不欢迎葡萄牙牧师，而对意大利人颇有好感。1777年前后，在葡萄牙和意大利商人看来，安诺本岛重要性要大于费尔南多·普岛。岛上居民从事农业生产，可以成为比较理想的海上交通给养地。

1765年，英国对费尔南多·普表现出极大的兴趣，并向葡萄牙国王提出将费尔南多·普出卖给英国，但遭到葡萄牙的拒绝。此后，葡萄牙担心英国商人会在费尔南多·普岛私下开设工厂和商行，于1771年指示驻圣多美和普林西比岛司令比森特·戈麦斯·费雷伊拉，对费尔南多·普和安诺本进行一次考察，结果发现英国在费尔南多·普的商业活动十分频繁。实际情况是，葡萄牙对该岛并没有实际控制，也谈不上开发。岛上的布比人对英国人没有多少反感，而对葡萄牙拥有该岛的主权并不认同。英国在该岛的经营活动到处可见，不仅成为英国贩卖黑奴的一个重要据点，而且也是英国在西非地区通商贸易的一条重要交通要道。

第三节　葡萄牙割让费尔南多·普岛

1516年，卡洛斯一世登基(1516—1556年)，西班牙开始哈布斯堡王朝统治。1519年，卡洛斯一世被推选为神圣罗马帝国皇帝。1521—1544年，卡洛斯一世在意大利战争中打败法国，夺取了米兰和其他地区。16世纪中叶，中美和南美地区均划归卡洛斯一世王朝版图。1535年，北非突尼斯等地区被西班牙占领。这样，西班牙成为地跨三大洲的"太阳不落帝国"。费利佩二世(1556—1598年)统治时期，凭借强大的军事力量，继续推行卡洛斯一世的对外扩张政策，不断发动战争，美洲的财富源源不断地流入国内。1588年，西班牙无敌舰队被英国击溃，英国从此走上了大帝国的道路，而西班牙则失去了海上霸主的地位。

1580年，西班牙攻陷里斯本。1581年4月，葡萄牙议会在托马尔召开会议，拥戴费利佩二世为葡萄牙国王，王号为费利佩一世。同年 7 月，费利佩二世抵达里斯本，葡萄牙归属哈布斯堡王朝。不过，葡萄牙虽然失去了独立，但国家机构并没有发生变化，仍享有自治权，内政仍由葡萄牙议会处理，费利佩二世只是要求葡萄牙对外服从西班牙外交政策。费利佩四世统治时期（1621－1665 年）是哈布斯堡王朝走向衰落和分化瓦解的四十四年。1619 年至 1648 年，欧洲爆发了"三十年战争"，西班牙也卷入了这场战争。战争结束后，法国、荷兰、瑞典三国开始在欧洲称霸，哈布斯堡王朝失去了大片领地，力量大大削弱。1640 年，葡萄牙贵族在人民革命运动的推动下宣布葡萄牙独立，胡安四世登基。欧洲各国纷纷承认葡萄牙独立。1668 年 2 月 13 日，西葡两国在里斯本签订了《里斯本条约》。依约，西班牙承认葡萄牙独立，两国终止敌对状态，建立永久和平；休达归还西班牙；两国实现通商自由；葡萄牙有同任何国家结盟的权利。《里斯本条约》签订后，葡萄牙不再是西班牙藩属，彻底结束了两国一主的局面。

17 世纪末至 18 世纪，英国和法国为了争夺海外殖民地和欧洲霸权不断发生军事冲突。1756 年，爆发了七年战争（1756－1763 年）。这场战争使欧洲政治格局发生了新的变化。最后，英国成为海上霸主，法国军事力量受到削弱。从此，法国在欧洲的大国地位被英国所取代。当时，几乎欧洲所有国家卷入了七年战争。卡洛斯三世为了削弱英国海上力量，遏制英国在美洲非法贸易活动，为西班牙工业振兴和在美洲的贸易创造条件，梦想再创昔日辉煌，便与法国结盟共同对抗英国。结果七年战争以英国胜利而告终，西班牙在这次战争中付出了巨大代价，把东、西佛罗里达割让给英国，得到的是密西西比河自由航行权，被英国占领的古巴和菲律宾失而复得。七年战争结束后，西班牙加大了在美洲和非洲的军事存在。

16世纪末，葡萄牙开始衰落，依靠东方贸易和掠夺发迹的黄金时期已经一去不复返。葡萄牙的海上扩张本来就与自身的国力很不相称。1776年，布宜诺斯艾利斯总督塞瓦略斯向占领巴西的葡萄牙军队开战。同年2月，占领了圣卡塔利娜。葡萄牙提出休战，但西班牙已经占领了萨克拉门托。1777年10月1日，卡洛斯三世与葡萄牙女王玛丽亚一世的代表举行谈判，西葡两国签订了《圣伊尔德丰索条约》。依约，西葡两国休战，划定两国国界，西班牙从圣卡塔利娜撤出，葡萄牙将费尔南多·普、安诺本、科里斯科等岛屿割让给西班牙。此外，西班牙有权在自奥果韦河口至尼日尔河口之间的沿海地区进行贩奴和其他贸易活动。不过，条约关于葡萄牙割让费尔南多·普和安诺本等条款是秘密商定的。1778年3月11日，西葡两国签订了《帕尔多条约》。依约，葡萄牙女王玛丽亚一世正式把比奥科岛、安诺本岛和奥果韦河口至尼日尔河口的海岸线割让给西班牙。此外，西班牙还控制了木尼河口、加蓬河口、坎波河口、卡拉巴尔河口、尼日尔河口附近的海域，得到了比夫拉海湾自由贸易权。从此，西班牙在这些地区可以自由地进行贩奴贸易。

第六章 西班牙征服费尔南多·普岛

第一节 探索开辟新航路

西班牙从葡萄牙手中得到了费尔南多·普和安诺本诸岛，这是西班牙在非洲唯一的殖民地。从此，西班牙开始了在非洲大陆的垦殖、海上贸易和贩奴活动。不过，西班牙涉足非洲这块殖民地时，法国、英国、荷兰、意大利等欧洲国家在非洲的殖民活动已经十分活跃，非洲的矿产和各种资源遭到欧洲列强的疯狂掠夺。《圣伊尔德丰索条约》使西班牙在非洲大陆有了立足和扩张的市场，从此也成为欧洲列强在非洲的竞争对手。费尔南多·普、安诺本诸岛以及木尼河大陆地区的可可、咖啡、甘蔗、木材等物产都是欧洲列强所需要的。当地的土著人成为西班牙劳动市场的重要来源。圣多明各法官阿古斯丁·伊格纳西奥·恩帕兰编写的《黑人法典》中对非洲黑奴是这样描述的："从非洲买来的黑奴最为理想，他们勤劳、有耐力和耐心。只要善待他们，对他们温和一些，他们就守纪律。他们满足于吃饱饭，有衣穿，有工作做。他们没有更多的奢望。费尔南多·普岛和安诺本岛已经归属西班牙王室，这关系到我们在几内亚湾沿岸的主权尊严，对统治美洲和我们国家都十分重要。"这部法典提出了在费尔南多·普和安诺本建立工厂、商行和为美洲地区提供廉价、高质量黑奴的重要性。1778年10月8日通过的哈瓦那市政会议纪要更加明确地提出，要求政府允许美洲商人在费尔南多·普和安诺本进行贩奴贸易活动。为此，一些人通过参股的形式成立了一家公司，随时准备在费尔南多·普和安诺本进行贩奴贸易。不久，这家公司装载着大量食品和现金，驶离哈瓦那港，向几内亚湾进发。两个月后抵达费尔南多·普和安诺本。此后，顺利返回哈瓦那。西班牙在非洲的出现，势必同英国、法国、荷兰、意大利等发生利益冲突。当时，这些国家在非洲贩奴贸易已经十分活跃，自然对西班牙的涉足有所警觉。此前，西印度公司的劳动力来源很大一部分来自于非洲国家贩来的黑奴。葡萄牙将安诺本割让给西班牙曾引起岛上土著人的强烈反对。据称，背后的指使者就是荷兰人。英国在费尔南多·普岛的存在和经营自然引起西班牙的不安和担忧。但是，西班牙也看到，要把英国人从费尔南多·普赶走不是轻而易举的事情。英国不会轻易丢掉这块经营已久的风水宝地，让西班牙在这一地区立足和扩展势力。

根据《圣伊尔德丰索条约》规定，葡萄牙不仅将费尔南多·普和安诺本等岛屿的主权移交给西班牙，而且西班牙还拥有自尼日尔河口到加蓬河口的海上贸易权。两国商人在这一地区可以自由进行贸易活动。条约还规定，葡萄牙承诺保证西班牙船只在圣多美和普林西比停靠和补充给养。这些规定基本满足了西班牙的要求，为西班牙扩大在几内亚湾的海权提供了法律依据。几内亚海湾广阔的海岸线为西班牙通商和贩卖黑奴提供了有利条件，尤其是费尔南多·普有丰富的水源，并拥有伊萨贝尔天然良港，为西班牙在岛上建立商站和开发农业提供了必要的条件。1777年10月9日,卡洛斯三世敕令,对西班牙赴费尔南多·普和安诺本的船队提出以下要求:船队要体现西班牙与葡萄牙之间的热烈友好关系;船队指挥和水手应富有智慧、工作积极、精明强干、彬彬有礼。敕令还要求船队携带一批西班牙和美洲的特产,作为赠送圣多美和普林西比总督、葡萄牙其他重要官员以及圣多美主教的礼物,以示对葡萄牙的友好和尊重。敕令还强调,船长和全体船员不得做出任何导致葡萄牙不满的举动。西班牙此举还有一个重要目的,企图从葡萄牙那里得到有关几内亚湾的商业情报。当时,葡萄牙在非洲大陆和沿海地区经营多年,在通商和贩奴贸易方面积累了许多经验,这些都是西班牙所迫切需要的。

此外,西班牙打算利用在几内亚湾的存在,开辟一条通往菲律宾的航道,为扩大在亚洲的影响和商业利益做准备。西班牙早有同菲律宾直接通商的计划。1758年,一位加入西班牙国籍的英国人尼古拉斯·诺顿·尼考尔斯曾上书西班牙国王,建议利用几内亚湾的海上通道加大在菲律宾的开发投入。西班牙商船从加的斯出发,经过几内亚湾绕过好望角,然后在马达加斯加的港口停留补充给养,最后抵达菲律宾。这条航线不仅可以大大缩短航行时间,而且要比绕过合恩角经过太平洋这条传统航路安全得多。从菲律宾返航,可以经过南大西洋的阿松森岛。1762年至1764年,英国与西班牙发生战争。在这次战争中,英国海军力量处于明显优势,给予西班牙海军有力打击,在美洲夺取了古巴的哈瓦那。在亚洲,东印度公司夺取了菲律宾的马尼拉。英国一度占领马尼拉达20个月之久。1766年,马尼拉法官弗朗西斯科·莱安德罗·德维亚纳曾向西班牙王室再次提出开辟和使用这条航线的重要性，并建议创办一家商业公司，开展西班牙与菲律宾之间的直接贸易。但是，西班牙船队选择这条航线必然遭到英国等欧洲国家的阻挠和反对。1779年10月，西班牙著名历史学家和宇宙学家胡安·包蒂斯塔·穆尼奥斯也提出了在控制费尔南多·普和安诺本的前提下探讨好望角航路，进入太平洋海域的可能性。同时，他还提出使用这条航线会遭到欧洲其他国家的反对，如果好望角航路走不通，建议选择合恩角航路。

西班牙开辟通往菲律宾新航路的计划在实施中确实遇到许多困难。根据1785年3月10日国王敕令，西班牙成立了菲律宾公司，负责开辟这条航路，但最终未果。

第二节 阿赫莱霍斯伯爵远征

1778年西班牙和葡萄牙分别签订的《帕尔多条约》生效后，西班牙王室开始部署接管费尔南多·普和安诺本诸岛的计划，命令布宜诺斯艾利斯西班牙舰队执行这次远航任务。当时，布宜诺斯艾利斯是拉普拉塔总督府所在地，辖区包括阿根廷、乌拉圭、玻利维亚、巴拉圭、巴西南部和智利的部分地区。这支舰队由"圣卡塔利娜"号和"圣母孤独"号两艘三桅舰组成，分别由何塞·瓦雷拉·乌略亚和拉蒙·托佩特指挥。还有一艘"圣地亚哥"号邮轮一同前往，由何塞·德格兰德利亚纳指挥。拉普拉塔总督府接到这项命令后便迅速部署远征计划。根据西班牙王室的命令，这次远征必须秘密进行，原因是担心欧洲其他国家对西班牙在非洲的出现可能会作出强烈反应，尤其是英、法、荷兰等国会的竭力反对。保密工作做得很好，只有拉普拉塔总督佩德罗·德塞瓦略斯、阿赫莱霍斯伯爵、何塞·瓦雷拉·乌略亚和拉蒙·托佩特掌握这次远征计划细节。舰队航向和目的地都严格保密，对外称舰队到美洲沿岸执行探险任务。在航行途中，根据情况和需要可以向舰队其他指挥人员透露这次远征目的地，在几内亚湾沿岸开拓贩奴贸易市场和开通前往菲律宾的航路。佩德罗·德塞瓦略斯下令由阿赫莱霍斯伯爵负责远征准备工作并担任总指挥。为顺利完成这次远征计划，还成立了一个委员会，其主要成员有阿赫莱霍斯伯爵、费利佩·何塞、比利亚隆·圣埃利亚·贝尔特兰、弗雷·冈萨雷斯·安德拉德。另外，远征队还有两名重要成员，陆军中校华金·普里莫·里韦拉、何塞·瓦雷拉·乌略亚。阿赫莱霍斯伯爵在他的航海日记中写道，他接到王室的命令后立即做好了远航的一切准备。根据王室的命令，必要时他可以把远征计划透露给华金·普里莫·里韦拉，辅佐他指挥舰队。远征队有150人，储备了足够粮食和给养。1778年4月17日，远征队从蒙得维的亚出发。6月29日，远征队抵达普林西比，途中未遇到太大困难。但是，葡萄牙派往普林西比代表弗雷·路易斯·卡耶塔诺·德卡斯特罗未能按时抵达普林西比。在此情况下，葡萄牙驻普林西比总督胡安·曼努埃尔·德阿桑布哈对西班牙远征队带来的关于葡萄牙将费尔南多·普和安诺本等岛屿割让给西班牙的有关协议表示怀疑，拒绝西班牙舰队停靠普林西比港，并命令岛上的炮兵部队做好战斗准备。双方相持到6月30日，胡安·曼努埃尔·德阿桑布哈总督才同意西班牙舰队停靠普林西比港。在长达近3个月的等待中，由于无法举行费尔南多·普和安诺本岛的权力移交，远征队的给养出现短缺，特别是舰队官兵不适应当地的炎热气候，许多人染上了热带病。因此，阿赫莱霍斯伯爵下令在陆地建立一所战地医院。虽然发病率得到了局部控制，但舰队的战斗力明显下降。此外，粮食短缺也成为远征队的一个急切解决的问题。9月4日，丹麦的一支商船停靠在普林西比港，西班牙舰队从这条商船那里买到了一些肉类和其他食品，又设法从其他国家的商船买到一些粮食，这才勉强渡过了难关。更为严重的是，船体受到很大损坏，需要紧急维修。但是，由于缺乏材料，对船体无法进行正常维修。阿赫莱霍斯伯爵担心，时间拖得越长，行动计划就越容易暴露。当时，停靠在普林西比港的有英国、法国、丹麦和葡萄牙等国家的商船。西班牙远征队的到来引起这些国家船只的各种猜测。8月1日，一艘英国商船满载着一批黑奴在普林西比港停靠，英国人对西班牙远征队的出现感到惊讶。8月9日，"圣地亚哥"号邮轮在海上被三艘英国战舰扣押，后经过胡安·曼努埃尔·德阿桑布哈总督的协调才被放行。在葡萄牙代表弗雷·路易斯·卡耶塔诺·德卡斯特罗迟迟未按时抵达普林西比港，西班牙远航计划面临暴露的情况下，阿赫莱霍斯伯爵提出了两个方案，第一个方案是占领普林西比，然后制定一个军事应对计划。这一考虑基于以下猜测，葡萄牙代表迟迟不到，西班牙远航队无法立即接管费尔南多·普和安诺本两岛，这有可能是葡萄牙当局所设的一个骗局，即在美洲取得了圣卡塔利娜岛后出尔反尔，不想把费尔南多·普和安诺本两岛交给西班牙。基于这种考虑，凭借西班牙舰队的战斗力，占领普林西比是完全有把握的，以此作为同葡萄牙讨价还价的筹码。但是，这个计划遭到何塞·瓦雷拉·乌略亚等人的反对，认为这有悖于西班牙王室的初衷。第二个方案是派遣一艘战舰迅速前往拉普拉塔总督府，报告有关情况，并建议不要把圣卡塔利娜交给葡萄牙。同时，留在普林西比的舰队直接占领费尔南多·普和安诺本两岛。阿赫莱霍斯伯爵认为，在这种困难的情况下，只能在这两个方案中选择其一，否则只好打道回府。如果这样，他无法向西班牙王室交代。但是，第二个方案同样遭到何塞·瓦雷拉·乌略亚等人的反对。在此情况下，他们只好接受葡萄牙总督的建议，继续耐心等待弗雷·路易斯·卡耶塔诺·德卡斯特罗的到来，然后再进行两个岛的权力交接。9月6日，远征队委员会在"圣地亚哥"号邮轮举行了紧急会议，参加会议的除了阿赫莱霍斯伯爵、华金·普里莫·里韦拉，何塞·瓦雷拉·乌略亚外，还有拉蒙·托佩特、弗朗西斯科·德帕乌拉·埃斯特班、何塞·德格兰德利亚纳。会上，大家讨论了远征队所面临的困难形势，主要是食品短缺，给养严重不足，船员生病人数增加，无法与国内联系和报告有关情况。最后，与会者一致同意派"圣地亚哥"号邮轮返回西班牙报告情况，并听取国内指示，请求支援。会议还决定高价购买和积存三个月的粮食，以防不测。阿赫莱霍斯伯爵在会上提出，无须等待西班牙王室的进一步指示，舰队直接驶往费尔南多·普，登陆后先筑起防御工事。这样不仅可以有效地保护船队安全，而且一旦发生战事可以迅速应对，尤其重要的是可以继续保守这次远航使命的秘密。但是，他的建议没有得到多数人的支持。就在远征队内部意见不一致，焦急等待的时刻，1778年10月12日，葡萄牙代表弗雷·路易斯·卡耶塔诺·德卡斯特罗抵达普林西比。24 日，双方在圣卡洛斯举行费尔南多·普和安诺本的交接仪式。接着，远征队举行了西班牙国旗升旗仪式，并很快在圣卡洛斯建起了首个居民点。远征队在费尔南多·普作暂短停留后便向安诺本岛进发。11 月 14 日，阿赫莱霍斯伯爵患疟疾医治无效死去，华金·普里莫·里韦拉担任远征队总指挥。26 日，舰队抵达安诺本，登陆后遭到当地土著人的顽强抵抗，土著人拿起砍刀同西班牙远征队进行了殊死搏斗。此时，远征队的炮舰政策发挥了作用，殖民者凭借军力上的优势，战舰上载有大量武器弹药，其中有 20 门大炮，很快就平息了土著人的反抗，迅速占领了安诺本。

西班牙远征队对费尔南多·普和安诺本经过一番考察并参考葡萄牙方面提供的有关情况，决定将安诺本作为贩奴据点和西班牙在非洲扩张的政治和管理中心。总督官邸和驻防司令部也设在那里，将费尔南多·普作为农业和商业开发区。为此，决定派出一艘战舰作为两岛之间的联络通讯工具。此后，西班牙基本按照布宜诺斯艾利斯那套法律机制开始管理这两个岛。

1778 年 9 月，西班牙舰队停泊在普林西比港时，阿赫莱霍斯伯爵根据何塞·曼努埃尔·德阿桑布哈总督所提供的情况和此次考察结果向马德里上呈了一份报告。报告中称，葡萄牙王室与费尔南多·普和安诺本两岛没有太多的联系，两岛基本处于被遗弃状态。自 1771 年起，葡萄牙从未向两岛派遣船队，对两岛的主权徒有虚名，并未得到岛上的土著人承认。当地居民对西班牙船队的到来感到非常惊奇，对外来人不抱任何好感。葡萄牙在非洲西海岸虽然有许多殖民地，但没有真正控制这些地区。商站和居民点寥寥无几，商业活动很少。阿赫莱霍斯伯爵在报告中还说，葡萄牙提供的有关两岛情况有些是不准确的，甚至对安诺本的地理坐标都未搞清楚。实际上费尔南多·普的面积是安诺本的三倍，拥有一个海面宽阔的港口，可以停泊许多船只。岛上的居民没有宗教信仰，长期与外界隔绝，非常胆小，见到外来人特别是火枪便纷纷逃离。当地居民是一个不容易被驯服的民族，他们善于使用长矛作为保卫家园的武器。安诺本面积很小，没有可供船只停靠的港口。当时，英国人基本控制着卡拉巴尔和喀麦隆河一带黑奴贸易，法国人和英国人则控制着加蓬河至洛佩斯·冈萨尔维斯一带，在旧卡拉巴尔和新卡拉巴尔地区贩奴贸易十分活跃。象牙生意兴隆，经营者主要是英国人和法国人，少数葡萄牙人在沿海一带也从事这种交易。在雷伊河一带，商业活动不多，主要原因是这些地区的土著人的反抗十分顽强，欧洲人不敢轻易冒险。估计在喀麦隆河一带每年能买到600个至800个黑奴，但是这些黑奴身材矮小，对主人不忠。

阿赫莱霍斯伯爵的结论是，对费尔南多·普和安诺本两岛的土地开发不持积极态度，不值得投入太多的人力和物力，因为收益不会太大。尽管如此，两岛具有较高的商业价值，尤其是费尔南多·普岛有两个避风港，虽然从加的斯到好望角，最后抵达菲律宾的航路不经过这里，但完全可以利用这些港口从事贩奴贸易。为了扩大贩奴贸易规模，两岛可作为后勤给养基地。另外，在费尔南多·普可以进行初级规模的农业开发。阿赫莱霍斯伯爵认为，安诺本岛没有太大的利用价值，岛上没有可供船只停靠的避风港，从加的斯到菲律宾的航路无法在这里停靠。此外，该岛离大陆较远，附近水流湍急，给船只航行带来很大困难。

阿赫莱霍斯伯爵关于费尔南多·普和安诺本的分析基本符合当时葡萄牙所提供的情况。15、16世纪是葡萄牙航海活动全盛时期，在非洲、亚洲、美洲拥有大量殖民地，是名副其实的海上强国。但是，进入16世纪末，随着英国、法国、西班牙、荷兰等欧洲国家航海事业发展和海外扩张，葡萄牙走向没落。一个重要原因是葡萄牙是一个小国，人口少，资源匮乏，海外扩张日显国力不足。虽然拥有大量海外殖民地，实际上却无法完全控制这些地区。所以，葡萄牙在费尔南多·普和安诺本两岛基本没有开发的兴趣和能力。

阿赫莱霍斯伯爵认为，费尔南多·普和安诺本两岛的土著人对外来人的抵制和反抗源于他们缺乏"文明"，长期封闭，对外界不了解，缺乏农业知识。所以，他建议对布比人应利用宗教等软化和利诱手段，使他们驯服。

为此，阿赫莱霍斯伯爵建议，在西班牙王室的统一部署和保护下，应首先利用费尔南多·普和安诺本的地理优势，成立几家公司进行贩奴贸易。为了保护西班牙商人贩奴贸易活动和安全，在费尔南多·普修筑城堡，安放40门火炮，部署200名士兵，派遣一艘护卫舰在海上巡逻。为了不增加国库负担，城堡和其他建筑物的修建开支由西班牙商人自己负担，包括国王未来任命的费尔南多·普总督的俸禄也由商人支付，国王则给予贩奴的本国商人减免税收。他还建议，为了保障黑奴来源，应配备小型船只深入到大陆内地收买黑奴，然后将这些黑奴集中到费尔南多·普，再运往南美洲和欧洲。期间，最重要的是给予这些黑奴必要的生存条件，避免发生黑奴生病和死亡。这样,才能在美洲和欧洲黑奴市场上卖出好价钱。

阿赫莱霍斯伯爵认为,虽然安诺本暂时没有多大的经济开发价值,但着眼于未来,特别是看到岛上的土著人的顽强性格和对外来人的仇视,应采取各种手段使他们驯服。为此,可以给他们一些小恩小惠,派出教团宣传天主教教义,开办学校,给他们套上精神枷锁。

阿赫莱霍斯伯爵在报告中则更加详细地描述了费尔南多·普和安诺本两岛地理、自然风貌和人文状况。报告中说,费尔南多·普的气候比圣多美和普林西比相对舒适。白天虽然十分炎热,但夜间海风刮起,十分凉爽,还散发出一种草香味道。岛上雨量十分丰富,土地肥沃,具备农业开发的有利条件。另外,该岛地理位置优越,离非洲大陆很近,船只航行便利。岛上的巴西莱山峰可与加那利群岛的特伊德山峰相媲美。他还把巴西莱山峰命名为"卡塔利娜山峰"。大部分布比人居住在北部沿海一带。当时,英国船只经常在这里靠岸购买粮食,供应在新卡拉巴尔和旧卡拉巴尔地区贩运的黑奴。报告还提到圣卡洛斯港,这是一个风平浪静的天然良港,西班牙船只可以安全地停靠在这个小港。更重要的是这里能找到水源。

何塞·瓦雷拉·乌略亚认为,鉴于费尔南多·普靠近卡拉巴尔地区和雷伊河、喀麦隆河、坎波河、维勒河、加蓬河河口,为贩运黑奴和象牙、蜂蜡、染料、珍贵木材等当地土特产提供了方便。由于费尔南多·普离非洲大陆较近,运输便捷快速,贩奴贸易可能维持很长时间,使用大型独木舟就可以把黑奴运送到岛上。岛上土地肥沃,雨量丰富,适宜种植咖啡、可可等农作物,从长远考虑,圣卡洛斯港将成为周边地区粮食、水果、水和燃料供应中心,位于卢巴市郊阿赫莱霍斯运征队登陆纪念碑。当年,西班牙人就是从这里登陆的。给西班牙商人带来巨大的经济利益。

不过,何塞·瓦雷拉·乌略亚也提出了费尔南多·普岛所存在的不利条件。第一,圣卡洛斯港海面宽阔,根据测定的水深可以停靠较大船只,这给外来船只提供了袭击该港的条件。第二,在圣卡洛斯建立居民点和军事要塞需要大面积砍伐热带雨林,将耗费大量人力、财力和物力,而西班牙王室不可能提供巨额资金。第三,岛上的开发离不开土著人的支持,而布比人并不欢迎西班牙人占领他们的土地,双方冲突在所难免。

关于安诺本岛,何塞·瓦雷拉·乌略亚作了如下描述,岛的面积小,而且都是山地,土地贫瘠。主要农作物有玉米、薯蓣、木薯等,但这些农产品产量很低,甚至满足不了岛上 200 多户人家约 1500 个土著人的基本生活需要。他们居住的房屋都是用木板和椰子树叶搭建起来的,简陋矮小。这里的气候比圣多美和普林西比舒适。岛上的土著人健壮且灵活。何塞·瓦雷拉·乌略亚认为该岛没有太大的开发价值,其理由是:第一,岛上土地贫瘠,大部分是山地,不适宜农业开发。第二,岛上没有停泊船只的码头,一些小海湾水浅,多岩石,不适宜停泊大型船只。第三,岛上居民独立性很强,为了保卫家园会不顾一切代价,外来人很难与他们相处。第四,该岛离非洲大陆太远,运输成本昂贵。

根据上述报告,西班牙王室于 1779 年 3 月决定在费尔南多·普建立一个殖民点。在选址的问题上,远征队总指挥

位于卢巴市郊的阿赫莱霍斯伯爵率领的远征队登陆纪念碑,当年西班牙人就是从这里登陆的

华金·普里莫·里韦拉看好康塞普西翁湾。这里有一个比较理想的码头，可以停靠中型船只。虽然每年雨季雷电很多，但这段时间船只可以停靠在圣卡洛斯港。海军司令何塞·德格兰德利亚纳也赞同这个方案，理由是对岛上的布比人使用软硬兼施的办法使其屈服，还有一个重要原因是康塞普西翁湾离大陆最近，到达加蓬海岸和罗佩角往来方便，有利于西班牙商人进行黑奴贸易活动。华金·普里莫·里韦拉认为，岛上的布比人容易接受天主教信仰，建议马德里派传教士来岛上传教，尽快修建一座天主教堂。华金·普里莫·里韦拉、何塞·德格兰德利亚纳以及建筑师弗朗西斯科·德帕乌拉·埃斯特班均主张在康塞普西翁湾建立殖民点。但是，当时远征队对岛的北部地区情况不太了解，特别是尚未完全发现尼日尔河流域，对尼日尔河三角洲的商业价值估计不足。西班牙殖民者还不了解棕榈油的商业价值。所以，未把费尔南多·普岛北部地区纳入建立殖民点的计划。

1780 年 2 月，华金·普里莫·里韦拉下令在康塞普西翁建立移民点，主要设施有兵营、炮台、医院、仓储等。但是，华金·普里莫·里韦拉的建设计划最终未能实现。主要原因是缺乏劳动力和生产工具，特别是建立移民点需要砍伐大面积树林，平整土地。葡萄牙驻普林西比总督胡安·曼努埃尔·德阿桑布哈曾允诺向西班牙远征队提供 60 个至 80 个劳工，但最后没有完全兑现。在此情况下，西班牙远征队又求助于英国商人提供 30 个劳工，也未能得到对方答复。华金·普里莫·里韦拉只好强迫来自普林西比的一些黑奴昼夜劳动。后来，在圣多美偶尔找到了一艘葡萄牙船只，买到 55 名黑奴，但仍远远满足不了工程的需要。第二个原因是，费尔南多·普岛气候炎热，疾病很多，许多人由于不适应酷暑下作业而得病。1780年2月至4月，就有40多人死去，50多人病重，没有康复的希望。疟疾是第一杀手，由于缺医少药，不仅是劳工，舰队官兵也同样受到病魔袭击和死亡威胁。1780年7月，全队只剩下21人和两名军曹勉强执行任务。建筑师弗朗西斯科·德帕乌拉·埃斯特班病死后，施工陷入瘫痪。在这种情况下，很难设想在加蓬河口和罗佩角建立基地。第三，船只得不到正常维修，船体被海水腐蚀严重，失去航行能力。第四，从加那利运来的药物失效，造成死亡率增高。还有一个更重要的原因是布比人出乎远征队的预料，不屈服于西班牙人占领，奋起反抗，双方发生激烈冲突。布比人经常下山偷袭远征队的营地，杀死远征队官兵，造成一种恐怖气氛。远征队官兵晚上睡觉都穿着衣服，手握火枪，随时准备对付来偷袭的布比人。此外，远征队与马德里通讯联系也日益困难。西班牙船只在这一带海域又经常遭到英国舰只的干扰和威胁。1779年11月，西班牙商船"圣母孤独"号被英国舰只拦截扣押。1780年2月11日，"恩惠"号遭到同样的命运。当时，西英战争已经爆发，两国关系紧张，西班牙船队不敢冒险出海，造成费尔南多·普与马德里联系中断。为了与马德里恢复联系，西班牙远征队不得不求助于葡萄牙船队的帮助。葡萄牙王室答应提供一条船作为西班牙远征队与马德里联络交通工具。根据远征队的请求，西班牙王室派出一名炮兵少尉和数名士兵到费尔南多·普，还增补了一名建筑师和几名木工、瓦工等技术人员，命令拉普拉塔总督府向远征队划拨5万比索。但是，这些增援物资和人员却迟迟不能抵达费尔南多·普。华金·普里莫·

里韦拉还提出，由于远征队官兵很难适应岛上的炎热气候，要求从哈瓦那和卡塔利娜调运一批黑奴来岛上做工。但是他的这一要求也被拒绝。此时，远征队内部人心惶惶，军心动摇。正当华金·普里莫·里韦拉准备派"圣地亚哥"号赴圣多美求助时，远征队内部发生哗变。军曹赫罗尼莫·马丁和一部分士兵担心船队离开费尔南多·普岛，等于把他们丢弃了。那样的话，布比人会纷纷下山把他们杀死。于是，赫罗尼莫·马丁在一部分人的支持下把华金·普里莫·里韦拉扣押起来。1780年9月，赫罗尼莫·马丁下令舰队起锚驶往普林西比，后来又改变航线，向圣多美驶去。抵达圣多美后，华金·普里莫·里韦拉被释放，他计划派一艘船返回费尔南多·普，保护已经建成的设施，继续等待马德里增援物资到来。但是，增援物资迟迟未到，更没有人愿意返回费尔南多·普。

果然，西班牙远征队离开费尔南多·普后，布比人纷纷下山，将西班牙远征队修建的兵营、医院、仓储和房屋全部烧毁。1780年年底，华金·普里莫·里韦拉开始准备撤回布宜诺斯艾利斯。为此，他首先派"康塞普西翁"号前往巴西通报赫罗尼莫·马丁策划和领导的哗变，以及远征队准备撤离的计划。1781年9月，停靠在圣多美港的英国三艘战舰企图登上远征队的"圣地亚哥"号，但被击退。同年12月30日，华金·普里莫·里韦拉率领残部撤离。西班牙第一次远征草草收场。

1782年2月22日，西班牙国王卡洛斯三世敕令，鉴于南美洲需要大量黑奴，要求华金·普里莫·里韦拉继续负责费尔南多·普和安诺本两岛的开发，重修岛上的设施，将其作为贩运黑奴的转运站,争取最大的经济利益。同时,派何塞·拉莫斯神父前往费尔南多·普传教。但是,华金·普里莫·里韦拉死后,该计划未能付诸实施。

1783年,远征队返回蒙得维的亚时,仅剩下20多人。

第三节 贩奴贸易

西班牙第一次远征虽然未能达到预期目的,但对几内亚湾的考察为后来的远征和开发费尔南多·普诸岛提供了许多有价值的地理、人文和航海资料。对英国、法国、荷兰等国在这个地区贩卖黑奴和其他商业活动有了详尽的了解。西班牙王室根据阿赫莱霍斯伯爵和何塞·瓦雷拉·乌略亚的报告,已经十分清楚地看到西班牙在几内亚湾立足和开拓商贸活动并非易事,一是开发需要资金和人力,国家财政拮据,心有余而力不足。二是英国、法国、荷兰等国不会轻易让西班牙在非洲西海岸扩张势力。当时,非洲大陆西海岸港口均被英国、法国、葡萄牙等所控制,荷兰和意大利也占有少数贩运黑奴基地。黑奴的来源是在大陆地区,大吨位船只驶入内陆非常困难,只有小吨位船只才能驶入内河的几十公里处寻找黑奴,这就带来很大的冒险性。船只在途中被袭击和遭抢劫的情况经常发生。但是,由于西班牙在南美洲的开发急需大量廉价劳动力,王室仍然坚持实施开发费尔南多·普岛,将其作为贩运黑奴基地的计划。于是,卡洛斯三世于1785年3月下令成立了菲律宾公司,专门从事亚洲、美洲和西班牙之间的三角贸易和黑奴交易。同年12月,菲律宾公司决定在费尔南多·普或圣多美建立一家商行,收购黑奴。该公司的计划是从欧洲其他国家的黑奴贩子手中收购黑奴，然后再贩运到南美洲做苦工。1786年，菲律宾公司委派安东尼奥·里卡多斯和加斯帕尔·莱亚尔负责制定一个几内亚湾贩运黑奴计划。但是，菲律宾公司对安东尼奥·里卡多斯和加斯帕尔·莱亚尔提出的计划成功缺乏足够的信心，其主要原因是他们对费尔南多·普和安诺本情况不熟悉。此外，当时公司的资金不足，缺乏人力和物力。实际上，西班牙经常通过其他渠道贩运非洲黑奴，以满足南美洲劳动力市场的需要。1789年3月，西班牙王室授予菲律宾公司向布宜诺斯艾利斯总督区贩运黑奴的自由权，作为该公司的"王子"号和"公主"号两条船在贩运黑奴所遭受损失的补偿。这样，自由贩运黑奴交易开始发展，成为一种合法的贸易活动。实际上，西班牙早就开了这种先例。西英战争期间（1779—1783年），西班牙政府就曾允许西班牙船只和中立国船只贩运黑奴到南美洲。西英战争结束后，这种自由贩运黑奴的交易持续了很长一段时间。1784年，西班牙同英国达成协议，西班牙在利伯维尔买到4000个黑奴运往特立尼达，每个黑奴的价格为150比索。在西班牙政府放宽贩运黑奴政策的情况下，菲律宾公司的垄断权被打破，许多商人开始经营这种一本万利的生意。此时，费尔南多·普的开发计划暂时被搁置。当时，菲律宾公司和西班牙商人从英国、法国和葡萄牙商人中收购的黑奴主要运往加拉加斯省、古巴、圣多明各和波多黎各等地区从事农业生产。1791年，西班牙政府将这一自由贩卖黑奴政策延长六年，并对这项法令作了部分修改，如外国贩运黑奴船只吨位由300吨提高到500吨。1792年，西班牙政府下令，贩运黑奴船只在哈瓦那港停泊的时间从 8 天延长到 40 天，西班牙商人从古巴、波多黎各运往欧洲的商品，如棉花、咖啡、靛蓝、蔗糖酒等予以免税。1793 年，西班牙王室颁布法令，允许利涅尔斯伯爵贩运 2000 名黑奴到布宜诺斯艾利斯。同年，西班牙王室宣布，允许西班牙商人从西班牙和南美洲任何一个港口出发前往非洲进行贩运黑奴交易，唯一条件是这些贩运黑奴船只的船长和一半以上的船员应是西班牙人。1796 年 10 月，西班牙王室下令允许贝尼托·帕特龙向布宜诺斯艾利斯总督区、秘鲁和智利贩运 8000 名黑奴，并给予免税。在西班牙王室和政府的鼓动下，掀起了一个合法贩运黑奴的高潮。西班牙王室亲自管理贩运黑奴交易，控制价格、税收和黑奴市场。为此，卡洛斯四世要求美洲各总督区及时向其汇报有关情况。1804 年 4 月，卡洛斯四世下令再次延长贩运黑奴期限。其中，西班牙商人贩运期限延长 12 年，外国商人延长 15 年，并继续给予不同程度的免税待遇。

　　1807 年，英国议会通过了一项关于禁止贩卖黑奴贸易法令。此时，西班牙国内围绕废除贩奴问题展开了一场激烈的讨论和斗争。加的斯议会许多议员不仅主张废除贩奴的有关法令和法律，而且要求完全废除奴隶制度。持有这种主张的有阿尔科塞尔、阿圭列斯、梅希亚等议员。他们主张政府应立即下令禁止进行贩奴贸易，任何人都不得买卖黑奴；现有的奴隶可以继续为主人服务，但应改善他们的待遇，直到获得人身自由；奴隶的子女不再是奴隶，而是自由人；奴隶应享有与家庭佣人相同的待遇，主人应付给奴隶相应的工资；奴隶因年龄和疾病失去劳动能力，主人必须抚养他们，保证他们的生活基本需要，直到成为自由人。显然，这些议员一方面主张废除贩奴贸易，甚至废除奴隶制度，但另一方面又竭力保护富人的利益。

1808年，拿破仑军队入侵西班牙，马德里城民奋起抗击，西班牙独立战争爆发。西班牙政府对其他事情无暇顾及，议会迟迟未能讨论和采纳阿尔科塞尔等议员提出的关于颁布一项禁止贩奴和废除奴隶制度的法令。在英国等西欧国家相继颁布禁止贩奴法令后，西班牙面临很大的压力。1817年，西班牙在获得了英国40万英镑的补偿后，同英国签订了关于禁止贩奴贸易条约。依约，西班牙政府下令禁止西班牙商人在赤道以北非洲地区从事贩奴贸易。为落实该条约，双方同意在塞拉利昂成立混合法院，对违反条约仍进行贩奴贸易的商人予以制裁。1819年，西英两国在塞拉利昂成立了混合委员会，监督条约执行情况和处理偶发事件。自该条约签署到1873年，西班牙向混合法院派出18名法官，调查和处理非洲西海岸贩奴案件。西班牙法官的另一个使命是保护在非洲西海岸和几内亚湾活动的西班牙商船，为推行西班牙在几内亚湾所属诸岛殖民化提供情报。但不久，西英双方就混合法院地址问题发生分歧。西班牙方面认为，塞拉利昂的气候恶劣，瘟疫多发，混合法院不适宜设在那里。1819年12月，西班牙代表何塞·坎普斯在致英方的函中称，不久前在塞拉利昂发生的热带病造成40多名白人死亡，包括他的佣人也未能幸免，最后也死在那里。1821年，两名西班牙代表不得不离开塞拉利昂，致使两艘被扣押的西班牙船只处于无保护状态。为此，西班牙指示驻英国代表路易斯·德奥尼斯与英方交涉，建议将塞拉利昂混合法院迁移到其他气候条件较好的地方。英国方面认为，如接收西班牙政府的

77

这一建议，意味着西英混合法院选址只有哈瓦那和里约热内卢两个地方。因此，英国拒绝了西班牙的建议，认为这违背1817年条约。不过，英国代表提出可以把混合委员会会址迁移到如佛得角和离加那利群岛较近的海岸城市。葡萄牙代表建议混合委员会设在圣地亚哥岛，西班牙表示不能接受。还有一种选择是加那利群岛，那里气候适宜，有良港，粮食供应充足，虽然离非洲大陆较远，但去美洲的船只可停靠那里。所以，加那利群岛应是混合法院理想的所在地。围绕地址问题，英国、西班牙和葡萄牙长期达不成协议，导致谈判中断。

实际上，西英两国于1817年签订的条约并未认真执行。该条约生效初期，西班牙贩奴非法贸易有所收敛，1827年至1828年，贩奴贸易又死灰复燃，开始活跃起来，数量不断增加。这些非洲黑奴被贩运到南美洲主要从事农业和公路、铁路建设。1819年至1827年，塞拉利昂和哈瓦那混合法院扣押和处理了24艘贩奴船只。1824年至1834年，哈瓦那混合法院释放了5795名黑奴。由此可见，1817年条约并没有得到认真执行，非法贩奴贸易仍然十分猖獗，其主要原因是西班牙政府未采取有力措施，黑奴贩子采用的手段更加隐蔽。在此情况下，英国向西班牙施加压力，两国于1835年签订了新的禁止贩奴条约，规定在赤道以南非洲地区禁止贩奴贸易，加强了对非法贩奴船只监督和对黑奴贩子的处罚力度。但是，1835年条约执行情况仍旧很糟糕，尤其遭到古巴等南美地区殖民者的抵制和反对，因为这些地区的农业开发仍然需要大量来自非洲的强壮劳动力。

第四节 英国在费尔南多·普岛的殖民活动

17世纪中期，英国、法国在殖民掠夺和角逐中逐渐取代葡萄牙和荷兰。17世纪末期，葡萄牙在几内亚湾的势力几乎完全被排挤。自1787年起，塞拉利昂已经成为英国多家公司进行贩奴贸易的重要据点，1807年沦为英国殖民地。此时，英国对费尔南多·普岛觊觎已久。

早在18世纪初，英国船只频繁出没几内亚湾，费尔南多·普岛已经成为英国活动据点之一。西班牙第一次远征时，其船队就曾遭到英国舰只的多次拦截。1783年，英国海军准将布耶和船长劳松登上了费尔南多·普岛。他们登岛后，试图同布比人拉近关系，却遭到布比人的顽强反抗。1810年，一名英国军官和五名士兵被布比人杀死，引起英国占领者内部的极大恐慌。不过，此后英国商船和舰队在费尔南多·普周边海域的活动更加频繁。1827年至1832年，英国基本占领了费尔南多·普岛，为此付出了惨痛的代价。在一次远征中，由于岛上气候恶劣，热带病肆虐，几天的时间就有40多名英国人丧生，三个月后远征队人数仅剩下一半。在比阿维率领的另一次远征中，300多人从圣卡洛斯登陆，结果时间不长，最后只剩下1个人。

英国人在费尔南多·普岛很快建立了一个市场，吸引了大批布比人前来购买各种小商品，布比人逐渐对英国人产生好感。

1825年，英国开始考虑重设混合法院地址问题。1826年，英国在非洲西海岸寻找比塞拉利昂更为理想的贸易据点。费尔南多·普靠近尼日尔河,位于卡拉巴尔河口和喀麦隆河对面,对英国来说自然是一个理想的选择。从经济和海上贸易角度,费尔南多·普对英国越来越重要。此外,费尔南多·普的气候要比塞拉利昂适宜得多。早在1819年,乔治·罗伯逊就提出费尔南多·普具有经济和贩奴的双重商业价值。1821年,凯利提出在费尔南多·普进行农业开发的建议。此外,英国认为居住在费尔南多·普岛上的布比人对英国人有一种好感。所以,英国企图利用混合法院迁址为契机把费尔南多·普永久占领。1823年,英国开始与西班牙接触,商谈混合法院迁址问题。但是,由于当时西班牙政局的变化,双方谈判搁浅。1825年,英国殖民事务大臣在会见荷兰驻英国大使时称,费尔南多·普是一个理想的混合法院所在地,但该岛的主权归属不明确。1826年2月,英国向西班牙表示,希望将混合法院设在在费尔南多·普岛。同年4月,西班牙政府答复英国政府称,在费尔南多·普设立混合法院需要更详尽的信息和认真研究,其中包括与费尔南多·普土著人达成协议和在岛上建立殖民点问题等。

由于西班牙自第一次远征起已经过去了40多年,对于费尔南多·普的主权问题显得十分模糊,甚至一度考虑将该岛出让给英国。这给垂涎已久的英国以可乘之机。1827年6月28日,英国通知有关国家拟将混合法院设在费尔南多·普。同年10月,英国船队在威廉姆·F·欧文的率领下登上了费尔南多·普岛。英国这一突如其来的行动引起西班牙、法国和荷兰等国家的不安。法国明确表示反对英国占领费尔南多·普,因为这将使英国在非洲西岸的势力增强。荷兰则表示,费尔南多·普属于西班牙,将混合法院设在该岛不符合1778年条约。

不过，西班牙政府此时确有出让费尔南多·普岛的打算。1820—1823年，西班牙经济十分困难，财政预算连年出现赤字，外债累累，其中包括欠英国的大量债务。费尔南多七世为了建立专制统治，不承认立宪三年期间所欠下的债务。在这种情况下，西班牙得不到英国和法国的贷款。在国家经济衰退和财政困难的情况下，西班牙政府不得不考虑出让海外殖民地。英国则趁机给西班牙施加压力，企图从其手中夺得费尔南多·普岛。面对英国提出的要求，西班牙政府处于进退两难的境地，一方面不愿意看到英国占领费尔南多·普岛既成事实，这有损于王室和国家的尊严，会引起社会的广泛不满；另一方面又寄希望于同英国谈判，求得英国的援助。所以，不能强硬要求英国从费尔南多·普撤离。此时，英国报纸已经透露消息称，英国政府为了减轻西班牙王室的财政负担，同意接管费尔南多·普岛，代价是付给西班牙10万英镑。但是，这一消息并未得到英国政府证实。

1828年1月9日，西班牙政府召开会议紧急决定派遣一支远征队赴费尔南多·普，以宣示西班牙对该岛拥有主权。但是，西班牙政府的这一决定只是一纸空文，并未真正执行。同年2月，西班牙政府召开会议决定，同意将混合法院地址设在费尔南多·普，但先决条件是英国必须承认该岛主权属于西班牙。英国政府则表示，从未否认西班牙对费尔南多·普拥有主权，西班牙随时可以派总督和官员到费尔南多·普，英国在那里只是客人。但是，1828年6月，英国政府的态度发生了变化。英国新任外交大臣艾贝丁表示，如果英国选择费尔南多·普作为混合法院所在地，并非完全是因为那里的气候条件比较适宜和靠近非洲的几个重要的贩奴据点,还因为西班牙几次尝试在岛上建立殖民点失败后,基本放弃了这个地方。所以,英国政府不能明确承认西班牙对费尔南多·普拥有主权,有可能葡萄牙对该岛有拥有权。对此,西班牙政府则重申对费尔南多·普拥有无可争议的主权,将混合法院设在费尔南多·普岛违反1777年和1778年条约。

在此情况下,艾贝丁提出,为了打击非法贩奴贸易活动,西班牙应作出两种选择:一是暂时出让费尔南多·普岛;二是西班牙保留对费尔南多·普的主权,但西班牙国王应批准费尔南多·普为混合法院所在地。西班牙政府拒绝了艾贝丁的建议。

在两国围绕费尔南多·普主权归属问题上争论不休的情况下,英国却对费尔南多·普早已采取了行动。

英国实际占领费尔南多·普岛是从1827年开始,1834年撤离。1827年10月,英国船队在威廉姆·F·欧文的指挥下满载建筑材料和机械设备抵达费尔南多·普北部,雇用上百名非洲劳工开始建立防御工事和殖民点。为了纪念克拉伦斯公爵,威廉姆·F·欧文将这个殖民点起名为克拉伦斯,即今日马拉博。与此同时,英国远征队同岛上的布比人进行谈判,要求他们向英国人出让土地。远征队在克拉伦斯兴建的交易市场立即吸引了布比人极大兴趣。12月25日,威廉姆·F·欧文主持了殖民点的成立仪式。1828年2月29日的泰晤士报刊登一篇文章,其标题是"费尔南多·普,英国的新殖民地"。此后,英国从塞拉利昂调来200名劳工,大兴土木,扩建克拉伦斯港,修筑军事要塞。同时,英国还在岛上进行农业开发，雇用一批农业工人砍伐木材，种植咖啡、烟草、甘蔗等。此后，岛上的人口逐渐增加，其中一部分是来自塞拉利昂的黑奴，还有英国船只运来的一些获得自由的奴隶，总人口大约有几千人。外来的劳工都是强劳力，英国人强迫他们每日劳动 12 个小时以上，加之气候炎热，许多人不堪折磨而死去。英国殖民者对这些劳工十分苛刻，惩罚手段也十分严酷，许多劳工逃离，导致人口减少。英国多次表示，派远征队赴费尔南多·普目的旨在考察那里的地理环境和气候条件，为设立混合法院做准备，实际是以此为借口企图永久占领该岛。英国商人在费尔南多·普立足后，商品交易开始活跃，疯狂砍伐树木，作为建造军舰和商船的材料。此外，棕榈油成为重要的交易商品。

1831 年 3 月，马塞利诺·德安德烈斯访问了该岛后，详尽叙述了他在岛上的所见所闻。他说，英国人占领了费尔南多·普岛后，构建设防工事，建设移民点。在岛上已经出现了像塞拉利昂那样的军事要塞。英国人把土地出让给外来移民，种植咖啡、烟草、甘蔗等。不过，好景不长，岛上的恶劣气候和热带病严重威胁着英国人的生命安全，来自塞拉利昂的自由人纷纷逃离。1834 年，英国政府下令远征队从该岛撤离。实际上，西班牙政府对英国在费尔南多·普岛的存在一直采取反对的立场，这是英国撤出的重要原因。

英国远征队撤离后，少数英国人仍然留在费尔南多·普从事商贸活动。英国商人里卡多·迪利翁代表英国商界向西班牙政府提出"接管"费尔南多·普的建议，理由是英国政府认为费尔南多·普没有多大价值，故打算放弃该岛，而西班牙应充分利用费尔南多·普的地理优势，作为通往东印度群岛的一个中间站。否则，费尔南多·普将成为黑奴贩子和海盗的一个窝点。该岛还有可能落到美国人的手中，这对西班牙的海外贸易更加不利。里卡多·迪利翁要求西班牙政府在费尔南多·普建立殖民点前允许英国驻费尔南多·普商会代理人约翰·贝克罗夫特管理该岛。约翰·贝克罗夫特为了执行这一使命，组织了一支拥有武器装备的志愿队。这支队伍大约有 120 多人，有良好的纪律，主要任务是保护英国人的经商活动和人身安全。西班牙政府对里卡多·迪利翁的建议未予理睬，坚持认为费尔南多·普对通往菲律宾和南美航行没有太大意义，在该岛建立殖民点需要耗费大量人力、物力和财力。英国最终放弃了费尔南多·普恰恰证明了这一点。

正是由于西班牙政府对费尔南多·普开发毫无兴趣，英国商人开始大胆地经营这块地方。1834 年 10 月，里卡多·迪利翁和他的公司通过其代理人约翰·贝克罗夫特的帮助，购得了英国在费尔南多·普岛的财产所有权，其中包括当年英国兴建的房屋、商站、堡垒等不动产和一些建筑材料及劳动工具。此后，里卡多·迪利翁从布比人手中又购买了一些土地，扩充势力范围。1836 年，里卡多·贝利翁的公司破产，伦敦西非公司代管里卡多·贝利翁公司在费尔南多·普的全部财产。约翰·贝克罗夫特继续担任伦敦西非公司的代理人。同年 7 月 6 日，里卡多·迪利翁把公司出售给伦敦银行家豪尔赫·普雷斯科特和胡安·德亚孔。此后，英国在克拉伦斯的资产多次易主，但都是在英国商人手中经营。英国还派出再洗礼教派传教士在费尔南多·普进行传教活动，成为克拉伦斯地区实际的管理者。

1833 年，西班牙卡洛斯战争爆发。这是一场旷日持久争夺王位的战争,共分三次。第一次 1833—1840 年;第二次 1845—1849 年;第三次 1872—1876 年。这场战争造成西班牙政局动荡,国家经济受到严重破坏。为了打击卡洛斯的军事力量,西班牙政府不得不求助于英国和法国的军事援助。由于英国人在费尔南多·普的长期经营,而此时西班牙又有放弃该岛的想法,英国趁机再次提出购买费尔南多·普和安诺本两岛的要求。

1839 年 4 月 18 日,西班牙与英国就出让两岛问题举行谈判。英国承诺用 5 万英镑购买费尔南多·普,西班牙没有接收英国提出的价格。此后,英国将价格提高到 6 万英镑。1841 年 4 月 4 日,西班牙政府表示,接受英国提出的价格,两国就此举行了新一轮谈判,并达成协议。但是,这个协议需要提交到西班牙议会讨论和批准。同年 7 月 9 日,西班牙政府向议会提出关于将费尔南多·普出让给英国的法案,价格为 6 万英镑,其中包括西班牙偿还英国的债务。为此,成立了以华金·费雷尔为首的法案起草委员会。何塞·M·查孔和弗朗西斯科·利纳赫先后担任委员会秘书。但是,政府出让费尔南多·普和安诺本的决定在社会上引起强烈反响,舆论界一片哗然,坚决反对政府出让"国家主权"。政界围绕这个问题营垒分明,反对派坚决抗议政府出卖"主权"换取英国对西班牙债务的减免。最后,西班牙政府迫于压力,趁议会尚未公布法案于 1841 年 8 月 23 日撤回。

1843 年 9 月 3 日,约翰·贝克罗夫特以费尔南多·普总督的身份赴伦敦会见了西班牙驻伦敦全权代表时提出以下建议:允许和鼓励欧洲人在费尔南多·普移民定居和购置土地,并保证他们的财产和人身安全;保障英国再洗礼教派传教士从西非公司所购买的财产所有权；向安诺本派遣一名官员或代理人，防止外来船只登岛时遭到土著人的攻击；总督府所属船只挂西班牙国旗。同年 10 月，西班牙政府作出答复，在费尔南多·普未实现殖民化以前，不准出售土地；不允许外国人在岛上建移民点；一切按照胡安·何塞·德莱雷纳当年所制定的政策管理该岛；不同意向安诺本派遣官员或代理人，何时派遣视情况和需要再定。

但是，当约翰·贝克罗夫特于 12 月返回费尔南多·普时发现情况已经有了变化。他离开费尔南多·普岛期间，约翰·克拉克神甫带着一个由 40 多名英国再洗礼教徒组成的非洲教团来到了费尔南多·普，其中有不少儿童。此前，这些人被关押在牙买加。这给约翰·贝克罗夫特带来一个非常棘手的难题。根据西班牙政府有关法律规定，不允许外来人在费尔南多·普定居。当时，在克拉伦斯城有两个群体。一个群体是商人，他们从事商业活动，是 1843 年胡安·何塞·德莱雷纳捐赠他们一些财产；另一个群体是英国再洗礼教徒。他们要求在克拉伦斯海滩附近租借一块土地，修建仓储站和其他设施。商人对再洗礼教徒的要求表示不满和抱怨。约翰·克拉克为了得到土地，四处走访布比人的许多部落和村舍，劝阻他们不要用以物换物的形式同商人做生意，而是做现金交易。为了岛上的稳定，约翰·贝克罗夫特将情况报告了西班牙政府，并请示是否允许再洗礼教徒拥有租借土地权。但是，西班牙政府对此却没有作出一个十分明确的答复。实际上，约翰·贝克罗夫特没有足够的能力赶走这些再洗礼教徒。

1845 年 3 月，再洗礼教徒致函英国驻马德里大使馆要求西班牙政府承认他们在费尔南多·普的财产所有权和土地租借权。此后，英国政府要求西班牙政府保护再洗礼教徒在费尔南多·普的财产安全和利益。西班牙政府一方面支持约翰·贝克罗夫特的意见，另一方面又不想把同英国的关系搞僵。不过，最后西班牙政府还是明确表示，在费尔南多·普除了天主教，不允许任何其他宗教布道。在给予再洗礼教徒的财产合理补偿后，将他们驱逐出岛。西班牙政府还重申，西班牙从未承认英国在费尔南多·普拥有土地权。

1845年9月30日，约翰·贝克罗夫特根据西班牙政府的决定，将英国再洗礼教徒驱逐出境。

这次驱逐事件结束后，西班牙政府又重新制定对费尔南多·普的远征计划。这个计划可谓一举两得，既可利用在大安的列斯群岛获得自由的黑奴去费尔南多·普做劳工，又可通过这种移民方式控制和巩固西班牙对费尔南多·普和安诺本的所有权。通过这些人的生活习惯、生活方式和宗教信仰去同化费尔南多·普和安诺本的土著人。同时，又能缓解古巴因黑奴解放而产生的劳动力紧张局面。但是，西班牙政府也担心这个计划会引起英国的不满。不久前，西班牙的"圣安东尼奥"号在几内亚湾被英国舰队扣押，原因是船上有获得自由的黑奴。西班牙政府则要求英国立即释放"圣安东尼奥"号，并保证从古巴、波多黎各开往费尔南多·普的船只的航行安全。西班牙政府为了开发古巴的农业，需要储备大量的劳动力。于是，再次考虑把费尔南多·普和安诺本的土著人运到古巴做工。而英国人早就创下了这个先例，自1840年，英国就允许英国公司把非洲黑奴运到牙买加、圭亚那和特立尼达和多巴哥做苦力。据统计，1840—1842年，英国公司运到美洲的非洲黑奴达 4000 多人。1844—1847 年，英国运往牙买加的非洲黑奴近 7000 人，圭亚那 10000 多人，特立尼达和多巴哥 6700 多人。

但是，西班牙议会却对这个计划持否定态度，理由是这个计划具有很大的冒险性。虽然根据 1835 年条约不禁止把非洲自由人运送到美洲做劳工，但是这样做很可能被怀疑是贩卖黑奴。1844 年 1 月，英国政府照会西班牙政府，对西班牙从费尔南多·普和安诺本向古巴运送劳工表示关注和担忧。

在这种情况下，西班牙政府任命阿道夫·吉列马德为驻塞拉利昂领事和混合法院代表，负责完成考察费尔南多·普和安诺本的使命。

第五节　胡安·何塞·德莱雷纳远征

1836—1839 年，西班牙航海家莫罗斯·莫雷利翁曾在几内亚湾进行考察，并于 1844 年出版了《西班牙非洲岛屿记录》一书。书中介绍了考察费尔南多·普和安诺本的过程和岛上情况，并建议西班牙政府向费尔南多·普和安诺本岛派遣船只巡逻和保护西班牙在这一带的商船；向费尔南多·普派一名总督，加强对这些地区的管理，在安诺本设立海关署，修建仓储站，作为同非洲和印度贸易后勤基地；成立公司，开垦土地，开发农业，推进殖民化进程；鼓励私有企业和个人到岛上垦殖，赋予他们拥有土地和从商权利，收取少量租金。莫罗斯·莫雷利翁还提出将两个岛作为海外流放地。

莫罗斯·莫雷利翁的这些建议似乎把西班牙政府早已遗忘的这两个岛再次提到开发日程上来。

西班牙政府为了表明对两岛拥有的主权，决定派一支远征队再次前往几内亚湾。这次远征的使命是"重建西班牙在费尔南多·普和安诺本的主权"，调查自1840年英国舰队在几内亚湾所截获和扣押的西班牙商船、财产和人员，以及科里斯科岛商行被拆毁事件。

皇家全权代表胡安·何塞·德莱雷纳被任命为远征队总指挥。胡安·何塞·德莱雷纳青年时代在西班牙海军服役，参加过西班牙独立战争，有丰富的海上作战经验。他在制定远航计划时还特别提醒西班牙政府，英国在费尔南多·普有驻防部队，建议海军部派军舰前往费尔南多·普观察那里的动向。根据胡安·何塞·德莱雷纳的建议，西班牙政府于1842年8月开始准备这次大规模远征计划。同年12月18日，胡安·何塞·德莱雷纳率领舰队从费罗尔港起航，开始了向几内亚湾的远征。这支远征队由75名海员组成，双桅杆帆船装载14门大炮。1843年1月9日，远征队抵达塞拉利昂，在处理了被扣押的西班牙商船事件后，于2月23日抵达费尔南多·普。远征队登陆后，在岛上举行了隆重的西班牙国旗升旗仪式，鸣放礼炮，宣示西班牙对费尔南多·普的主权。胡安·何塞·德莱雷纳宣布，费尔南多·普主权属西班牙女王伊萨贝尔二世，设总督府，任命约翰·贝克罗夫特为总督。除总督府外，不允许其他权力机构存在。约翰·贝克罗夫特在英国商人中比较有威信，得到岛上城市民兵组织的支持。在胡安·何塞·德莱雷纳看来，唯有约翰·贝克罗夫特有能力协助西班牙当局维持岛上秩序，而他本人只是希望能获得一些行动上的自由。胡安·何塞·德莱雷纳要求约翰·贝克罗夫特保证实行宗教和信仰自由政策，以安抚英国政府。此任命也是针对岛上英国商人集团与教会之间权力之争作出的一种选择，也反映出西班牙对再洗礼教派的排挤和不满。这些传教士曾联名上书英国政府，要求英国当局继续负责管理费尔南多·普。胡安·何塞·德莱雷纳还宣布成立五人委员会，负责费尔南多·普的开发和司法事务。但是，英国社区内部的矛盾和斗争并没有缓解，相反愈演愈烈。教会派要求英国政府给予支持，继续公开反对约翰·贝克罗夫特为首的总督府。对此，胡安·何塞·德莱雷纳宣布，西班牙政府保证岛上居民的信仰和宗教自由。此举意在讨好岛上的布比人，并孤立和打击英国再洗礼教派的势力，彰显西班牙对费尔南多·普的主权。西班牙政府还要求总督府履行应尽的权力和职责，保障费尔南多·普的正常社会秩序和经济发展。为此，命令其建立一支民兵队伍，参加这支队伍的人可以分得一块土地。在未得到当局允许的情况下，不得随意砍伐树木和出口木材。制定税收政策，出口税为2.5%，进口税为5%，征收船只靠港税，按每100吨征收4个比索计算。税收作为总督府的日常开支。当时，西班牙政府由军人巴尔多梅罗·埃斯帕特罗执掌权力，一度成为伊萨贝尔二世的摄政者，故将克拉伦斯改名为摄政城。不过，巴尔多梅罗·埃斯帕特罗垮台后，摄政城又改名为圣伊萨贝尔，以纪念西班牙女王伊萨贝尔二世。

  胡安·何塞·德莱雷纳在完成了费尔南多·普的考察任务后，于3月9日率领远征队驶往科里斯科岛。经过考察，胡安·何塞·德莱雷纳认为，科里斯科岛的土著人对英国人没有好感，双方经常发生冲突。对胡安·何塞·德莱雷纳来说，更为重要的是远征队这次登上科里斯科岛象征着该岛主权属西班牙。胡安·何塞·德莱雷纳在他后来上呈西班牙政府的报告中称，土著人领袖邦克洛王接收西班牙对科里斯科岛行使主权。该岛靠近加蓬，具有重要的商业价值。报告还描述了岛上的气候和环境，以及土著人的生活和风俗习惯。

胡安·何塞·德莱雷纳向西班牙政府报告了他完成了以下任务：在费尔南多·普设立了总督府、法庭、城市警察署，建立了民兵，各部落首领都已经宣誓忠于西班牙政府。

远征队结束在科里斯科岛的考察后，于3月22日抵达安诺本岛。在岛上举行了仪式，土著人首领被邀参加。在仪式上，胡安·何塞·德莱雷纳宣称安诺本岛是西班牙王室的私有财产。

1843年4月10日，约翰·贝克罗夫特以总督的身份召开了第一次会议，通过了一系列法令，其中包括城市安全条例、卫生条例、保护白人私有财产和商业活动等法令，制定商品基本价格法，规定商店营业时间等。

1843年5月15日，远征队返回加的斯。同船带回两个土著人，一个叫吉尔，另一个叫亚圭。两个人接受了安东尼奥·玛丽亚·克拉雷特教父的洗礼，分别起名为费利佩·吉尔和圣地亚哥·亚圭，并宣誓效忠西班牙国王。

胡安·何塞·德莱雷纳认为，安诺本岛人口稀少，没有多大的商业价值。远征队从费尔南多·普岛带回了十二种树木标本，材质上乘，可作为造船材料。西班牙政府根据胡安·何塞·德莱雷纳的报告和建议，成立了一个专门委员会，负责制定优先开发费尔南多·普岛的计划，其中包括种植咖

第六章 西班牙征服费尔南多·普岛

啡、棉花和甘蔗。此外,把岛上的象牙、黄金、棕榈油、兽皮作为贸易的重要商品。

为了表彰胡安·何塞·德莱雷纳功绩,西班牙政府授予他海军上校军衔,其他随从人员也分别受到嘉奖。

为了巩固在费尔南多·普的主权地位,开展商贸活动和保障西班牙商人的安全,西班牙政府决定在岛上建立一个海军基地。

为实现上述目标,西班牙政府任命胡安·何塞·德莱雷纳为舰队司令,负责筹备一次更大规模的远征计划。胡安·何塞·德莱雷纳接到命令后,立即到加的斯筹集资金。为此,他成立了"非洲中部殖民促进公司",动员当地商人踊跃赞助和投资。远征队计划于1844年2月从加的斯起航,"非洲中部殖民促进公司"担负这次远征所需要的开支和购买建筑材料,总预算为300万里亚尔。1844年1月9日,西班牙海军部下令,由"金星"号小型护卫舰、"半岛"号汽船、一艘双桅舰和四艘三角帆船组成的远征队全部听从胡安·何塞·德莱雷纳指挥待命出发。可是,正当胡安·何塞·德莱雷纳紧锣密鼓地筹备这次远征计划时,卡塔赫纳和阿里坎特两地发生暴乱,国内政局发生重大变化。5月30日,政府下令暂停这次远征计划,后来又指控胡安·何塞·德莱雷纳执行远航计划不当,解除了他的远征队总指挥职务。

第六节 阿道夫·吉列马德远征

胡安·何塞·德莱雷纳远征的一个重要成果是为管理费尔南多·普诸岛制定了一套比较完整的法律。1843年9月,约翰·贝克罗夫特在伦敦会见西班牙驻伦敦大使时提出，为了推动费尔南多·普和其他西属岛屿的经济开发，应允许和鼓励欧洲人购买土地，只要他们遵守当地法律，就应保证他们的财产安全，尤其要保证英国再洗礼教派以前向西非公司购买的土地所有权；在安诺本设立一个代理处，防止和处理外国船只在该岛活动中所发生的冲突事件；总督船只悬挂西班牙国旗。

1845年7月28日，西班牙"金星"号小型护卫舰在舰长尼古拉斯·蒙特罗拉的指挥下从加的斯港起航，途中在拉斯帕尔马斯补充给养后，驶往费尔南多·普。这次远征的总指挥是西班牙驻塞拉利昂领事阿道夫·吉列马德。途中，远征队抵达塞拉利昂和西部海岸，于同年12月25日抵达圣伊萨贝尔港。而此时的费利佩·吉尔和圣地亚哥·亚圭已经是远征队的军士长。阿道夫·吉列马德抵达费尔南多·普后开始执行西班牙王室下达的命令。阿道夫·吉列马德在他的计划中指出，这次远征目的旨在解决在费尔南多·普岛发生的英国再洗礼教派问题，消除其影响，由天主教取而代之；为费尔南多·普诸岛未来殖民化和商业开发收集有关情报；在圣伊萨贝尔城彻底消除英国人的影响，深深打上西班牙的烙印；为西班牙教团宣传天主教教义和他们的生活提供必要条件等。实际上，由于财力和物力不足，这次远征远规模远不及胡安·何塞·德莱雷纳指挥的那次远征。对于费尔南多·普的开发似乎未列入远征队计划的重点。这次随远征队执行任务的还有几名教父，如赫罗尼莫·乌塞拉·阿拉尔孔、胡安·德塞罗和学者比利亚尔瓦·佩雷斯都是资深和有影响的神职人员，从中可以看出这次远征带有明显的宗教渗透目的。

　　阿道夫·吉列马德登陆后发现岛上的形势十分危急。圣伊萨贝尔城的社会状况很像一个"联邦体",英国人的影响很大。经过谈判,英国再洗礼教派社团要求西班牙方面给予他们一年期限,在变卖他们的财产后从费尔南多·普撤走。阿道夫·吉列马德同意了他们的要求。为了避免同英国政府发生更多矛盾和外交冲突,阿道夫·吉列马德甚至同意,如果一年内英国再洗礼教派社团变卖不完他们的财产,允许他们的代表继续留在岛上处理善后事务,再宽限三个月。但是,英国再洗礼教派社团没有完全遵守双方达成的协议。1847年,英国再洗礼教派社团的神职人员撤出后向西班牙当局提出财产索赔要求。这一财产纠纷案拖延了几年才得到最后解决。但是,赫罗尼莫·乌塞拉·阿拉尔孔等人对阿道夫·吉列马德的作法持不同意见,认为他对英国再洗礼教派社团过于宽容和忍让。当时,西班牙教团的生活和居住条件很差,缺乏传教活动的基本设施和条件,没有教堂,没有资金开办教会学校等。而阿道夫·吉列马德则认为,在费尔南多·普、安诺本尚未完全殖民化之时,建设这些设施没有太大意义。由此可以看出,西班牙政府并不想在岛上有更多的财政投入。

　　这期间,法国商船向阿道夫·吉列马德提出在费尔南多·普修建煤炭仓储站的要求。为了在英法两国之间搞平衡,特别是利用法国在岛上的存在牵制英国,阿道夫·吉列马德同意了法国商人的要求,临时拨给法国商人一块土地修建煤炭仓储站,用于法国邮轮补充燃料。不过,阿道夫·吉列马德看到,由于费尔南多·普长期处于被"遗弃"状态,西班牙政府几乎没有进行任何开发，岛上西班牙人寥寥无几。相比之下，英国在岛上的存在和影响随处可见。岛上的英国人保持着英国生活方式，流行英语，市场流通英镑。相反，西班牙在费尔南多·普的影响微乎其微。他在1846年6月上呈的考察报告中称，面对英国在费尔南多·普的影响，建议西班牙政府首先采取措施，把岛上所有地方的命名改为西班牙文，消除英国的影响，打上西班牙的烙印。

在结束了费尔南多·普的考察后，阿道夫·吉列马德率领远征队先后登上科里斯科岛和安诺本岛，还同科里斯科岛的本加族首领举行了会晤。1846年2月18日，阿道夫·吉列马德同科里斯科国王邦克洛签订了协议。邦克洛王宣誓忠于并遵从西班牙女王的意志。当时，邦克洛王管辖科里斯科岛、埃洛贝岛和周边地区。此后，费尔南多·普、安诺本和科里斯科、埃洛贝岛正式划归西班牙基督教会的管辖之下。同年2月，远征队在完成了使命后，尼古拉斯·蒙特罗拉等人返回加的斯，而赫罗尼莫·乌塞拉·阿拉尔孔等神职人员留在费尔南多·普继续进行传教活动。

阿道夫·吉列马德在给西班牙女王的报告中对这次远征情况做了详尽的介绍并提出了加速殖民化建议。报告称，费尔南多·普的气候条件适于开发农业。岛上大体分为两个不同的气候带，平原地带为典型的热带雨林气候，温度很高，雨量丰富，山区气候凉爽，舒适程度堪比欧洲。东部地区可以种植靛蓝、桂皮和其他经济作物。西部和北部山坡咖啡、甘蔗和棉花种植已经试验成功，可以扩大种植面积。此外，他还建议进行水稻、辣椒、胡椒种植试验，在圣伊萨贝尔城以南地区种植小麦等粮食作物，以北地区种植玉米和烟草。

整个岛上遍地是棕榈树，土著人用它提炼酒和食油。岛上的热带水果很丰富，可以向欧洲出口。森林开发具有很高的商业价值。岛上的树木如檀木、红木质量上乘，其中硬木是造船的好材料。报告提出，费尔南多·普地理位置优越，距尼日尔河口以及新卡拉巴尔和旧卡拉巴尔区较近，英国、法国等欧洲国家商船在附近海域活动频繁，建议费尔南多·普总督访问和考察这些地区，并同当地土著人首领建立友好关系，签订通商条约，把圣伊萨贝尔建成一个为欧洲商船停靠和提供后勤服务的避风港。政府还应加大投入，把费尔南多·普岛建成一个货物集散地，把加泰罗尼亚、瓦伦西亚、塔拉维拉等地区生产的食品、纺织品运到这里，满足英国、法国、美国、意大利等国商船的需要。此外，修建一个当地土特产仓储站，廉价收购象牙、棕榈油、各类珍贵木材，然后高价卖给欧洲商人。当时，美国减少对英国的棉花出口，这为从尼日尔河地区向英国出口棉花提供了机遇。因此，阿道夫·吉列马德建议西班牙政府应重视尼日尔河流域的开发。费尔南多·普的殖民化是西班牙商人在几内亚湾从事商贸活动的保障。为此，阿道夫·吉列马德建议在圣伊萨贝尔城建立一所康复医院，这不仅可以为西班牙商人，也为外国船员防治疟疾、伤寒等热带病提供必要的服务。

  关于安诺本的殖民化措施，阿道夫·吉列马德没有提出更多的建议。他认为，安诺本开发条件尚不成熟，岛上森林覆盖率很小，缺乏资源。如果将来需要，可以在岛上建一个要塞。

  关于科里斯科岛，阿道夫·吉列马德认为应大力进行农业开发，扩大甘蔗等经济作物和热带水果的种植面积。另外,应充分利用其商业价值,将来可以作为西班牙在几内亚湾进行商贸活动的第二通道。这是因为科里斯科岛距木尼河口很近,600吨位的船只可以行至内河60公里,把木尼河流域的各种珍贵木材、象牙运到西班牙。据统计,1849年在科里斯科岛停靠的商船达22艘,英国商船代理在岛上大发横财。阿道夫·吉列马德建议在木尼河口两岸建立军事要塞,在科里斯科岛设立一个商务代理,开展贸易活动。

为了加速费尔南多·普诸岛的殖民化,阿道夫·吉列马德建议赋予未来总督更多权力,总督不仅拥有军权,保障这些地区的安宁,而且应重视农业和商贸开发。为此,应充分发挥布比人的特长,通过宗教等手段使他们驯服。不过,阿道夫·吉列马德也强调,布比人是一个性格刚强、独立意识很强的民族,做到这一点很不容易。

赫罗尼莫·乌塞拉·阿拉尔孔在他的报告中反对通过军事手段实现费尔南多·普等地区的殖民化,主张通过宗教的潜移默化,使布比人接受殖民化教育,甘愿接受和服从西班牙殖民统治。他认为,通过军事手段镇压当地人的反抗不仅达不到殖民化的目的,而且代价很高。赫罗尼莫·乌塞拉·阿拉尔孔是这样阐述他的观点的:"每一个传教士相当于一支小股部队,不用太大的开支,不费太多的力气,就可以征服这些民族,让他们屈服于仁慈的武器之下。"不过,针对布比人的勇敢反抗,他仍建议西班牙商人和移民携带武器,一方面保证人身和财产安全,另一方面协助当局维持社会秩序。他还认为,费尔南多·普等地区可以成为南美洲劳动力储备基地。在废除贩奴条约后,南美洲非常缺乏劳动力。布比人的生活习惯、语言和宗教信仰同美洲居民相似,将他们作为自由民运送到古巴和安的列斯群岛做劳工具有许多优势。为了加强宗教渗透，赫罗尼莫·乌塞拉·阿拉尔孔同罗马教皇使节多次接触，要求梵蒂冈支持西班牙在费尔南多·普宣传和普及天主教教义。由于当时西班牙经济非常困难，赫罗尼莫·乌塞拉·阿拉尔孔对西班牙王室提供资金支持不抱希望，而是通过义务传教的方式招募神职人员来费尔南多·普传教。

第七节 卡洛斯·查孔远征

阿道夫·吉列马德远征结束不久，西班牙王室曾打算在第二年再派遣一支远征队赴费尔南多·普等地考察和开发。为此，王室下令成立一家西班牙贸易公司，但不久该公司解散，远征计划成为泡影。

1854年6月10日，费尔南多·普总督约翰·贝克罗夫特去世，西班牙开始考虑任命新总督，并计划对费尔南多·普、安诺本和科里斯科三岛再次进行考察，为制定未来的开发计划做准备。同年12月，西班牙政府成立了由司法部、财政部、海军部、国务部和海外局组成的委员会，讨论和制定费尔南多·普等地殖民化计划。1855年1月27日，西班牙政府任命大商人多明戈·穆斯特里奇为费尔南多·普总督。但是，这项任命却遭到了委员会大部分成员的反对。与此同时，英国人也对这项任命颇为不满，向西班牙政府施加各种压力。实际上，约翰·贝克罗夫特死后，他的助手、副总督林斯拉赫尔仍把持着权力，管理日常事务。马德里方面对林斯拉赫尔担任副总督颇为担心。这位副总督利用职务之便为英国商人在费尔南多·普进行商贸活动提供大量情报和便利。英国商人在这些地区购买了大量土地,英国船只出入圣伊萨贝尔港畅通无阻。英国人在费尔南多·普的活动引起西班牙政府的不安和关切。不仅如此,这期间法国商船在费尔南多·普一带的活动也十分频繁。1856年5月26日,林斯拉赫尔在向西班牙政府上呈的报告中说,法国人登上安诺本岛后升起了法国国旗。西班牙政府立即召见法国驻西班牙大使,要求其对此作出解释。1856年年底,西班牙政府决定对费尔南多·普诸岛实行全面殖民化。

  19世纪,西班牙多次派出远征队前往费尔南多·普诸岛进行考察,宣示对这些岛屿的主权,但在商业尤其农业开发方面仅仅停留在规划和探讨阶段,资金、人力和物力的投入寥寥无几。西班牙在这一带的商贸活动很少,与英国、法国相比相当滞后。19世纪初期和中期,安的列斯群岛同几内亚湾的贸易往来比较密切。西班牙同几内亚湾之间几乎没有直接贸易往来。自1850年,这种直接贸易才姗姗来迟。当时,从科里斯科岛贩卖的黑奴源源不断地运往南美洲。据统计,这个时期每年大约有上百条商船从科里斯科岛开往安的列斯群岛,主要是贩运非洲黑奴,其中有25条贩奴商船被混合法院依法扣留。据推测,当时这百条商船中有一半是从事贩奴非法贸易的。另据统计,自冈比亚至安哥拉一带海域的商贸活动,英国大约占34%,美国占28%,法国占22.7%,西班牙仅占6%,德国、荷兰和丹麦三国共占9.3%。葡萄牙主要控制圣多美和普林西比的商船运营。1842年,驶入圣多美和普林西比港的英国商船有20艘、美国商船18艘、法国商船13艘、德国商船2艘、巴西商船

2艘。

1858年4月30日，护卫舰舰长卡洛斯·查孔奉命率领西班牙远征队乘"巴斯克·努涅斯·巴尔沃亚"号舰驶离加的斯港，于5月22日抵达圣伊萨贝尔港。"卡塔赫纳"号、"格拉维纳"号、"圣母玛丽亚"号三艘舰只先后于6月10日、12日和15日抵达圣伊萨贝尔港。西班牙王室向卡洛斯·查孔率领的远征队下达双重任务，一是彻底解决英国再洗礼教派社团遗留问题，重申西班牙对费尔南多·普、安诺本、科里斯科诸岛的主权；二是为加速费尔南多·普诸岛殖民化提供详细和有价值的调查资料。西班牙政府认为，英国再洗礼教派社团问题不仅仅是一个宗教问题，而且是一个政治和社会问题，涉及到西班牙对费尔南多·普的主权。西班牙在推进费尔南多·普诸岛殖民化的过程中必然遭到英国再洗礼教派社团的阻挠和反对。当时，圣伊萨贝尔港对英国十分重要，他们在这一地区具有很大影响。英国人在费尔南多·普和塞拉利昂之间的商业和宗教活动十分活跃，许多居住在费尔南多·普的英国富商把子女送到塞拉利昂读书，接受先进教育。西班牙政府虽然宣称对费尔南多·普诸岛拥有主权，但由于英国人在岛上长期经营，其影响远远超过西班牙。所以，这次西班牙远征队的出现自然引起英国再洗礼教派社团的恐慌。卡洛斯·查孔登陆时，恰巧英国常驻杜阿拉神甫萨乌科尔在费尔南多·普进行访问。为此，他推迟了回杜阿拉的行期。5月26日，举行了卡洛斯·查孔总督就职仪式。耶稣会教徒和布比族代表以及停靠在圣伊萨贝尔港的两艘英国商船船员参加了就职仪式。此后，卡洛斯·查孔颁布了《地区管理组织法》，赋予总督更大的权力，并宣布在西班牙占领区的居民一律信奉天主教，禁止英国教士在该地区活动。卡洛斯·查孔宣称，天主教是西班牙政府在这些地区唯一被承认的宗教，禁止其他宗教公开活动，包括英国再洗礼教派社团在内的其他教派只能私下举行祈祷和教礼。这项法律颁布后立即引起强烈反应，英国再洗礼教派社团要求英国政府向西班牙政府施加压力，迫使其废除卡洛斯·查孔宣布的这项法律，煽动当地居民起来反对西班牙远征队，并且把主要矛头指向耶稣会教徒。在就职仪式上，卡洛斯·查孔还要求前来参加仪式的布比族代表宣誓效忠西班牙女王伊萨贝尔二世。布比人对西班牙远征队的到来怀有十分复杂的心理，一是害怕西班牙人没收他们的房屋和财产，把他们驱逐出自己的家园，同时又担心西班牙人来到岛上只是昙花一现，不会有所作为，不能给他们带来任何好处。于是，许多人逃离家园，躲藏到热带雨林里。西班牙远征队需要粮食，布比人便把粮食藏起来，不卖给西班牙人。远征队员伊里萨里神父是这样描述当时情景的："一直到六月初，西班牙舰队才驶入海湾，远征队员终于登上了圣伊萨贝尔港。我们被塞进了总督为我们购买的一间小屋子里。海员们外出到村舍寻找粮食，看到当地居民用一种仇视的眼光注视着我们，然后纷纷跑回自己的屋子里。我们想买他们的东西，但他们拒绝了。我们经常问我们自己，来到这个城市究竟是为了什么？"

西班牙远征队的到来使英国再洗礼教派社团更加感到不安，要求英国政府干预此事。1858年11月14日，英国驻西班牙大使馆照会西班牙政府，对卡洛斯·查孔在费尔南多·普岛采取的取缔再洗礼教的法令提出抗议，要求西班牙政府撤回这项法令。照会表示，英国方面从未收到关于要求英国再洗礼教派社团离开费尔南多·普的通知；胡安·何塞·德莱雷纳一直允许各种宗教在费尔南多·普岛的合法存在；要求西班牙政府允许在费尔南多·普的英国公民拥有信仰自由的权利。但是，西班牙政府没有同意英国政府的要求，支持卡洛斯·查孔颁布的有关法律。英国再洗礼教派社团被迫撤离。为了加强宗教渗透，扩大天主教教义的宣传和影响，迫使费尔南多·普等地区土著人信仰天主教，西班牙政府决定向费尔南多·普派遣一个更庞大的教团。1857年6月，西班牙颁布一项皇家法令，宣布成立以伊里萨里神父为团长的耶稣教团，主要成员有P·维加和P·阿塞维多神父，阿劳霍、加西亚、加拉约亚等修士和修女。卡洛斯·查孔上任后，林斯拉赫尔被任命为副总督，协助卡洛斯·查孔工作。尽管西班牙政府对林斯拉赫尔的表现不甚满意，但他熟悉费尔南多·普的情况，卡洛斯·查孔需要他的帮助。当然，这只是西班牙政府的权宜之计，最终还是要撤换他，因为西班牙政府对他并不信任。

卡洛斯·查孔在稳定了费尔南多·普岛的局势后，于同年7月赴安诺本岛考察。这期间，林斯拉赫尔负责处理费尔南多·普的日常事务，何塞·贝尼托·皮涅伊罗负责军事安

何塞·伊里萨里神父

全事务。7月2日，卡洛斯·查孔率领远征队向安诺本进发。远征队对安诺本的情况大失所望，因为这里气候炎热，土地贫瘠，稀少的居民仅靠捕鱼为生，捕鱼工具十分落后。远征队在安诺本岛升起了西班牙国旗，宣示对该岛的主权，四天后前往科里斯科岛。他们发现科里斯科岛土著人非常干净漂亮，会制作各种手工艺品。一名美国传教士在岛上开办了一所教会学校，约有30多名学生。这位美国人8年前来到科里斯科岛，帮助土著人学会种地和制作手工艺品。卡洛斯·查孔宣布天主教是科里斯科岛唯一合法宗教。美国传教士表示遵守西班牙政府在当地的法令，在西班牙耶稣会教徒到来前，停止公开传教活动。卡洛斯·查孔登上科里斯科岛时，当地颇有威望的首领蒙加在小埃洛贝岛逗留。于是，卡洛斯·查孔乘船去小埃洛贝岛拜访蒙加。英国和葡萄牙在小埃洛贝岛设立了两家商行。这两家商行均承认小埃洛贝岛的主权归属西班牙王室。卡洛斯·查孔发现小埃洛贝岛具有很大的商业开发价值，每年大约有16条英国和美国商船出入这个小岛。卡洛斯·查孔见到蒙加，发现他的西班牙语说得非常流利。蒙加曾救助过法国商船，法国政府授予他一枚勋章。蒙加向卡洛斯·查孔提出希望加入西班牙国籍，当年胡安·何塞·德莱雷纳给他办理的西班牙国籍证书已经丢失。卡洛斯·查孔在回国后所上呈的报告中指出，科里斯科岛的居民对蒙加接收西班牙在该岛的存在并不完全赞同，西班牙政府应借助蒙加的威信和影响，扩大和加强在科里斯科岛的存在，加大开发力度。为此，卡洛斯·查孔任命蒙加为科里斯科岛副总督，赋予他有限权力，如有权对外国商船停靠科里斯科岛和小埃洛贝岛征税。在小埃洛贝岛，卡洛斯·查孔还会见了圣胡安角地区的四个部落首领邦克洛二世,他的父亲邦克洛一世于 1843 年曾同西班牙远征队总指挥胡安·何塞·德莱雷纳举行会晤。邦克洛二世表示科里斯科岛归属西班牙,要求卡洛斯·查孔把他的弟弟送到西班牙接收教育。卡洛斯·查孔答应了邦克洛二世的要求,并赠送他一面西班牙国旗。邦克洛二世向卡洛斯·查孔提出,在岛上举行升旗仪式时,西班牙军舰应停靠在码头,这具有象征意义。卡洛斯·查孔同意了邦克洛二世的要求。举行升旗仪式后,卡洛斯·查孔回到科里斯科岛。邦克洛二世被任命为圣胡安角地区最高首领,有关同欧洲国家的商贸活动事务听从蒙加的决定。从此,埃洛贝岛置于西班牙管辖之下。北自坎波河,南至圣胡安角和埃洛贝岛也都在西班牙控制范围。

不久,邦克洛二世的弟弟和一批本加族青年被送到马德里学校接收教育。1861 年,这批学生返回科里斯科岛。

长期以来,西班牙对科里斯科岛没有太大投入,在宣示西班牙对科里斯科岛主权后,又把埃洛贝岛纳入西班牙的管辖之下。不过,这次远征没有引起欧洲其他国家太多关注。卡洛斯·查孔对他这次远征成果感到满意。不久,西班牙教会开始派遣教团到安诺本、科里斯科和埃洛贝进行传教活动。西班牙政府为这些传教士提供房屋和必要的生活手段。

在卡洛斯·查孔完成远征任务返回西班牙后不久,西班牙政府便着手开始为费尔南多·普等地区殖民化采取一系列措施。1858 年 8 月 4 日,根据皇家法令,撤销林斯拉赫尔副总督职务。10 月 15 日,成立殖民团协商委员会,萨穆埃尔·布鲁、佩特尔·尼克尔、萨穆埃尔·约翰逊、斯克特等为委员会成员;在费尔南多·普等地区实行西班牙货币流通制度；规范港口管理和税收制度；在费尔南多·普筹建一所医院等。卡洛斯·查孔在实施这些措施中所遇到的最大困难是缺乏劳动力和资金。在费尔南多·普建一所医院需要砍伐大面积的热带雨林，平整土地。在这种情况下，远征队队员不得不亲自动手，冒着酷暑从事繁重的体力劳动。由于不适应炎热的气候许多人染上热带病，陆续病倒，包括一些传教士也未幸免，远征队驻地变成了医院。加上雨季到来，医院建设被迫停工。旱季来临，蒙加王给卡洛斯·查孔派来了7名劳工，林斯拉赫尔帮助雇用了10个劳工。后来，远征队又从其他地方招募了40多名劳工。12月19日，医院终于落成。此后，在费尔南多·普修建了码头，安装了探照灯，扩建了街道。远征队所遇到的另一个困难是粮食短缺，其中有两个主要原因，一是当地农业落后，土著人对耕种粮食作物不感兴趣；二是土著人对西班牙远征队不抱好感，他们宁愿把肉、食油和鸡蛋卖给英国人，而不愿意提供给西班牙人。

据不完全统计，在西班牙实际控制和占领费尔南多·普和大陆木尼河地区的后110年中，来到赤道几内亚的西班牙人共计5万多人。18世纪和19世纪，西班牙除了政府派遣的远征队多次进行殖民探险活动外，民间和个人到费尔南多·普诸岛的探险活动也十分频繁。这些探险家们由于不适应当地的恶劣气候，加之热带病频发，许多人死在岛上而未能返回西班牙。

殖民者的入侵遭到当地土著人的顽强抵抗。1781年，西班牙远征队人数547人，死于疾病和被土著人杀死的达370人。1896年，在费尔南多·普岛的西班牙海军陆战队

50名官兵，一个月内死于热带病的就有14人。1899年，抵达费尔南多·普岛的125名远征队队员，两周内病倒了四分之一，不少人丢掉了性命。西班牙殖民者在征服这些岛屿和大陆木尼河地区中付出了沉重的代价。

第八节 费尔南多·普岛殖民化

尽管卡洛斯·查孔远征遇到很多困难，但却坚定了西班牙政府加速费尔南多·普、安诺本和科里斯科等地区殖民化的决心。如果说，前几次远征目的旨在宣示西班牙对这些岛屿的主权，考察这些地区的人文地理情况，加强文化和宗教渗透，那么卡洛斯·查孔远征引起了西班牙政府对开发这些地区的高度重视，并开始制定巩固在这些地区殖民统治的长远计划和具体措施。

1858年12月13日，西班牙政府颁布皇家法令，对费尔南多·普、安诺本和科里斯科岛殖民化作出若干规定，其主要内容均来自卡洛斯·查孔的报告和建议。这项皇家法令中称，过去由于国家财政困难，加之几内亚湾诸岛的开发代价昂贵，所以一直没有进行规模性的开发。西班牙政府应顺应欧洲潮流，积极开发在几内亚湾的殖民地。为此，制定一系列法令条文，把几内亚湾殖民化所需开支纳入古巴总督府预算内。在费尔南多·普设立常驻机构总督府，总督由一名高级军事将领担任，负责地区安全。驻扎在这一地区的陆军和海军部队归总督指挥。总督府下设若干职务：一名负责行政和经济事务的高级官员，一名政府专职律师担任秘书。一名负责发展事务的特别代表，对各岛土地、河流、森林和当地经济情况作详细的调查研究，并报告政府和提出开发建议。一名负责处理有关法律纠纷的法律顾问。一名负责热带雨林开发的林业工程师。一名翻译，除了西班牙语外，应懂法语、英语和葡萄牙语。为了协助总督工作，成立行政事务委员会，由总督担任委员会主席，秘书、海军指挥官顾问、耶稣会教团团长为委员会成员。委员会是一个咨询机构，凡有重大事情，总督认为需要讨论时，便召开行政事务委员会会议。

皇家法令还规定了总督府人员的俸禄标准，总督年薪6000比索，公务基金2000比索，顾问、管理者和秘书年薪3000比索，负责发展事务代表和工程师年薪2000比索，加补贴1000比索，翻译2000比索，其他工作人员1000比索至1500比索不等。政府拨款300万里亚尔（西班牙货币）用于费尔南多·普诸岛的基础建设，100万里亚尔用于补助来岛居住第一年的移民，耶稣会教团每年开支为6000比索。上述开支和军队的开支均纳入古巴总督区的预算中。

为了鼓励西班牙人和外国人到费尔南多·普诸岛经商和进行农业开发，开设仓储和商站，皇家法令规定，政府向前来定居的移民提供路费，赠送土地，并颁发土地证和财产证，五年期间免征各种税收。对非农业用地，两年内闲置不开发，总督府将全部收回。

1858年12月16日，西班牙政府任命何塞·德拉甘达拉将军为费尔南多·普、安诺本、科里斯科地区总督。此时，卡洛斯·查孔仍然主持工作。1859年8月28日，何塞·德拉甘达拉到达圣伊萨贝尔走马上任，卡洛斯·查孔回国。在这项任命中，弗朗西斯科·佩雷斯·罗梅罗任总督府秘书，尼古拉斯·博斯克德担任政府秘书处官员，阿道夫·格雷洛担任审计员，曼努埃尔·拉斐尔·巴尔加斯任委员会秘书，胡利安·佩利翁·罗德里格斯任发展事务特别委员。西班牙政府交给何塞·德拉甘达拉的使命是实现费尔南多·普诸岛宗教、语言和经济全面西班牙化；通过各种手段迫使布比人接收西班牙殖民统治。

与此同时，西班牙政府也看到，费尔南多·普诸岛的殖民化是一个缓慢而又长期的过程，并且需要付出巨大的财力和物力。为了达到目的，需要宗教界的支持和参与。宗教渗透不仅能掩盖殖民主义掠夺本质，而且代价低廉。卡洛斯·查孔主张，通过传教这种温和和间接的方式，逐渐排斥和消除其他宗教在费尔南多·普等地区的影响，达到天主教取而代之和教化土著人的双重目的。然而他也担心，如殖民化进程操之过急，会引起英国的强烈反应，并为其挑起领土争端提供借口。对此，西班牙政府要求总督重视并支持耶稣会传教士的活动，特别强调通过天主教教义的宣传教化布比人，接收西班牙殖民统治的重要性。卡洛斯·查孔认为，通过宗教手段使布比人信奉天主教，成为虔诚的天主教徒，让他们相信是上帝安排西班牙人来统治这片土地，这是典型的宗教愚民政策。

在政府的鼓励和推动下，西班牙教会在费尔南多·普的传教活动迅速开展起来。为了支持传教活动，西班牙政府决定每年向耶稣教团拨款6000比索。西班牙教士走访了费尔南多·普岛的巴苏普、雷博拉、里亚巴和巴西莱等主要乡镇，在各个部落宣传天主教教义。但是，传教士们由于不懂布比族语，无法与土著人沟通。为此，何塞·伊里萨里神父编写了一部《布比语—西班牙语对照字典》。但是，教团的教义宣传效果并不理想，主要困难除了语言不通外，交通不便，疾病肆虐，许多神职人员病倒。到了雨季，无法外出。为了扩大教义宣传，特别是在安诺本、科里斯科、埃洛贝地区的宣传，何塞·伊里萨里神父请求西班牙政府增派教士。这一要求得到了何塞·德拉甘达拉的支持。西班牙政府很快增派了三名神父和三名修士。但是，好景不长，达马塞斯和贝利亚特两名神父先后病死，在教团中引起恐慌。由于教团人数减少，教义宣传始终未能大力开展。尽管如此，教团的传教活动还是收到了效果，布比人慢慢开始接受天主教，相信上帝能给他们带来福音，尽管相当一部分人仍半信半疑。有一次，贝利亚特和 P·阿塞维多神父来到巴纳帕宣讲教义，当地村民拒绝他们进村，他们高喊白人和西班牙人好斗，不是好人。但是，经过劝说，村民还是同意他们进村。这似乎表明，昔日英国再洗礼教派在布比人中的影响还是相当大的。这种情况在圣伊萨贝尔也经常发生。那里有一个早先从圣多美和普林西比逃亡过来的天主教教徒居民区。由于天主教教徒人数不断增加，卡洛斯·查孔下令扩建天主教堂。除了宣传教义外，教团还派修女到医院担任护士，看护病人。教团的另一项任务是兴办教会学校。教士们编制了教材，西班牙语是必修课，此外还有农业知识、圣经、数学等课程。但是，由于缺乏校舍，布比人子女对上学并不感兴趣，入学率很低。为了加速西班牙化，法令规定，政府发布的各项法令法规以及总督府的所有文件一律使用西班牙语。在西班牙所属领地，学校一律开设西班牙语课，学生必须学习和掌握西班牙语。

西班牙政府采取的另一项措施是：取消英镑在费尔南多·普诸岛流通，实行西班牙货币里亚尔流通制度；引进西班牙城市管理机制管理圣伊萨贝尔；对布比人采取温和安抚手段，尽量避免使用武力。为了使布比人屈从西班牙殖民统治，卡洛斯·查孔下令在布比人中寻找代理人，服从和遵守法令法规的人可以免税。为此，卡洛斯·查孔下令，仿效菲律宾市政管理法，每40户至50户成立一个组，选出一名组长，四五个组成立一个市，组长中推选出一名市长和几名副市长。推选出来的市长和副市长均是西班牙殖民者的代理人，完全服从总督的领导，为西班牙殖民当局效劳。此外，成立市政委员会，市长和各组组长参加。市政府规划和建设教堂、学校和其他公共设施。西班牙政府决定把费尔南多·普建成商贸中心。为此，加大投入扩建圣伊萨贝尔港，建设新码头和仓储站，停靠西班牙和外国大小船只，活跃海上贸易。为了加强西班牙同费尔南多·普等地区的来往和联系，西班牙政府决定开辟一条定期航线。

西班牙政府还下达命令，所属殖民地总督府必须支持政府关于费尔南多·普诸岛的殖民化政策和经济商业开发。鼓励所辖地区居民向费尔南多·普移民。

为了充分利用和发挥费尔南多·普特别是圣伊萨贝尔港的地理优势和商业价值，卡洛斯·查孔鼓励发展该岛的沿海贸易。为此，他下令保护西班牙和外国商船在近海的安全航行。为了吸引更多的商船来费尔南多·普，他还下令增加粮食储存，保证外来商船的食品供应。

胡利安·佩利翁·罗德里格斯的考察卓有成效。他率领的考察队到达比夫拉海湾、尼日尔河口、洛佩角，还登上了圣伊萨贝尔山峰，测绘并制作了费尔南多·普地图，撰写了考察实录，详尽地介绍了费尔南多·普等地区的地理、气候、人口情况。

为了加强费尔南多·普和安诺本、科里斯科之间的联系和往来，卡洛斯·查孔建议西班牙政府增加几艘吨位较小的蒸汽船往返于各岛之间。这将为殖民当局稳定各地区的局势发挥作用。

1858年12月13日，西班牙政府颁布法令，要求费尔南多·普总督大力发展该岛和周边地区的经济和贸易，鼓励向费尔南多·普移民。但是，由于费尔南多·普和其他地区的气候恶劣，许多驻扎在岛上的士兵患有热带病，有的甚至病死。所以，自愿移民的人寥寥无几。

1859年1月，弗朗西斯科·哈卡斯·夸德拉斯和弗朗西斯科·西布特向西班牙政府提出一项关于加速费尔南多·普殖民化建议，其中包括鼓励私人投资，建立殖民化有限公司。他们认为，在政府没有足够资金实现费尔南多·普等地区殖民化的情况下，只有西班牙的大企业才能帮助政府实现这一目标。这些大企业帮助政府宣传费尔南多·普地区商贸活动，招募外来劳工，鼓励西班牙人移民。为此，应把费尔南多·普的土地分成若干块，每50名西班牙人和50名土著人分得一块土地。每个西班牙人可分得15法内格面积的土地（1法内格相当于6600平方米）。西班牙人负责管理和监督这些土著人劳动。西班牙公司向他们提供劳动工具、种子和其他生产资料。公司统一计划和领导农业生产，普及农业知识和技术，如何时开始播种、施肥和收获等。一年后，西班牙人就成为这块土地的主人，鼓励建立私人庄园。公司承诺派出 6 艘各 500 吨位的货轮在圣伊萨贝尔港和阿里坎特之间对开,以保证在费尔南多·普的本国公民生活和生产物资需要。为了鼓励西班牙人移居费尔南多·普,他们还建议在岛上兴建一所医疗条件较好的医院,派出医生,兴建粮仓,提供足够的食品,每人日工资为 1 个里亚尔。收获的粮食一半缴给殖民化公司。

殖民化公司要求,在平整土地中砍伐的木材归公司所有,并有权出口,不需要向政府缴纳任何费用。但是,这些木材不得向外国出口,只能运至西班牙境内。殖民化公司有权利用和开发河流等水利资源,政府不得向殖民化公司征税。弗朗西斯科·哈卡斯·夸德拉斯和弗朗西斯科·西布特提出的这个殖民化计划,虽然没有被西班牙政府接受,但何塞·德拉甘达拉总督还是采纳了这个计划中的部分建议。不过,他没有同意殖民化公司提出的关于免除出口税和船只停泊税的要求。

1859 年,瓦伦西亚地区的一些居民先后来到了费尔南多·普,其中有农业者、瓦匠、木匠、石匠、面包师和画家等。但是,这些西班牙移民来到岛上不久便患上热带病,许多人要求返回西班牙。起初,何塞·德拉甘达拉总督下令禁止他们回国,后来患病的人数越来越多,他也不得不撤回这项命令,同意他们回国。此后,一段较长时间,没有西班牙人来费尔南多·普定居。由于岛上缺乏劳动力和建筑材料,农业开发在相当长一段时间停滞不前,基础设施建设基本瘫痪。

何塞·德拉甘达拉总督看到,在无法改善西班牙人的生活条件的情况下,只有把他们暂时安置在船上渡过难关。为了改善居住条件，总督打算临时把两艘旧船拆掉，利用废铁板等作为建筑材料，建设住宅区。但是，由于缺乏劳动力，这个计划未能落实。1859年9月，"圣特雷莎"号舰装载建筑材料在安诺本靠岸。何塞·德拉甘达拉总督下令建设一个小规模的住宅区。为了解决建筑材料短缺问题，总督还派船前往加蓬购买水泥和石砖。那里的建筑材料市场规模大，品种比较齐全。

在圣伊萨贝尔医疗条件极端困难的情况下，何塞·德拉甘达拉总督调来两艘船，解决交通运输问题，购买粮食和食品，以满足西班牙人的需要。

缺乏劳动力是西班牙殖民当局最难解决的问题之一。1859年9月，载有几十名劳工的"圣特雷莎"号纵帆船抵达圣伊萨贝尔港时，布比人得到消息后纷纷阻止这些劳工下船，纵帆船只好离港。此后，总督府打算从古巴调来一批劳工。英国海军得到这个消息后立即告发，称费尔南多·普岛当局非法雇用外来劳工，并把他们当作奴隶对待。西班牙政府发表声明表示，从未允许在费尔南多·普诸岛从事贩卖黑奴的非法活动，目的旨在不给英国当局扣押在喀麦隆海域活动的西班牙商船提供借口。

政府于1859年9月派出8名石匠来到科里斯科岛，开辟石场，把石料运到费尔南多·普岛。此外，还从加蓬运来石灰和砖。9月23日，去往菲律宾的"安东尼奥·埃斯卡尼奥"号运输船停靠圣伊萨贝尔港。何塞·德拉甘达拉寄希望于"安东尼奥·埃斯卡尼奥"号能带来大批食品，药品和建筑材料。但是，结果却令他大失所望，只运来了300块木板。这期间停靠在圣伊萨贝尔港的外国船只数量大大增加，其中英国、法国、美国商船居多。这些国家的商船还在岛上建起了煤场，作为燃料供应基地。同年10月，西班牙政府通知加那利总督迅速派船向费尔南多·普运送建筑材料。

1860年5月，何塞·德拉甘达拉决定成立一个费尔南多·普开发委员会。该委员会成员有胡利安·佩利翁·罗德里格斯、伊格纳西奥·加西亚·德图德拉、曼努埃尔·克罗西尼、路易斯·加西亚·特赫洛。同月，委员会向西班牙政府递交了一份关于进一步开发费尔南多·普诸岛殖民化报告。

要解决远征队队员和西班牙侨民的安置问题，必须在西班牙和费尔南多·普之间开辟一条定期海运通道。1859年1月，弗朗西斯科·塞马尔蒂和巴塞罗那商业公司建议成立一家西班牙非洲航运商贸公司，开展海上贸易，解决费尔南多·普的生活资料和生产材料短缺问题。为此，计划开辟一条西班牙至几内亚湾定期航路，每月商船对开。这家公司实行股份制，资本为2000万里亚尔，每股为2000里亚尔。政府保证公司最低7％的利润。但是，西班牙政府最终没有采纳弗朗西斯科·塞马尔蒂的建议。后来，何塞·德拉甘达拉请求政府提供若干艘汽船解决运输问题。

早年，卡洛斯·查孔远征的一个重要成果是宣示西班牙对费尔南多·普岛的主权。但是，卡洛斯·查孔也看到，由于安诺本、科里斯科和埃洛贝诸岛长期被"遗忘"和"抛弃"，英国、法国在这些地区长期经营，西班牙只是名义上对这些岛屿拥有主权。这些国家随时可能不顾西班牙的立场，提出领土要求。早在1850年，美国长老会教徒就在科里斯科岛活动，希望美国政府向西班牙提出主权要求。1859年5月

18日，西班牙政府宣布一项皇家法令称，科里斯科岛上的居民早在1843年就"自由地"接收西班牙君主制度。这项法令虽然平息了科里斯科岛主权争执风波，但却产生了一种"不安全气氛"。为了重申和巩固西班牙对科里斯科岛的主权地位，西班牙政府决定加强同科里斯科岛的联系和开发，但却心有余而力不足，开发计划迟迟不能出台。

1860年，炮兵少校特奥多西奥·诺埃利被任命为驻科里斯科副总督。同年4月24日，特奥多西奥·诺埃利携带他的助手海军中尉、"宪法"号舰长何塞·迈莫前往科里斯科岛。何塞·德拉甘达拉总督在指派任务时要求，科里斯科岛上的本加人对西班牙人抱有同情感，应善待他们，并委托特奥多西奥·诺埃利带去布料、香烟、酒、炸药等赠送本加人首领。何塞·德拉甘达拉还特别指示他，对美国长老会教徒有"容忍"态度，取缔他们公开传教活动，但保留这些人在科里斯科岛的居留权，不得采取任何导致同美国关系复杂化的行动和措施。何塞·德拉甘达拉还要求特奥多西奥·诺埃利及时向总督府报告科里斯科岛局势，特别是美国长老会教徒的动向，并提出科里斯科岛开展商贸活动的建议和意见。

4月26日，"宪法"号抵达科里斯科西南部，那里是美国长老会教徒活动中心，蒙加的官邸也在那里。但是，蒙加不在岛上，已去大陆木尼河地区。本加人对特奥多西奥·诺埃利态度十分冷淡和不信任，抱怨西班牙人对他们承诺的多，兑现的少，认为西班牙人不会在岛上长期待下去。次日，特奥多西奥·诺埃利抵达岛东北部的一个小海湾，并同40多名长老举行了会晤，向他们介绍了此行目的和西班牙政府有关政策，承诺在岛上开办学校，改善他们的生活状况，开发商业等。29日，蒙加返回科里斯科岛，会见了特奥多西奥·诺埃利。不过，双方会晤的气氛比较紧张，因为在考察乌拉托时，特奥多西奥·诺埃利看到那里飘扬着英国国旗。蒙加对此作出解释，并表达了他的困难处境。但是，特奥多西奥·诺埃利仍表示不满。不过，鉴于形势的需要，西班牙政府并未解除蒙加的副总督职务，保留他对靠港的每条船只征收10个比索的权力。

1860年5月14日，特奥多西奥·诺埃利向何塞·德拉甘达拉递交了一份关于科里斯科岛的考察报告，并提出了开发该岛的建议。报告称，本加人大多数居住在沿海一带，一个村庄仅几户人家。房屋破旧，可耕土地很少，内陆地区是沼泽地和沙地，不适于农业开发。本加人的主要食品是木薯、香蕉、甘薯。经济作物是美国传教士引进的，只有棉花，产量很低。内陆地区有大面积竹林，是本加人建造房屋的主要材料。特奥多西奥·诺埃利认为，开发科里斯科岛不需要雇用外来劳工，本加人是理想的劳动力，可以用香烟、酒、布料和其他食品和日用品作为给他们的报酬。本加人从事沿海贸易，把乌檀木、象牙、染料木、橡胶等产品卖给英国商人。所以，在科里斯科岛成立一家商站不仅能获得可观的收入，而且可以加强同本加人的关系。

本加人首先向特奥多西奥·诺埃利提出，要求允许长老会教徒留在科里斯科岛，因为美国传教士在当地办学校，使他们的子女有接受教育的机会。可见，美国长老会在该岛的影响非常广泛。这种现象自然引起特奥多西奥·诺埃利的不安。当时，美国长老会在科里斯科岛的人数没有准确统计，大约超过50人，分布在各个部落。因此，特奥多西奥·诺埃利计划加强天主教传教活动，修建教堂，增加传教士数量，办学校，以抵制和消除美国长老会的影响，美国长老会则表示，在天主教广泛传播的时刻，他们会撤离科里斯科岛。

在科里斯科岛期间，特奥多西奥·诺埃利任命邦克洛王为圣胡安角副总督。5月15日，特奥多西奥·诺埃利抵达圣胡安角。在经过一番考察并同各部落首领会晤后，特奥多西奥·诺埃利向何塞·德拉甘达拉上呈了一份报告，介绍了该岛的基本情况。岛上大约有300多土著人，炎热的气候，连绵不断的暴雨，使他们无法从事农业生产，加之商业不发达，居民生活十分贫苦。根据邦克洛王介绍，这一地区的范围自圣胡安角到贝尼托河。5月23日，特奥多西奥·诺埃利离开圣胡安角，前往小埃洛贝岛，那里大约有几百人，大多数是来自科里斯科岛的小商贩。岛上有一家英国人开设的商站，当英国商船靠岸时，他们买一些小商品，然后运回科里斯科岛。引起特奥多西奥·诺埃利注意的是该岛离木尼河口很近，这给西班牙人建立居民点提供许多方便，也为保护在科里斯科岛和圣胡安角附近海域活动的西班牙商船安全提供了条件。岛上的沼泽地不多，气候条件比较舒适。离开小埃洛贝岛后，特奥多西奥·诺埃利抵达大埃洛贝岛进行考察。岛上大约有300多居民。特奥多西奥·诺埃利同部落首领伊巴帕举行了会晤，声明该岛属西班牙所有，并向伊巴帕赠送了西班牙国旗，递交了西班牙政府任命书，任命伊巴帕为大埃洛贝市长。特奥多西奥·诺埃利在后来给何塞·德拉甘达拉的报告中称，大埃洛贝岛升起西班牙国旗，表明该岛在科里斯科副总督的管辖之下，这可以避免今后西班牙同其他国家就该岛的所属权问题发生争执。

5月29日,特奥多西奥·诺埃利乘"宪法"号驶往木尼河口,进入内河大约7海里,同河两岸的部落首领进行了会晤,然后举行了西班牙国旗升旗仪式,宣布这些地区归属西班牙所有。这是西班牙人深入大陆木尼河地区较早的一次。

特奥多西奥·诺埃利在向何塞·德拉甘达拉汇报这次考察情况时强调,虽然在大埃洛贝和小埃洛贝岛升起了西班牙国旗,并宣布了两岛划入科里斯科辖区,但在有关文件中并未记载这一事实。

特奥多西奥·诺埃利在上述岛屿的活动很快引起了西欧其他国家的关注,双方不断发生争执。1860年5月24日,驻扎在加蓬的法国海军发表声明,大埃洛贝和小埃洛贝以及圣胡安角属于法国管辖区,法国商船在这些地区有自由贸易权。何塞·德拉甘达拉立即发表声明称,不管法国对上述地区居民曾提供过何种保护,西班牙对大埃洛贝、小埃洛贝和圣胡安角拥有无可争议的主权。这些地区的居民自愿归属西班牙,并经过伊萨贝尔二世女王批准。但是,法国海军舰队司令再次重申对上述岛屿的管辖权,并提供了1855年法国在加蓬的商站同上述地区部落首领分别签署的有关条约。对此,何塞·德拉甘达拉表示不能接受法国的要求,西班牙已经多次通过公开和实际行动行使对上述地区的主权。周边地区的外国领事当局对此未提出反驳。但是,法国政府仍不接受西班牙政府的立场,并向西班牙政府提供了1856年法国在加蓬商站同大埃洛贝岛部落首领博图德王、博图德王子、纳吉、博尼·恩庞维、博皮、阿尼亚姆等签署的协议。与此同时,法国任命耶利·伊巴佩为大埃洛贝岛地区长官。特奥多西奥·诺埃利在获悉法国的有关立场后，立即向法国当局提出抗议，并召集岛上各部落首领，重申西班牙政府的立场。法国商人派出商船在一艘军舰的保护下开往这一海域。特奥多西奥·诺埃利向法方提出抗议，并对法方企图改变这一地区的格局表示不安。针对法方出示的加蓬商站同大埃洛贝岛部落首领等签署的协议，特奥多西奥·诺埃利重申1777年10月西葡两国签订了《圣伊尔德丰索条约》。依约，葡萄牙不仅将费尔南多·普、安诺本、科里斯科、埃洛贝等岛屿割让给西班牙，而且西班牙拥有自尼日尔河口到加蓬河口的海上贸易权。此外，西班牙有权在奥果韦河口至尼日尔河口之间沿海地区进行贸易活动。1778年3月11日，西葡两国签订的《帕尔多条约》规定，葡萄牙女王玛丽亚一世正式把费尔南多·普岛、安诺本岛和奥果韦河口至尼日尔河口的海岸线割让给西班牙。

但是，在法方的压力下，西班牙殖民当局不得不接受法国对耶利·伊巴佩的任命，同意他出任大埃洛贝地区长官。

第九节 殖民主义扩张

19世纪初期和中期，西班牙在几内亚湾的活动范围主要集中在费而南多·普、安诺本、科里斯科和埃洛贝等岛屿。这些地区的开发和殖民化已经使西班牙政府颇感心有余而力不足。另外，英国、法国、美国等主要在几内亚湾和非洲西海岸进行商贸活动，西班牙同这些国家经常发生利益上的冲突和领土争端，无暇顾及对大陆木尼河地区的控制和开发。

1860—1875年,西班牙多次派员到费尔南多·普进行考察,并与当地土著人首领签订协议。

1862年,潘塔莱翁·洛佩斯·艾利翁少将出任费尔南多·普总督。西班牙政府这一任命的主要目的旨在加强对费尔南多·普,尤其是对科里斯科、安诺本、埃洛贝和周围海域的控制。潘塔莱翁·洛佩斯·艾利翁总督为了扩大费尔南多·普经济开发的规模,从古巴运来了250名劳工。为了强化对费尔南多·普地区土著人的宗教驯化教育,他下令修建了岛上的第一座天主教教堂。

1865—1869年,何塞·洛佩斯·巴雷达出任费尔南多·普总督。任职期间,他组织了几次规模较大的考察,范围大体从比夫拉湾到尼日尔河。1869年,华金·索萨接替何塞·洛佩斯·巴雷达出任总督。

自19世纪中期开始,西班牙官方和民间开始重视对大陆木尼河地区的考察和开发。

1882年,蒙特斯·奥卡任费尔南多·普总督。任职期间,他多次到大陆木尼河地区进行考察,足迹踏遍了整个大陆地区,同芳族、恩多维族和比西奥族部落首领共签署了约340个协议。他还支持西班牙教团在大陆地区成立了第一个天主教慈善基金会。这个基金会为在大陆地区宣传和扩大天主教的影响,向芳族灌输天主教教义发挥了重要作用。

1868年,曼努埃尔·伊拉迭尔·布尔费成立了一家旅游公司,实际上这是一家探险公司,主要业务是组织和推动西班牙人到非洲大陆进行所谓的科学考察。1874年,曼努埃尔·伊拉迭尔·布尔费组织了一支探险队,在几内亚湾周围考察了834天,行程达1876公里,涉足科里斯科岛、圣胡安角、大埃洛贝岛，并沿着米通河、木尼河、乌坦勃尼河做了大量考察。

1877—1878年，探险队经过两年的考察收集了大量资料，包括这些地区的人文地理，气候、人种史、土著人的语言等。期间，马努埃尔·伊拉迭尔·布尔费还与土著人首领们签订了90多个协议，然后交给费尔南多·普总督安东尼奥·卡诺。这些协议均为西班牙控制大陆地区提供了法律依据。1884年，曼努埃尔·伊拉迭尔·布尔费返回西班牙。同年，这位探险者在奥索里奥·萨巴拉的协助下，再次对木尼河、乌坦勃尼河一带进行考察，收集了大量人文地理资料，还制作了一幅木尼河、穆比亚河、坎波河的地形图。

1885年，蒙特斯·奥卡根据曼努埃尔·伊拉迭尔·布尔费等人的考察成果和他同当地土著人首领签订的协议，将此前所到达的地区正式划归西班牙管辖，其总面积达到314000平方公里。此后，西班牙向这些地区派遣传教士、教师和医生，在当地传教和普及西班牙语。同年，西班牙在圣胡安角成立了教士团。这是西班牙在大陆地区建立的第一个教士团。

1887年，西班牙出版发行了曼努埃尔·伊拉迭尔·布尔费撰写的《关于费尔南多·普诸岛和大陆木尼河地区的考察实录》，书中写道，上述地区均为西班牙管辖的领土。这位为西班牙殖民当局奔波了大半生的科学探险家，1854年生于西班牙维多利亚，1911年去世。

1890年，埃米利奥·博内利和何塞·巴莱罗·贝伦格尔受西班牙远洋公司委托在小埃洛贝、圣胡安角、木尼河流域建立了几个工厂和商站。这期间，西班牙在费尔南多·普等岛屿和大陆木尼河地区的宗教活动非常活跃。这一年，费尔南多·普首席教父佩德罗·瓦尔·略韦拉故去，阿门戈尔·库尔主持教会事务，1904年升任主教，费尔南多·普升为梵蒂冈直辖教区。

1890—1892年，何塞·德巴拉萨出任费尔南多·普总督。这是一位善于冒险的人，1892年他登上了圣伊萨贝尔峰。

1906年，迭戈·萨阿韦德拉·马戈达莱纳总督宣布一项法令，对西班牙人和土著人之间的劳动关系做出了一系列规定。

1901年，地理学家恩里科·德阿尔蒙特绘制了一幅包括费尔南多·普等岛屿和大陆木尼河地区的完整地图。1906年，他再次回到几内亚湾诸岛和大陆地区，参加划定边界工作。1911年，他在结束了第三次考察后，撰写了《赤道几内亚生产研究》一书。

1910年，安赫尔·巴雷拉·洛杨多出任总督。任职期间，他发起了六次探险活动，曾到达喀麦隆边境。他还从大陆木尼河地区派遣600名黑工到费尔南多·普岛，修建公路、商行、住宅和从事农业劳动。1914年，他同利比里亚签订协议，雇用一批利比里亚人到费尔南多·普做劳工，指派技术人员设计费尔南多·普交通图，兴办教育。

第十节　柏林会议和《巴黎条约》

一、柏林会议

19世纪初，西欧各国相继宣布禁止贩奴贸易。但是，到 19 世纪中期，这种贩奴非法贸易并没有停止过。与此同时，为了掠夺原料和扩大市场，以英国、法国、德国等为代表的欧洲列强开始把富饶的非洲，尤其是非洲内陆地区作为瓜分对象。到 19 世纪 70 年代，欧洲国家占据了非洲领土的十分之一，而且大部分是非洲沿海地带。1884 年，比利时占有刚果河流域的广大地区。期间，法国则从加蓬向刚果河流域推进。1880 年，法国在刚果河斯坦利湖区北岸建立了布拉柴维尔城，并控制了刚果河出海口。对此，英国对法国抢先占领刚果河流域提出异议，并宣布法国占领这一地区的有关条约无效。与此同时，葡萄牙宣布对刚果河两岸有拥有权。1882 年，葡萄牙占领了安哥拉。1884 年，英国同葡萄牙签订条约，承认葡萄牙对刚果河两岸的领主权。这个条约因遭到德国、法国、比利时等国的反对而停止生效。围绕刚果河的争夺加剧了英国、法国、德国、葡萄牙等西欧国家之间矛盾，瓜分非洲的斗争愈演愈烈。为了扩大市场和资本输出，欧洲列强都竭力扩大在非洲的势力范围。这一斗争导致了 1884 年 11 月至 1885 年 2 月柏林会议召开。这次会议由德国和法国发起，英国、比利时、美国、意大利、俄国、西班牙、葡萄牙、奥匈帝国、荷兰、瑞典、挪威和土耳其等 14 个国家参加了会议。与会国实际上分为两派，一派是与瓜分非洲有着直接利害关系的国家，即英国、法国、德国、葡萄牙、荷兰。这些国家在非洲已经占领和控制大片领土；另一派是在非洲势力范围相对较小的国家，其中包括比利时、丹麦、意大利、俄国、瑞典、土耳其、美国、奥匈帝国。西班牙因占有费尔南多·普等岛屿，参加了柏林会议。

这是一次欧洲列强瓜分非洲领土的会议。出席这次会议的没有一个非洲国家。经过激烈的讨价还价，与会国于1885年2月26日签订了《总协定书》，规定刚果盆地的土地以"刚果自由邦"的名义，归比利时国王私人所有；除卡宾达飞地外，葡萄牙放弃刚果河北岸；刚果河以西地区构成所谓"法属赤道非洲"；欧洲国家在刚果河和尼日尔河内河以及周边海域"航行自由"，在非洲内陆地区"贸易自由，过境自由"，禁止贩卖黑奴。会议还就"有效占领原则"达成一致，规定一国在非洲若要兼并土地或建立保护国，必须预先通报其他缔约国。对一国领土要求承认的先决条件是领土的有效占领，如发生纠纷通过仲裁解决。所谓有效占领是指一国同非洲当地居民首领签署有关条约，对这些地区履行管理，并拥有永久的经济开发权等。很显然，与会国达成的这些协议是为了避免在非洲尚未占有土地的其他欧洲国家能得到任何好处和利益。柏林会议实际上是一次欧洲列强赤裸裸瓜分非洲势力范围的一次交易会。柏林会议后，欧洲列强纷纷制定瓜分非洲的计划，迅速把非洲瓜分完毕，英国、法国是最大的赢家。法国控制了欧洲列强在非洲的36%领土，英国占34%，意大利占11%，比利时占9%，葡萄牙占7%，西班牙占1%。

同英国、法国等西欧国家一样，自1777年10月1日西葡两国签订的《圣伊尔德丰索条约》和1778年3月11日签订的《帕尔多条约》成为西班牙继续占领费尔南多·普、安诺本、科里斯科、埃洛贝等岛屿和大陆木尼河地区的法律依据。除上述地区，西班牙还掌握着奥果韦河口至尼日尔河口海岸线的控制权。此后，西班牙当局打着"探险"、"考察"和传教的幌子，不断扩大在几内亚湾的势力范围。在稳定了对费尔南多·普等岛屿的控制权后，又不遗余力地扩大对大陆木尼河地区的渗透和占领。在柏林会议上，西班牙趁机把曼努埃尔·伊拉迪尔·布尔费当年所到达的地区全部划归西班牙领土，总面积达 314000 平方公里。但是，这并未满足西班牙殖民者的奢望。实际上，西班牙并没有真正控制这片土地，这同欧洲其他列强在非洲的存在相类似。柏林会议以前，非洲只有一小部分在欧洲列强的控制或保护之下。阿尔及利亚是法国属地，唯有埃及和突尼斯在英国、法国控制之下。在西非，欧洲列强的商贸活动十分活跃，但只是集中在沿海地区，尚未深入到大陆纵深，唯有法国实际控制着塞内加尔，英国控制着黄金海岸。至于葡萄牙对几内亚地区控制和影响也只是几个进行商贸活动的城镇，谈不上现代意义上的殖民地。西班牙在费尔南多·普等岛屿的情况也是如此。

二、《巴黎条约》

1876 年，西班牙通过新宪法，世袭君主立宪制度得到巩固，波旁王朝的统治相对稳定。但是，好景不长，1885 年波旁王朝阿方索十二世驾崩，其遗孀玛丽亚·克里斯蒂娜摄政。此时，西属殖民地的民族解放运动兴起，反对西班牙殖民统治的斗争如火如荼。1898 年，西美战争爆发，美国觊觎西班牙仅剩下的几块海外殖民地，如古巴、波多黎各、菲律宾、加罗林群岛和马里亚纳群岛。1898 年 1 月 24 日，美国派"缅因"号巡洋舰驶往哈瓦那。2 月 25 日，停泊在哈瓦那港的"缅因"号巡洋舰突然爆炸，美国以此为借口向西班牙宣战，并迅速摧毁西班牙舰队。同年 12 月 10 日，美西两国在巴黎签订合约，美国从西班牙手中夺取了古巴和波多黎各、菲律宾和马里亚纳群岛的最大岛屿——关岛。1899 年，德国夺取了西班牙在太平洋剩下的最后一块殖民地——加罗林群岛。此时,西班牙在海外的殖民地只剩下费尔南多·普诸岛和非洲大陆木尼河地区。法国对在柏林会议上把北自坎波河南至圣胡安角,即木尼河河口划归西班牙一直心怀不满。早在 1885 年,德国已占去坎波河以北的西班牙所属领地。接着,法国动用兵力开始强占西班牙在圣胡安角一带所控制的领地。1885 年 3 月,法国炮舰司令罗杰公开对西班牙海军司令埃斯皮诺萨宣称,不管西班牙愿不愿意,也不管西班牙怎样行动,这些土地都将属于法国所属领地。1886年,西法两国为了解决在非洲领地的争端,在巴黎举行谈判。西班牙驻法国大使费尔南多·莱昂·卡斯蒂略担任西班牙代表团团长,法国代表团团长由外交部长戴尔卡塞担任。这次谈判旷日持久,双方围绕大陆木尼河地区的实际控制范围争执不休。西班牙代表团提出,1778 年 3 月 11 日,西葡两国签订了《帕尔多条约》。依约,葡萄牙女王玛丽亚一世正式把费尔南多·普、安诺本、科里斯科、埃洛贝等岛屿和奥果韦河口至尼日尔河口的海岸线出让给西班牙。此后,西班牙控制了木尼河口、加蓬河口、坎波河口、卡拉巴尔河口、尼日尔河口附近海域,得到了在比夫拉海湾自由贸易权。法国代表团采取咄咄逼人的攻势,坚称根据 1884 年柏林会议所达成的协议,任何国家要兼并土地或建立保护国,必须将其意图事先通知其他有关国家,对领土要求的承认必须取决于有效占领。依此规定,西班牙对上述地区特别是大陆地区一直没有实际控制,不具备"有效占领"地位,致使这些地区长期处于无管理状态。其实,法国采取这种强硬态度不是没有原因的。当时法国的国力很强大,只有英国有资格与其抗衡，此时的法国已经毫不隐瞒霸占非洲特别是西非的野心。法国的企图是，从象牙海岸、达荷美和刚果河贸易站出发，向内地延伸，建立一个从阿尔及利亚到刚果、从塞内加尔乃至到红海的法属西非帝国。而木尼河地区幅员辽阔，处于西非腹地，法国早已垂涎三尺。因此，在谈判中法国态度蛮横而又强硬，要求西班牙做出让步。此时，西班牙完全失去了昔日的强势。1886年，阿方索十三世登基时，西班牙面临政治、经济和社会一系列问题和困难。国家经济发展缓慢，国库亏空，特别是广大农民失去土地，贫富相差悬殊，生活日益贫困。欧洲其他国家早已开始工业现代化，而西班牙工业化姗姗来迟，生产方式相当落后。

在国势颓败的情势下，西班牙外交举步维艰。在谈判中，面对法国的压力，不得不做出让步。1900年6月27日，法国同西班牙签署《巴黎条约》，双方同意按照各自实际占领和控制的土地划界，并成立边界划定混合委员会。谈判中，法国对西班牙代表团提出的要求不予理睬。西班牙代表团被迫接受了法国的苛刻要求，除了保留对费尔南多·普、安诺本、科里斯科、大埃洛贝和小埃洛贝诸岛的控制权外，木尼河地区的控制范围大大缩小，最后只剩下28051.46平方公里的控制权。《巴黎条约》对姆巴涅岛、孔加、科科特洛的所属权未作出明确表述。参加谈判的西班牙代表佩德罗·霍韦尔·托瓦尔对西班牙同法国签署的《巴黎条约》感到羞愧和耻辱，在1900年10月30日乘"拉巴特"号舰返回西班牙途中开枪自杀。1901年，地理学家、西法边界划定混合委员会成员恩里科·德阿尔蒙特来到巴塔，开始边界划定工作。双方根据《巴黎条约》划定了大陆地区的边界。此后，恩里克·德阿尔蒙特重新制作了一幅西班牙控制的木尼河地区地图，面积缩小为 26017 平方公里，加上费尔南多·普等岛屿的面积共计 28051.46 平方公里。1911 年，恩里科·德阿尔蒙特再次来到木尼河地区进行考察，回到西班牙后撰写了《西班牙几内亚生产研究》一书。

1903 年，费尔南多·普当局与加蓬利伯维尔当局就木尼河流域传教活动范围问题发生严重争执和冲突。梵蒂冈对此进行调解。1908 年，在梵蒂冈的干预和斡旋下，这一争执才得到解决，该教区归属主教阿门戈尔·库尔领导。

1984年8月，赤道几内亚总统奥比昂和夫人康斯坦西娅访问中国，游览长城并留影。

赤道几内亚总统奥比昂一直十分重视本国的基础设施建设并经常到施工现场考察，了解详细情况。图为2008年8月，奥比昂总统参加巴塔港改扩建工程奠基仪式。

2016年1月26日,赤道几内亚总统奥比昂在首都马拉博安达酒店参观中国驻赤道几内亚大使馆举办的纪念中赤几建交45周年图片展。

赤道几内亚重视发展医疗事业,在国际社会的援助和支持下,医疗水平不断提高。

2011年6月落成的赤道几内亚西波波会议中心，已成为首都马拉博的地标性建筑物。第17届非洲联盟（非盟）首脑会议等重要国际会议均在此举行。

姆比尼大桥位于赤道几内亚大陆滨海省韦莱河入海口的恩比尼市，全长1057米，它使北岸博隆多地区和南岸姆比尼地区之间800多米宽的河道天堑变通途。图为姆比尼大桥夜景。

赤道几内亚外交部大楼。

赤道几内亚政府办公大楼和石油公司大楼。

首都马拉博国家公园的茅屋岛。

第七章　巩固殖民主义统治

　　一直以来，西班牙对几内亚湾地区的开发偏重于海上贸易，特别是贩奴贸易持续了一个世纪之久。当时，西班牙为了解决开发南美洲缺乏劳动力问题，开始利用费尔南多·普作为贩卖黑奴转运站。并于1785年3月下令成立了菲律宾公司，专门从事亚洲、美洲和西班牙之间的三角贸易和黑奴交易。菲律宾公司和西班牙商人从英国、法国和葡萄牙商人中收购的黑奴主要运往加拉加斯省、古巴、圣多明各和波多黎各等地区从事农业劳动。1817年，西班牙同英国签订了关于禁止贩卖黑奴协定后，这种非法贸易活动仍然持续很长一段时间。相比之下，西班牙在费尔南多·普诸岛上的开发却没有投入太多的人力和物力。这一方面由于这些地区的气候条件恶劣，疾病威胁，西班牙政府未能落实开发计划。另一方面西班牙政府把重点放在巩固南美洲殖民统治和掠夺那里的财富，不重视在非洲这块殖民地的开发。而西班牙自19世纪开始，国力日衰，在非洲无法与英国、法国、美国等抗争也是一个重要原因。因此，西班牙各界称费尔南多·普诸岛长期以来是一个被遗忘的角落，而西班牙王室对大陆的木尼河区域的开发更是姗姗来迟。

第一节 完善行政管理机构

西班牙对费尔南多·普等地区几次重要远征只是以考察为主要目的，实际管辖的地区也仅限于费尔南多·普岛，而大陆木尼河地区并没有被西班牙实际控制。费尔南多·普地区第一任总督竟然是英国人约翰·贝克罗夫特。这种情况一直延续到1858年卡洛斯·查孔出任总督。不难看出，截至19世纪中期，西班牙对费尔南多·普地区的殖民化进程是十分缓慢的。

边界一旦确定，接踵而来和迫在眉睫的是建立和完善行政管理制度以及制定相应的法律。自1900年签订《巴黎条约》后，西班牙才开始加速赤道几内亚的殖民化进程，主要通过军事手段加强对这一地区的控制和统治。

1901年7月20日，西班牙政府派遣海军陆战队两个连分别驻扎费尔南多·普和大陆地区的巴塔城，执行安全任务。同一天，西班牙国旗第一次在巴塔城升起。同年，西班牙在巴塔成立了殖民政府。

为了扩大影响，西班牙总督府开办了第一家报纸《西班牙几内亚回声》和杂志《西班牙几内亚》。

1902年，西班牙政府在圣伊萨贝尔成立了初审法庭。这是西班牙在这块领地成立的第一个司法机构。

根据1902年6月16日和1904年4月12日颁布的皇家法令，总督府开始制定巩固费尔南多·普诸岛和大陆木尼河地区统治的一系列措施。不久，又颁布了两项皇家法令，其中一项法令规定，西班牙在几内亚湾的领地是商业开发的殖民地，确立圣伊萨贝尔为占领区的首府和总督官邸所在地。在大陆木尼河地区设两名副总督，巴塔和小埃洛贝分别为副总督府所在地。后来，在安诺本另增设一名副总督。总督府秘书长由西班牙政府任命，协助总督工作。为了防止土著人反抗，法令规定各个村、镇成立居民委员会。委员会由一名代表和两名副代表组成，均由总督亲自任命。土著人如果忠实于西班牙殖民当局，获得信任，可被任命为副代表。另一项法令对财产分配做出明确规定，森林开发权和城市财产均归白人所有。建立殖民卫队，军官由西班牙人担任，兵员主要来自土著人。1903年，西班牙政府把岛屿部分统称费尔南多·普，把大陆木尼河地区统称为西属大陆几内亚。根据总督府颁布的另一项法令，成立由土著人参加的民兵队伍。西班牙政府宣布，几内亚湾西属领地境内的土地、河流、森林、山岭、矿产均归西班牙所有。此外，为了促进当地文化和社会发展，总督府下令成立土著人慈善基金会，目的是通过法令强迫土著人接收西班牙文化。通过文化渗透，潜移默化，使土著人心甘情愿地接受西班牙殖民统治。

1907年，西班牙政府把大陆木尼河地区划分为两大行政区，一个是北部的巴塔区，首府设在巴塔。巴塔区下设三个分区，即坎波区、新巴塔区、贝尼托河区；另一个行政区是埃洛贝区，首府设在小埃洛贝，也分为三个分区，即圣胡安角、埃洛贝、阿索比亚。费尔南多·普划为四个大行政区，即圣伊萨贝尔区、莫卡区、巴西莱区、康塞普西翁区。安诺本岛单独设一个大行政区，首府设在圣安东尼奥·德巴莱。为了加强殖民统治，西班牙政府于1935年对行政区划再次做出调整，费尔南多·普岛分为三个区，即圣伊萨贝尔、圣卡洛斯和康塞普西翁，圣伊萨贝尔为首都和总督府所在地；大陆木尼河地区取消南部大区，改为巴塔区，包括11个分区，即巴塔、贝尼托河、科戈、涅芳、米科梅森、宾比莱斯、埃维纳永、阿库雷南、恩索尔克、埃贝比因、蒙戈莫。其他3个区分别为安诺本、科里斯科、大埃洛贝和小埃洛贝。

1909年7月11日，西班牙政府颁布法令，将大陆木尼河地区和费尔南多诸岛重新划为四个行政区，目的旨在加强对这块殖民地的控制和管理，更有利于镇压土著人的反抗。这四个行政区是：费尔南多·普、巴塔、安诺本、埃洛贝。这项法令规定，在巴塔和安诺本行政区设一名副总督，并由西班牙国务部长任命。

为了巩固殖民统治，西班牙政府于1935年8月15日颁布法令，将其划为两个管辖区；费尔南多·普区包括圣伊萨贝尔、圣卡洛斯、康塞普西翁；大陆区包括3个沿海区（巴塔、贝尼托河、科戈）和6个边境区（涅芳、米科梅森、埃贝比因、蒙戈莫、恩索尔克、阿库雷南）；内陆区包括埃维纳永；岛区包括安诺本岛。

行政管理法对官员级别做出严格规定，总督是西班牙在当地最高行政长官，全权代表西班牙政府行使权力，总督府设在圣伊萨贝尔；第二行政长官是副总督，协助总督管理大陆事务，副总督府设在巴塔。另外，每个区设一名行政官，代表总督负责本地区的行政管理事务。西班牙政府在这一地区实行军政合一的管理制度。因此，这三级官员都是职业军官，驻扎在各地区的军队均归他们指挥和领导。殖民委员会由各地区的官员和商会会员组成。

殖民政府机构主要有：总督、副总督、警察局、邮电局、财政局、教育监督局和分局、居民委员会、领土管理局、农业局、公共工程局、城市建设局和海关署。

土著人无权参与行政领导事务，只能做白人的助理。大体分为两种，一种是行政部门助理人员，另一种是教师助理人员，后者在学校可以给学生上课，但必须忠实执行1907年3月28日安赫尔·巴雷拉·洛杨多总督签署的法令。该法令对教科书内容、教学方法做出严格的规定，向土著儿童和青年灌输天主教思想、接受西方道德文化，从而达到殖民化教育的目的。通过这种教育，使他们热爱所谓的母国——西班牙。教会在当地推行殖民化教育中起着十分重要的作用，选拔行政事务助理和教师助理的条件十分苛刻，必须经过传教士的认可。报名者要经过考试，一般不需要出示学历文凭，因为这些应试者文化水平普遍不高，只要会写能读就达到要求。由于当时有许多传染病，所以应试者需要经过体检，合格者才能被录取。应试成绩优秀者有机会进入公共机关做助理和学校教师助理，及格者可以做临时工。1928年7月26日，西班牙政府颁布皇家法令，修改殖民地小学教育制度，并决定成立"本土殖民学院"。这个殖民主义教育中心全部由西班牙教师领导和管理，土著人经过选拔和考试担任教师助理，但只能给学生教授基础课程。这个学院的首届毕业生成为土著人中的第一批知识分子。1943年8月6日，西班牙政府颁布法令，在当地成立"本土高等教育学校"，这个学校主要是培养政府高级管理者。当然，这些人被选拔进入政府机关的前提是要忠于西班牙殖民制度。本土官员助理和教师共分为三级，即一级、二级、三级，临时工必须工作五年以上才有资格参加级别评定。

第二节　强化军事机构

1907年12月12日，西班牙政府颁布一项法令，成立几内亚湾西属领地殖民卫队，取代1869年成立的陆海武装力量，其使命是保卫西班牙国旗和西班牙在这一地区的利益，保障各项法律的顺利执行，维护公共秩序，巡逻边境和海岸线，制止各种犯罪行为，保持社会稳定。实际上，这项法令是为镇压土著人反抗提供法律依据，用高压和武力威慑迫使土著民族屈服于西班牙殖民统治，加速这一地区的殖民化。

1908年，西班牙颁布法令将当地民兵队伍纳入殖民卫队编制，其职能是保护西班牙领地利益，维持领地的公共秩序，保护海关安全。殖民卫队兵员来自土著人中的年轻人，他们必须忠于西班牙，为西班牙殖民者利益服务。殖民卫队共有4个连队，即圣伊萨贝尔、巴塔、埃贝比因和埃维纳永连队。圣伊萨贝尔连队又分为圣伊萨贝尔、圣卡洛斯、安诺本3个支队；巴塔连队分为巴塔、贝尼托、科戈3个支队；埃贝比因连队分为埃贝比因、蒙戈莫、米科梅森、恩索尔克4个支队；埃维纳永连队分为埃维纳永、涅芳、阿库雷南3个支队。

总督为了加强对殖民卫队的军事管理，使土著人士兵效忠于西班牙，谱写了殖民卫队军歌，要求每个土著人士兵会唱。歌词如下：

"建立卫队，殖民卫队，敞开心扉，时刻想着永恒的西班牙。

战斗开始了,有光荣的西班牙军队高昂的情绪和勇气,勇敢的精神。

殖民卫队,富有战斗经验和品质,在战斗中一定会胜利,会像一名西班牙英雄死去。

殖民卫队,智慧和责任的楷模,你们为西班牙献身,献出你们的爱,献出你们的尊严,献出你们的信念。

战士最高尚的理想,就是高喊西班牙万岁,这是发自内心的呼声。

向西班牙人民致敬,它属于费尔南多,属于佛朗哥,属于熙德。

战斗一千次,胜利一千次,为了正义冲锋向前。

向西班牙人民致敬,诗人、英雄、无数人。

我对你无限敬佩,充满崇敬,为了你我献出自己的生命。

我们是几内亚殖民卫队,我们时刻准备,我们是几内亚卫队,我们时刻准备。"

为了加强控制,殖民卫队军官由西班牙人担任。殖民卫队还收买各部落首领,协助防止和镇压各地区发生的反抗殖民统治的斗争。这些部落首领成为西班牙殖民主义者的御用工具。

第三节　加强文化、教育和宗教渗透

赤道几内亚是一个多民族、宗教多元化的国家。他们长期生活在这片土地上,繁衍生息,在生产劳动中产生了自己的宗教信仰。他们笃信宗教，不管这种信仰是虚无缥缈，还是脱离现实，但在他们的生活中，特别是在他们的精神世界里都占有十分重要的地位。从严格意义上讲，他们的宗教信仰具有很大的原始性，但恰恰是这种初级的宗教才带有非常朴实的内涵，因为他们的宗教信仰都来自于生活和劳动。芳族人相信巫术，把巫术视为认识和利用自然的手段。布比族相信神灵，把世界分为死人和活人两个世界，活着的时候要做善事，死后到另一个世界继续积德行善。恩多维族崇尚大海，相信大海能给他们力量、平等和公正。安诺本人则相信"纳西奥"神，因为这种神能给他们带来幸福。这些民族的宗教信仰各有不同，但却有许多共性，都与自然、社会、生活息息相关，都反映了他们对美好生活的向往，充满着真、善、美等伦理道德的各种要素，这些原始宗教基本内容都是崇拜自然、崇拜图腾、崇拜祖先，影响着他们的精神世界、思维方式和道德规范。尽管这些宗教没有书写成文字和经文，但它能广泛流传，深深扎根于各部族的心灵中。今天，这些宗教仍然没有文字记载，其精髓却留在他们的记忆中，代代相传。

早在1654年，意大利天主教嘉布遣会修道士就来到安诺本从事传教活动，传播天主教教义。英国传教士来到克拉伦斯后传播新教教义。1824年，在圣伊萨贝尔建立了第一个新教教堂，但规模很小。在费尔南多·普和大陆木尼河地区广泛传播天主教还是从西班牙占领这一地区开始的。西班牙在当地推行殖民主义政策过程中始终伴随着宗教的渗透，教团扮演着十分重要的角色。1845年7月，阿道夫·吉列马德率领的远征队中就有一个传教团前往，其中赫罗尼莫·

乌塞拉·阿拉尔孔、胡安·德塞罗和学者比利亚尔瓦·佩雷斯都是颇有影响的教士。1857年5月23日，西班牙政府颁布法令，向费尔南多·普和大陆木尼河地区陆续派遣神职人员。1859年，卡洛斯·查孔宣布天主教为当地官方宗教，禁止英国再洗礼教派进行公开传教活动。1859年，由何塞·伊里萨里神父率领的教团来到费尔南多·普岛。1862年，胡安·曼努埃尔·德拉维加神父下令在圣伊萨贝尔修建了一所永久性的小教堂。1869年，西班牙教会在圣伊萨贝尔设立教区，意味着天主教在费尔南多·普长期存在，并接受西班牙教会的直接领导。不过，西班牙当局虽然宣布天主教为官方宗教，但其他教派并没有放弃对费尔南多·普和大陆木尼河地区的渗透。费尔南多·普岛上的费尔南多人继续要求英国再洗礼教的合法存在，1865年，美国长老会教徒来到贝尼托河地区进行传教活动。1870和1873年，卫理公会教徒先后在圣伊萨贝尔和圣卡洛斯建立了会址，进行传教活动。当时，路德教在非洲盛极一时，加蓬教区主教要求圣伊萨贝尔神父将圣胡安角和科里斯科划归法国教区。西班牙殖民当局拒绝了这一要求。为了遏制路德教的影响，特别是为了抵制法国对圣胡安角的政治企图，1883年11月，西班牙克拉雷特教徒由西利亚科·拉米雷斯神父率领来到了圣伊萨贝尔。安东尼奥·卡诺和曼努埃尔·罗布莱斯·波斯蒂戈神父和大批市民前来欢迎。西利亚科·拉米雷斯神父表示，他将不惜一切代价，完成西班牙国王陛下给他的使命。西班牙克拉雷特教的影响迅速扩大。从此，路德教在费尔南多·普和大陆木尼河地区的影响逐渐消失。

　　西利亚科·拉米雷斯神父来到圣伊萨贝尔，看到岛上到

西利亚科·拉米雷斯神父

处是茂密的热带雨林，他雄心勃勃地计划把这片广袤热带雨林改变成庄园。期间，他还带领教徒来到利伯维尔，同那里的神父举行了一次会晤。这位神父表示，在传教中必须做三件事：一是教育儿童，二是普及健康知识，三是开垦土地建立庄园，保证基本食品需要。否则，难以维持生计，也无法从事布道活动。西利亚科·拉米雷斯返回费尔南多·普岛后，立即在圣伊萨贝尔郊区买下了一个庄园。1884年，西班牙政府派何塞·西福莱斯神父来到圣伊萨贝尔考察传教情况，发现克拉雷特教的影响范围很小，仅限于圣伊萨贝尔周边地区，在大陆木尼河地区的影响微乎其微。何塞·西福莱斯神父返回西班牙向政府报告了这一情况，引起西班牙政府的关注。当时，德国、法国等西欧国家对费尔南多·普和大陆木尼河地区抱有领土野心，西班牙政府首相安东尼奥·卡诺瓦斯·卡斯蒂略亲自过问此事。为了加强宗教渗透，西班牙政府拨款在费尔南多·普建造了三栋房屋，并派出了由9名牧师、10名修士和5名修女组成的教团，加大在大陆木尼河的传教力度。1885年，西班牙教团在大陆木尼河地区常驻，并开办教育和普及农业知识。不久，教团在安诺本和科里斯科岛开展传教活动。1888年，在圣卡洛斯建立了教团，西利亚科·拉米雷斯神父故去后，佩德罗·瓦尔·略韦拉接替其职务。1890年，佩德罗·瓦尔·略韦拉去世，阿门戈尔·库尔接替其职务。

1904年，西班牙政府决定在费尔南多·普成立土著人慈善公会，主要职能是协助总督府促进当地文化、社会和经济发展。同年，费尔南多·普教区升级为罗马教皇副本堂教甫职位。1908年，阿门戈尔·库尔被任命为费尔南多·普主教。1916年1月，圣伊萨贝尔大教堂建成并开启使用。这座新哥特式教堂成为西班牙殖民者传教的重要场所。通过在教堂宣讲教义，向上帝祈祷，举行宗教婚礼等各种庆典活动，感化土著人，增加他们对西班牙文化的认同感。

西班牙教团宣传基督教教义是不遗余力的。在某种程度上，可以说这些虔诚的基督教徒比西班牙远征队的官兵还能吃苦。在气候恶劣，流行病蔓延的艰苦环境中，教士们在这一地区长期生活和开展传教活动需要克服重重困难。交通不

马拉博圣伊萨贝尔大教堂

便,他们要徒步,翻山越岭,走遍每一个村落和部落。这种基督教的传播带有强烈的愚民性质,完全是为了改变土著人的精神世界和人生价值观,使他们忘记自己原来的信仰和精神理念,被套上西方世界所谓"精神文明"的枷锁,接受西班牙殖民者的统治和掠夺。

在这些神职人员的努力下,天主教的影响迅速扩大。教团遍布费尔南多·普、大陆木尼河地区和安诺本、埃洛贝。

在费尔南多·普有以下教团:圣伊萨贝尔(1856年)、

巴纳帕（1884年）、康塞普西翁（1888年）、巴西莱（1892年）、圣卡洛斯（1902年）、姆索拉（1896年）、莫卡（1908年）；大陆木尼河南部地区：圣胡安角（1885年）、科里斯科（1885年）、小埃洛贝（1887年）、贝尼托河（1905年）、巴塔（1919年）、科戈（1927年）；内陆地区：恩库埃夫兰（1924年）、米科梅森（1924）、涅芳（1926年）、埃贝比因（1926年）、蒙戈莫（1927年）、恩索尔克（1928年）、阿尼索克（1929年）、埃维纳永（1930年）、阿科尼贝（1923年）、阿库雷南（1934年）。

推行西班牙化教育是西班牙政府巩固在费尔南多·普和大陆木尼河地区殖民统治的一个重要手段和工具。教团在推行西班牙殖民文化教育中起到了举足轻重的作用。特别是在18、19世纪，西班牙政府为了奴化费尔南多·普和大陆木尼河地区土著人，只是颁布有关教育方面的法律、法令，而把兴办教育这个任务基本上交给了教会。在相当长的一个时期，在费尔南多·普和大陆木尼河地区的教育基本控制在教会手里。

进入20世纪，西班牙政府进一步强化了对费尔南多·普和大陆木尼河地区的教育和文化渗透。1907年2月26日，总督府颁布了第一部教育法，大力普及西班牙文化教育。按照殖民者的话，就是"把上帝的意志深深地刻在土著人的心中"，特别是在土著儿童和青年的心灵中深深打上基督教的烙印，最终达到使土著人心甘情愿地接受西班牙殖民统治的目的。为了普及西班牙语，总督颁发法令，从小学开始，西班牙语是必修课，成人也必须学习和使用西班牙语。

教堂做弥撒一律用西班牙语。法令还强迫当地新教徒和其他宗教信徒祈祷时必须用西班牙语。

1907年3月28日，安赫尔·巴雷拉·洛杨多总督签署法令，对学校所使用的教科书、教学方法等做出了严格规定，通过愚昧教育，培养土著人的"爱国主义"思想，热爱他们所谓的母国——西班牙。因此，在几内亚湾西属领地实行的教学制度是由西班牙人亲自制定的，教科书由西班牙教育部门编写。

1908年，西班牙总督马克斯·德蒙特富尔特下令，所有土著人必须说西班牙语。在当地实行两种教育形式，一种是官办教育，包括国家和公共部门开办的学校。另一种是私有制学校，包括私人和教会创办的学校。官办学校分为小学和中学两级教育和高等教育两种，高等学校培养的学生毕业后被送到政府各部门供职。

1914年，西班牙殖民当局颁布新的教育法。这项带有强烈殖民主义色彩的教育法规定，把教育分为三级，即卡斯蒂利亚语基础教育、初级教育和高级教育。建立20所初级学校，其中费尔南多·普7所，安诺本、科里斯科和大埃洛贝各1所，大陆木尼河地区10所，学龄8岁至14岁。

1930年，总督府在圣伊萨贝尔成立了手工艺职业学校。

总督府颁布的另一项法令规定，土著人对上帝要虔诚，在教堂祈祷一律用西班牙语。

从历史角度来看，教会学校在费尔南多·普和大陆木尼河地区传播了西方文化，所设置的课程，如数学、农业、卫生常识等对提高土著人特别是儿童和青年的文化知识水平是富有建设性的。实际上，这种殖民色彩的文化教育对本土文化特别是对土著人的思想产生了潜移默化的影响，甚至在慢慢地改变他们的生活方式。尽管大多数人仍然坚持他们过去的信仰和传统观念，但传统的宗教已经不再是他们生活的全部。有时候，他们对生活中许多不解的问题习惯于或试图从圣经中找到答案。

第八章　各族人民反对外来侵略和占领

自 20 世纪初,西班牙开始加速赤道几内亚殖民化进程。在这一殖民化过程中,赤道几内亚人民从未停止过反抗外来侵略和占领的斗争。从欧洲殖民者踏上费尔南多·普岛那一刻起,就遭到土著人的顽强抵抗,当地土著人为保卫家园、捍卫自由和独立长期坚持的不屈不挠的斗争使西班牙殖民者的企图屡屡受挫,使之征服这块土地经历了十分漫长的过程。

第一节　强化殖民统治

佛朗哥统治时代,为镇压赤道几内亚人民的反抗斗争,西班牙政府向赤道几内亚派遣的总督绝大多数是高级军事将领。

1900 年,西法两国签订了《巴黎条约》,此后两国政府派遣代表开始边界划定工作。实际上,除了土著人在这片广袤土地上生活劳动外,没有多少西班牙人到过这些地方,更谈不上"有效控制"。1910 年,安赫尔·巴雷拉·洛杨多总督在任期间,多次组织在大陆木尼河地区探险考察活动。其中一次,他亲自率领考察队沿着坎波河喀麦隆边界做了一次详细的考察。通过考察,获得了大量人文地理资料,对于西班牙后期开发和加强殖民统治起到重要作用。西班牙殖民者在向大陆纵深地区深入过程中，遭到各地人民特别是芳族各部落的顽强抵抗。1914 年，安赫尔·巴雷拉·洛杨多同利比里亚签订了雇用利比里亚劳工合同。期间，在安赫尔·巴雷拉·洛杨多的指挥下，对科里斯科岛进行了一次水利考察，并绘制了一幅水利图。

安赫尔·巴雷拉·洛杨多任职期间，正值第一次世界大战，西班牙为中立国。安赫尔·巴雷拉·洛杨多宣布圣伊萨贝尔为中立港。1914 年 8 月 6 日，两艘德国商船停靠圣伊萨贝尔港要求避难。1916 年，驻扎在喀麦隆的德国军队遭到英国、法国军队的攻击。2 月 4 日，德军穿过坎波河进入大陆木尼河境内。据统计，当时在大陆木尼河地区集聚了 6 万人，其中白人有 823 人，其余是土著人和从喀麦隆逃来的避难者。1918 年，第一次世界大战结束，大部分喀麦隆难民回国。经过安赫尔·巴雷拉·洛杨多批准，少数德国人在当地滞留，主要分布在巴塔、科戈、米科梅森、埃维纳永，还有一些人来到圣伊萨贝尔和圣卡洛斯，从事商业和农业，维持生计。

1925 年，西班牙基本控制了大陆木尼河地区，包括边远地带都有西班牙军队进行巡逻。

1925 年，安赫尔·巴雷拉·洛杨多晋升为海军上将，返回西班牙任职，米格尔·努涅斯·德普拉多将军出任总督。安赫尔·巴雷拉·洛杨多离职后，在马拉博西班牙广场为他竖立了一座塑像。1968 年，赤道几内亚实现独立，这座象征西班牙殖民者荣耀的塑像被拆掉。

米格尔·努涅斯·德普拉多在大陆木尼地区做了几次考察，并制定了大陆地区开发计划。1926 年，西班牙决定拨款修建巴塔至米科梅森公路。这项工程给大陆木尼河地区居民特别是芳族人带来了巨大的灾难。为了修建这条公路，米格尔·努涅斯·德普拉达下令在芳族各个部落中征用大量劳动力。广大劳工在恶劣的环境下从事繁重的体力劳动。他们不仅修建公路，而且还要为西班牙军官和士兵修建宿舍和兵营。劳工们受到非人待遇，甚至人格的侮辱。当时没有汽车等先进交通工具，西班牙官员便把芳族劳工当做牲口和运输工具，骑在他们的肩膀上长途跋涉。施工期间，沿线许多村庄遭到破坏，芳族人失去了土地和家园。劳工们如果完不成任务，轻则遭到体罚和挨饿，重则遭到毒打。为了减轻劳动强度，他们自制许多劳动工具，许多人不堪忍受这种非人待遇而逃生。被征用的劳工大部分是芳族青年和壮年。在热带雨林中作业，砍刀、铁锹和镐头是主要劳动工具。后来，由于修建桥梁需要大量原木，从西班牙运来了锯和一些轻便的砍伐工具。劳工们被派到热带雨林中砍伐高大的树木，经常被滚动的原木碾压死，至于饿死、病死、累死的劳工不计其数。直接负责这条公路建设的西班牙军官阿亚拉中尉是一位十分粗暴、狡猾、残忍的家伙，芳族人对他十分憎恨。他视察工程时，强迫芳族青壮年用肩膀扛着他，随意打骂劳工。阿亚拉的暴行引起了奥苏姆部落的愤怒，他们奋起反抗西班牙殖民者的压迫。阿亚拉下令镇压，疯狂地杀害起义者，奥苏姆部落的人口急剧减少。至今，奥苏姆人口远远少于芳族其他部落。在这次公路建设中，有些部落几乎灭绝。木尼河地区的广大人民对阿亚拉深恶痛绝，给他起了一个绰号"亚拉暴君"。芳族人说，这条公路是用他们的生命和鲜血换来的。

西班牙人为了在涅芳开垦土地，建立咖啡种植园，芳族许多部落的家园遭到破坏，被迫流离失所。

为了防止土著人闹事，西班牙殖民当局采取了更加严格的管理制度。与此同时，通过"间接控制"的办法，充分利用各部落首领的威望和影响，赋予他们有限权力。米格尔·努涅斯·德普拉多把本土官员分为三个等级；各个部落头目为首席官，村落头目为次官。首席官在部落里通过选举产生，次官由首席官任命，一般都是他们所信任的人担任这个职务，次官指定下一级官员－代理人。各级官员均需殖民政府的承认和批准。这些本土官员没有实权，他们对总督必须唯命是从，唯一的职能是为殖民政府输送劳工，承担组织居民建设公路、桥梁、兵营、砍伐树木、运输物资等繁重体力劳动。

1926年，西班牙把大陆南区副总督首府从小埃洛贝迁到科戈。

1931年，米格尔·努涅斯·德普拉多被普里莫·德里韦拉领导的军人政府撤职。同年4月，西班牙共合派推翻了普里莫·德里韦拉军人政权，成立了第二共和政府，不久，古斯塔沃·索斯托亚被任命为总督。但是，古斯塔沃·索斯托亚上任仅几个月，在安诺本考察时被殖民卫队的一名军曹暗杀。埃斯塔尼斯劳·列穆亚接替其职务。1935年，路易斯·桑切斯·格拉总督下令修建巴塔港。为了征用当地劳动力，路易斯·桑切斯·格拉总督宣布修改土著人劳动法，这引发了同当地商会的冲突。殖民当局给当地劳工发放的工资很低，每人每天不到一个比塞塔，从而引起广大劳工的不满。此外，路易斯·桑切斯·格拉还启动了一个经济发展计划，成立了林区护卫队，下令禁止滥砍滥伐森林。

　　西班牙第二共和期间（1931—1936年），几内亚西属领地局势比较平稳。为了稳定局势，西班牙政府采取了一系列措施。1931年，古斯塔沃·索斯托亚被杀后，这一地区政局一度紧张。这一年，西班牙同法国在几内亚湾西属领地边境发生冲突。为了应对这一紧张局面，西班牙共和政府颁布法令，宣布维持几内亚湾西属领地这一名称。次年，西班牙共和政府重申几内亚湾西属领地的殖民卫队保留军事性质，一旦发生战事或在政府认为有必要宣布进入紧急状态时，殖民卫队必须听从军队的指挥。为了加强对几内亚湾西属领地的控制，西班牙共和政府曾考虑借鉴英国和法国在非洲殖民地的管理经验，建立殖民管理人员队伍。为此，计划成立一所培养这类管理人员的学校。1934年，西班牙共和政府颁布有关建立殖民管理人员队伍学校法令，但后来未能落实。不久，共和政府决定扩编殖民卫队。

　　1936年7月，弗朗西斯科·佛朗哥发动军事政变，西班牙内战爆发。总督路易斯·桑切斯·格拉是持温和立场的共和派，这同他的家庭有很大关系。他父亲何塞·桑切斯·格拉曾任阿方索十三世政府部长会议主席，弟弟曾任共和政府秘书长。他的秘书是坚定的共和左派，对何塞·桑切斯·格拉的思想有很大影响。内战爆发后，路易斯·桑切斯·格拉亲自批准成立拥护共和政府的"人民阵线委员会"，下令关闭大陆木尼河地区村镇所有教堂，宣布进入特别状态。随后，他要求马德里政府派一艘军舰开往圣伊萨贝尔港，以保证总督府的安全和行使权力。共和政府接受了他的要求，派"门德斯·努涅斯"号舰开往圣伊萨贝尔。佛朗哥发动政变后，几内亚湾西属领地的政局发生变化。大陆木尼河地区和费尔南多·普多数人支持人民阵线。但不久，在圣伊萨贝尔城发生事变。当时，在费尔南多·普有90名殖民卫队队员，其中40名驻守在圣伊萨贝尔。8月，当"门德斯·努涅斯"号抵达圣伊萨贝尔港后，舰上的军官被殖民卫队扣押，后来这些人设法逃离。14日，"门德斯·努涅斯"号返回圣伊萨贝尔港。舰长和其他指挥官被撤换，海军中尉博纳任舰长。21日，"门德斯·努涅斯"号起航回国。9月30日抵达马拉加港，立即加入共和军。不久，路易斯·桑切斯·格拉辞职，回国后参加了共和军。9月19日，圣伊萨贝尔殖民卫队在路易斯·塞拉诺·马兰赫斯中校指挥下宣布起义支持佛朗哥叛军，全境进入战争状态。此时，费尔南多·普基本被叛军所控制。大陆木尼河地区很快做出了响应。驻扎在巴塔的殖民卫队炮兵少校罗曼·莫拉雷斯·费尔南德斯宣布忠于佛朗哥，巴塔全城进入战争状态，并大肆逮捕反佛朗哥的左派人士。但是，共和派的力量并未完全被消灭。9月，在大陆木尼河地区发生了一次小规模的捍卫共和政府的战斗，但扭转不了共和军溃败的局面。9月19日，总督府宣布站在佛朗哥领导下的西班牙国民运动一边。此后，局势基本平静，没有发生大规模战事，只是在10月5日，费尔南多·普发生了一场小规模的战斗。

1937年，炮兵少校胡安·丰坦·洛韦出任总督（1937—1940年）。

第二节　农业开发和争夺土地的斗争

19世纪中叶，西班牙政府和一些私人公司陆续出台在费尔南多·普和大陆木尼河地区开发农业的计划，但大都中途夭折，农业专家无功而返。1862年，古巴人来到费尔南多·普岛开始进行种植水稻、甘蔗和烟草试验。此后，在岛上出现了几个农业庄园。当时，一些非洲国家如利比里亚和塞拉里昂人被雇用到费尔南多·普岛打短工。1866年，西班牙人把咖啡和可可种植技术从古巴和圣多美引进到几内亚湾地区。1880年，西班牙殖民当局颁布一项法令，土著人必须参加义务劳动。这项法令遭到土著人的强烈反对，圣卡洛斯地区的居民举行起义，抗议这项强制性的法令，遭到殖民当局的镇压。当时，西班牙殖民者发展农业所面临的一个困难是劳动力严重缺乏。由于费尔南多·普岛人口稀少，农业工人缺乏。据统计，1904年，在费尔南多·普岛人口为28834人，1925年减少到15000人，1945年仅剩9350人。当时，为西班牙殖民者充当劳工的主要来自芳族和外来人。1906年，西班牙殖民者开始将大批芳族劳工从大陆运到费尔南多·普岛。这些劳工主要在西班牙人经营的咖啡和可可庄园劳动。1911年，从大陆被派到费尔南多·普岛的600名劳工大部分是芳族人。此外，还有一部分来自古巴、尼日利亚、利比里亚。1914年，西班牙与利比里亚签订了一份劳务合同。自1914年至1917年，7000多名利比里亚劳工来到费尔南多·普岛做工。1924年，又有330名利比里亚劳工被送到费尔南多·普岛。为了保证劳动力的来源，西班牙殖民当局成立了农业商会，专门在国外招收劳工。

1899年至1904年，在费尔南多·普各地区爆发抗议西班牙殖民者强占土地的斗争。圣卡洛斯地区的布比人最先举行起义。土著人领袖萨斯·埃布埃拉王建立了第一支民族武装，抗议西班牙殖民者强占他们的土地。这次起义遭到西班牙殖民当局的残酷镇压。1904年，萨斯·埃布埃拉被捕，拒绝投降，用绝食向西班牙殖民者表示抗议。同年7月3日，萨斯·埃布埃拉死于狱中。1910年，西班牙的一名军曹莱昂·拉瓦丹和两名土著人被杀。此事件导致了圣卡洛斯居民同西班牙殖民卫队的激烈冲突。1906年，西班牙殖民当局颁布了一项新法令，对劳动者和庄园主之间的雇佣和被雇佣关系做出了具体规定，其目的是为了保护西班牙庄园主的利益和财产安全，使殖民者的剥削完全合法化。为了落实和监督这项法令的实施，西班牙殖民当局下令成立了劳动保障局。1907年，西班牙殖民当局颁布另一项法令，规定在费尔南多·普和大陆木尼河地区只能流通西班牙货币，从而使西班牙商人能通过不等价交换掠取当地财富。他们高价出售食盐、食油和日常生活用品，以及斧头、砍刀等简陋的生产用具，换取当地的象牙、橡木和檀木等珍贵木材。

西班牙庄园主开发土地主要依靠各部落的首领来监督黑人的劳动，并收买工头为他们效力。他们通常雇佣廉价短工从事繁重的体力劳动，从种植、收获到生产加工成品都由短工来完成。这些短工虽然能得到一份工资，但他们的劳动条件和环境非常艰苦，劳动强度很大，住房十分简陋，而且经常遭受疾病的折磨，人口死亡率非常高。当时，咖啡种植主要分布在大陆地区，可可种植主要分布在费尔南多·普岛。

在这些庄园里劳动的短工主要是芳族和布比人。恩多维人和比西奥人很少做短工,而是给西班牙人作佣人,妇女则从事家务。当时,一些富有的土著人虽然拥有大量土地,但很少从事大规模的土地开发和农业生产。由于缺乏农业技术和生产工具,他们只能在房前屋后种些木瓜、香蕉和木薯等,满足生活的需要,但形不成规模生产。所以,大部分地区尚处于自然经济形态。

1939年西班牙内战结束,国家经济十分困难,百废待兴。佛朗哥下令大力开发费尔南多·普和大陆木尼河地区资源,木材成为西班牙殖民者掠夺的重要资源之一。此外,佛朗哥政权鼓励扩大可可、咖啡、棕榈种植面积。于是,西班牙殖民者与土著人围绕土地的争夺更加激烈,不断发生冲突。当时,米科梅森地区的部落首领恩索莫·莫图·阿贝戈对白人强占土著人的土地和森林表示强烈不满,强调森林和土地所有权归属当地芳族人,白人应尊重当地各部落关于土地所有和使用的传统制度,由芳族人决定土地和森林的使用权,白人开发森林可以受益,但不拥有森林的所有权。恩索莫·莫图·阿贝戈还号召其他部落不要把土地和森林所有权转让给白人,引起了西班牙当局的十分不满。警察当局立即逮捕了他,将其押送到费尔南多·普后投入监狱。当地居民要求警察局释放恩索莫·莫图·阿贝戈,但遭到拒绝。不久,恩索莫·莫图·阿贝戈死去。后来,恩索莫·莫图·阿贝戈的儿子恩里克·恩沃·奥肯维坚持斗争,被西班牙殖民当局从教团驱逐出去。此后,大陆地区和费尔南多·普岛土著人与白人之间争夺土地和森林的冲突仍不断发生。

西班牙殖民当局在使用军事手段镇压芳族和布比族人民

反抗的同时，也采取安抚政策，特别对那些愿意为他们效劳的部落首领给以特殊待遇。

第三节　佛朗哥政权加强对费尔南多·普岛控制和掠夺

1938年，佛朗哥已经基本控制了国家政权，直接过问和掌管费尔南多·普的殖民事务。1938年8月24日，佛朗哥签署法令，将其划为费尔南多·普和大陆几内亚两个大区，费尔南多·普大区分为东区和西区；大陆几内亚大区分为巴塔、贝尼托河、科戈、塞比利亚涅芳、米科梅森、瓦利阿多里德、宾比莱斯、埃维纳永、阿库雷南、恩索尔克、埃贝比因、瓜达卢佩、蒙戈莫。

1938年，佛朗哥授权几内亚湾西属领地总督驱逐那些"不受欢迎的人"，理由是有些白人不遵守当地法律，与当地黑人同居。

同年，佛朗哥下令修改土著人雇主公会章程。将该公会改为公共机构，其主要任务是帮助土著人发展生产，在道义和物质上"保护"他们的利益，协助总督府落实有关殖民化政策和措施。

为了加强新闻宣传，使土著人认同和接受西班牙文化，拥护佛朗哥独裁政权，1939年出版和发行《黑檀木》报刊。这是一家完全反映西班牙长枪党观点的报纸。1940年，圣伊萨贝尔广播电台开播。

1938年，西班牙仍处在内战时期。不过共和军已经在战场上节节败退。根据1938年1月30日颁布的法律，佛朗哥任国家元首和政府首脑。1939年1月，巴塞罗那被佛朗哥叛军攻陷。2月5日，曼努埃尔·阿萨尼亚·迪亚斯总统流亡巴黎。2月11日，胡安·内格林总理提出"休战十三条"，但遭到佛朗哥拒绝。3月18日，叛军攻占马德里。4月1日，佛朗哥宣布战争结束，第二共和政府垮台。佛朗哥建立独裁政权。

此时，佛朗哥野心勃勃，企图重建帝国统治，同法国较量一番，特别对马格里布地区和几内亚湾颇具强化殖民统治的野心。但是，三年内战，西班牙经济受到严重破坏，农业减产，供应十分困难，财政拮据。佛朗哥上台伊始，专政机构需要强化。内战期间，德国、意大利法西斯支持佛朗哥叛军打败了共和政府。第二次世界大战爆发后，佛朗哥虽想参战，支持德国、意大利法西斯，但迫于国内政局和经济困难，不得不宣布西班牙在交战国中保持中立。第二次世界大战期间，佛朗哥善于利用英国、美国同德国、意大利之间的矛盾，见风使舵，从中渔利。佛朗哥看到德国、意大利法西斯在战场上处于主动时，便积极向轴心国靠拢。当看到德国、意大利法西斯在战场上节节败退，处于被动时，便宣布西班牙从"非交战国"又转为"中立"，并撤回"蓝色师团"，积极向英国、美国靠拢。

第二次世界大战结束后，在波茨坦会议上讨论西班牙问题时，英国首相丘吉尔表示西班牙没有参战，美国总统杜鲁门主张由西班牙人处理自己的事务，斯大林主张同西班牙断绝关系，由西班牙人民自己选择他们希望的政府和政治制度。1946年2月9日，联合国大会发表声明，称佛朗哥政府是在轴心国的支持和帮助下通过武力强行建立的政府，不能代表西班牙人民。因此，西班牙不可能参与国际事务。法国政府则明确表示，佛朗哥政府对欧洲和平是一个威胁，并严密封锁法西边界，实际上两国已断绝了关系。面对在国际上的孤立地位，佛朗哥政府急于改善与欧洲国家，特别是同美国的关系。

自1941起，马里亚诺·阿方索·阿隆索、胡安·玛丽亚·博内利、鲁比奥、福斯蒂诺·鲁伊斯·冈萨雷斯海军上将、曼努埃尔·塞韦拉·卡韦略先后出任西班牙驻几内亚湾西属领地总督。他们任职期间，重点放在对费尔南多·普岛和大陆木尼河地区的开发。西班牙政府拨款在大陆木尼河地区修建公路，在费尔南多·普修建铁路；开通了西班牙同圣伊萨贝尔港之间定期船运航班；修建了圣伊萨贝尔和巴塔机场。交通的便利使这两个城市商业有了初步发展。随着耕地面积的扩大和农业技术的改进，特别是从非洲其他国家雇用大量农业工人，缓解了劳动力缺乏问题，咖啡、可可、橄榄油等经济作物产量有了提高。林业更是西班牙殖民当局重视的一个开发项目。

佛朗哥政府在几内亚湾西属领地采取了一系列强化殖民统治措施：

在军事管理方面，为加强军事控制，防止土著人起来造反，维持殖民秩序和正常的行政管理，佛朗哥派出多艘军舰，长期驻扎在圣伊萨贝尔、圣卡洛斯和巴塔等重要港口，加强岛屿和大陆木尼河地区的防务。根据西班牙国防部的命令，每艘军舰执行9个月至18个月的任务才能返航回西班牙。1939年至1945年，"卡尔沃·索特洛"号、"卡诺瓦斯·德卡斯蒂略"号、"达托"号等五艘军舰在几内亚湾执行巡逻逻任务。佛朗哥政权初期，在费尔南多·普和大陆木尼河地区共驻扎了六个连的兵力，其中海军陆战队大约有400多人。土著人占主要成分的殖民卫队人数更多。佛朗哥为加强在这一领地的军事存在所采取的措施收到了明显效果，短短几年就实现了军事化统治。

当年停泊在圣伊萨贝尔港的西班牙"达托"号炮舰

在行政管理方面，佛朗哥也及时做了调整。根据新法令，总督隶属摩洛哥和殖民地事务局，直接受中央政府领导，手中没有多大实权，司法、立法和殖民政策的制定统统归中央政府。实际上，总督的权力操持在海军部手中。殖民者的利益和安全长期处于军队的保护之下。摩洛哥驻防司令部负责西班牙在摩洛哥等北非地区和几内亚湾西属领地的安全防务。

西班牙政府虽然通过法律形式对几内亚湾西属领地的行政区划做过几次调整，但没有进行实际有效管理，原因是中央政府把这项工作交给总督府完成,每次都是草草了事。佛朗哥主要依靠军事高压政策来维系在北非和几内亚湾西属领地的殖民统治。

在宗教管理方面,作为加强殖民统治的一种补充手段和重要工具,佛朗哥下令继续加强宗教渗透。在这方面,佛朗哥政府基本沿袭在南美洲用过的手法,即给几内亚西属领地的人民带去所谓西班牙文明,普及基督教义,灌输基督教思想。总督府宣称,领地的居民有信仰和宗教自由,实际上是强迫他们信奉天主教。为达到这一目的,西班牙政府向几内亚湾西属领地派出大批神职人员并为他们提供各种活动条件和特权。根据法令,总督府给教会发放土地证,牧师和教团拥有大量土地和其他私有财产。在费尔南多·普的教团雇用布比人开垦土地,成立农业合作社。这些人通过办学和传教等形式,宣传西班牙文化和文明。教团在宗教活动中有相当大的自主权,甚至在经济上也是独立的。他们有自己的庄园,当地土著人在庄园为他们劳动,而这些教士们坐享其成。教团在佛朗哥政府的保护下,权力日益扩大。

在移民管理和农林业开发方面,佛朗哥政府重视推行移民政策。为了解决工业原料供给紧张问题,鼓励西班牙企业和商人到几内亚湾西属领地进行农业和林业开发,掠夺那里的农产品和森林资源。当时,西班牙非洲研究学会经常发表一些有关几内亚湾西属领地的文章,强调这一地区的经济带有殖民地性质,是以向宗主国提供全部原材料为基础。在佛朗哥统治时期,几内亚湾西属领地的可可、咖啡等经济作物和木材产量呈增长趋势,这是因为西班牙特别需要这些产品。所以,这种殖民地经济具有特别明显的国营性质,基本上被国家所垄断。政府制定的发展几内亚湾西属领地经济政策是通过西班牙商会贯彻和执行的。只有这样，国家才能控制和垄断这些产品的市场价格和需求。因此，从这些产品中获利的仅仅是几个大的垄断公司。为了垄断价格和市场，这些垄断公司以同行业公会的形式建立了一个垄断网，同行业公会实际上归马德里直接领导，政府可以直接干预，对产品价格、贷款政策和经营权进行控制，经营者可以在当地雇用廉价劳动力。虽然极少数土著人拥有少量土地，但这些小生产者和商户无法与西班牙垄断公司竞争。所以，绝大多数土著人不得不从事繁重的体力劳动，在白人庄园干农活、修公路，充当伐木工人。

为了大规模掠夺资源，佛朗哥政府自1939年起划拨的开发预算呈增长趋势。1939年，西班牙政府用于几内亚湾西属领地的经济开发预算为141亿比塞塔，1959年增加到1983亿比塞塔。

在国际上，佛朗哥政府企图凭借在非洲这块殖民地重返国际社会，同英国、法国等平起平坐。第二次世界大战后，西班牙在国际上处于孤立。佛朗哥期望把几内亚湾西属领地作为外交筹码，使国际社会接受独裁政权。但是，这块殖民地由于面积小，经济落后，长期被欧洲所忽视，在西班牙外交政策中并不占重要地位。

第四节 落后的殖民地经济

20世纪40年代，几内亚湾西属领地经济仍然以农业和林业为主，基本没有工业。佛朗哥政权对这块殖民地丰富的森林和矿产资源变本加厉地进行掠夺。

佛朗哥政府在这一地区经济开发中所遇到的困难仍然是缺乏劳动力。据不完全统计，当时费尔南多·普诸岛和大陆木尼河地区的总人口不足15万人。欧洲商人贩奴贸易猖獗时，岛上的许多居民都逃到深山老林里躲藏起来，很难找到他们。另外，这些人不掌握农业技术，习惯于家庭式耕作，满足于自给自足。1928年，米格尔·努涅斯·德普拉多担任总督时，西班牙政府拨款11亿比塞塔用于费尔南多·普岛和大陆木尼河地区经济开发和基础建设，扩大可可、棕榈和咖啡种植面积、建立医院和医疗站、修建公路、开办学校等。但由于当时西班牙政局混乱，这个计划落空。

佛朗哥上台时，西班牙经济十分困难，缺乏食品、木材和轻工业原料。佛朗哥政府便把几内亚湾西属领地视为原料供应地。不断扩大这一地区的经济开发规模。这个时期，费尔南多·普岛的经济主体仍然是私人庄园。西班牙庄园主在平原地区种植咖啡、可可和棕榈，并进行深加工，成为宗主国重要的食品原料供应地。可可园主要集中在圣伊萨贝尔、巴西莱、巴纳帕、桑帕卡、邦约马、巴苏普等地区。除了可可外，咖啡和棕榈是费尔南多·普岛的重要农产品。在可可歉收年份和市场需求不旺的情况下，西班牙庄园主开始进行咖啡种植试验，并获得成功，产量不断提高。咖啡园主要分布在圣卡洛斯和巴萨卡两地。最初，棕榈种植面积不大，但费尔南多·普岛的气候和土壤条件十分适宜种植这种经济作物，西班牙农业者便开始推广和扩大棕榈种植面积。除上述三种经济作物外，费尔南多·普还生产甜芥菜、桂皮、黑胡椒、甘蔗等。这些农产品大部分运往西班牙。当时，这一地区农业开发面积不断扩大，总耕种面积大约有 5 万公顷，其中咖啡和可可种植面积 4 万公顷，年产量分别为 3000 吨和 15000 吨。

费尔南多·普岛和大陆木尼河地区的森林资源非常丰富，盛产桃花心木、乌檀、红木等珍贵木材，也成为西班牙殖民者开发和掠夺的主要物产。

随着殖民统治的巩固，在费尔南多·普岛开发的基础上，西班牙政府开始投入资金扩大大陆木尼河地区农业开发规模。最初，在阿耶河流域种植咖啡，然后逐渐扩大至下游，随之出现了西班牙人经营的咖啡庄园。不过，土著人对种植咖啡并不感兴趣，庄园主找不到充足的劳动力来源。在贝尼托河流域特别是南部地区出产可可，大体在涅芳至米科梅森、埃贝比因和安多克一带。棕榈油产地集中在坎波河和南部的圣胡安。由于土质和气候的原因，这些地区的咖啡和可可产量较低。在巴塔和涅芳一带主要种植木薯，产量很高。

为了发展农业，总督府于 1948 年颁布一项法令，对土地所有权做出一系列规定，每一户家长可分得 4 公顷农业用地；在殖民政府中供职的官员和职员可以分得 30 公顷不等。商人可分得 50 公顷至 1000 公顷土地，用于农业开发，10000 公顷以上用于森林开发，但需要交税。

总督府推行的农业开发计划收到了一定效果，农业产量有了提高，向西班牙出口的农产品数量有所增长。1930 年，几内亚湾西属领地向西班牙出口的咖啡达 72 吨，1940 年增加到 1848 吨，此后又增加到 5000 吨至 6000 吨。1953 年达到 5643 吨。1943 年，可可产量为 12825 吨，1947 年增加到

17600吨，1950年为18000吨，几乎全部运往西班牙。木材是西班牙开发重点，产量不断增加。1843年，木材产量仅为62972吨，1948年增加到94000吨，1951年减少到78405吨，1953年又恢复到96060吨。这个时期，西班牙扩大了农业开发。1943年木薯产量达到2743吨，1947年增加到7754吨，1949年20188吨。进入20世纪50年代，产量有所下降，1953年仅为1178吨。1943年棕榈食油产量为256吨，1950年1945吨，1953年增加到3388吨。

第九章 实现自治

第一节 反殖民主义统治初期斗争

从欧洲列强入侵赤道几内亚那天起,赤道几内亚各族人民反侵略、反压迫和反剥削的斗争就没有停止过。初期,这些斗争都是自发的、无组织的。由于西班牙殖民者推行炮舰政策,采取残酷镇压的手段,赤道几内亚人民的斗争屡屡失败。

15、16世纪,葡萄牙在亚洲、非洲和美洲占有大量殖民地,在几内亚湾的殖民探险主要目的是为了寻找和建立贩奴转运站。葡萄牙探险者发现安诺本和费尔南多·普岛后,多次试图建立殖民点,但遭到当地土著人的反抗。所以,葡萄牙在这两个岛都无所作为。实际上,葡萄牙当时把圣多美和普林西比作为开发重点。

英国人占领费尔南多·普岛期间,同样遭到布比人的反抗。据记载,1810年,一名英国上尉和五名士兵被土著人杀死。1827年至1832年英国人实际占领费尔南多·普岛期间,其探险活动十分频繁,每次登陆都遭到布比人的顽强抵抗。他们拿起砍刀、竹竿、长矛等原始武器同英国殖民者作斗争,保卫自己的家园。由里卡多·欧文指挥的"伊甸园"号战舰登陆时,几天内就死了40多名英国远征队队员。另一次，由比阿维指挥的 300 多人组成的远征队在圣卡洛斯登陆，最后生还的只有 1 人。其中，许多人被布比人杀死，还有一部分人病死。所以，英国远征探险队把费尔南多·普岛称为"死亡之岛"。

赤道几内亚人民进行大规模抗击外来侵略和占领的斗争还是在西班牙统治时期。从西班牙远征队踏上费尔南多·普岛那一天起，布比人就开始了长达两个世纪的保卫家园的顽强斗争，拉开了反对西班牙殖民者侵略斗争的序幕。

1880 年，西班牙殖民当局颁布了一项关于开发农业的法令，强制布比族各部落提供农业工人，遭到布比人的抵制。圣卡洛斯地区的布比人举行起义，反对这项法令，西班牙殖民当局的这项农业开发计划最终未能实现，来自西班牙的农业专家撤离了费尔南多·普岛。1885 年，大陆木尼河地区成为西班牙"保护区"，广大芳族人成为反抗西班牙殖民者压迫的主力军。布比人和芳族人勇敢善战，具有团结精神，在斗争中涌现出许多英雄人物，谱写了许多可歌可泣的壮丽诗篇。

为了防止当地人民的反抗，巩固殖民统治，达到长期掠夺的目的，西班牙殖民当局对岛屿和大陆居民反压迫、反剥削斗争采取高压政策，不惜进行武力镇压。自西班牙在费尔南多·普设立总督府以来，历任总督均由军人担任。他们都是西班牙殖民主义扩张和掠夺政策的忠实执行者。1901 年，西班牙总督从费尔南多·普岛调动一个连的军队开往大陆木尼河地区，防范芳族人骚乱。与此同时，西班牙殖民当局用软硬兼施的手法，在各民族之间制造矛盾和纠纷，企图分化瓦解他们的反抗斗争。但是，赤道几内亚各族人民没有惧怕和屈服,他们坚持斗争,保卫土地,保卫森林,保卫大海。这些斗争有广泛的群众基础,包括一些部落首领和上层人士也纷纷加入了斗争的行列。1910年,国王圣地亚哥·乌甘达·恩德卢向安赫尔·巴雷拉·洛扬多总督就土著人遭到白人的不公平待遇提出抗议。这位国王在抗议信中称,西班牙人在同当地人进行的贸易中,采用易货贸易的方式,而不付给当地人货币,这是非常不公平的。

米科梅森一带的部落首领莫图乌抗议西班牙殖民当局强占他们的土地,要求尊重部落传统,芳族是土地的主人,不经过芳族人的同意,西班牙人不得擅自征用土地。森林的开发同样需要征得当地部落的同意。土地和森林的所有权归芳族人,西班牙人只有使用权。居住在阿鲁姆村的埃萨门贡部落首领姆博格·索戈、坎姆村的埃萨库南部落首领埃索诺·阿布拉、姆贝村的恩索莫部落首领梅图·梅耶率领村民在木尼河流域一带进行反抗西班牙殖民者的斗争,偷袭工厂,抢劫财物。后来,这些部落的斗争出现联合的趋势。芳族人民的革命行动遭到了西班牙殖民者的疯狂报复和镇压,两个村落被烧毁。

当时,费尔南多·普岛的布比人被迫从事繁重的农业劳动,大陆木尼河地区的芳族人则被迫参加高危的伐木劳动。在热带雨林伐树有极高的危险性。由于缺乏先进的劳动工具,伐木工基本依靠双手和落后的工具操作,没有安全保障,几乎每天都有伤亡。伐木工把西班牙工头喜欢砍伐的名贵树木称之为"死亡之树",就是为了砍伐这些树木,每天都有同伴把性命葬送在森林里。丈夫早晨出工,妻子不知他们晚上能否活着回家。白人工头根本就不管伐木黑工的死活。

当高大的树木砍倒时，工头从不通知周边作业的人躲避，因为这样会造成误工。所以，许多情况下，工人因来不及躲闪被砍倒的高大树木活活碾压死。因没有公路和先进的运输工具，砍伐的原木被放到河里漂浮到目的地。大批黑工成为运输的主力。在运输中死亡的黑人不计其数。西班牙殖民者对芳族劳工的歧视和非人待遇引起广大人民的愤怒，大陆木尼河地区的反抗斗争规模日益扩大。

安诺本岛的居民一直坚持反抗西班牙殖民者占领的斗争，费利佩·桑托斯·托罗率领的探险队屡次登上安诺本岛，均被当地居民驱逐。

莫卡国王的儿子马拉博·罗佩洛·梅莱卡坚持同西班牙殖民者进行斗争，维护王国的历史权力和尊严。1910年，圣卡洛斯的布比族居民揭竿而起，同西班牙驻军发生大规模冲突。西班牙殖民军对起义军进行残酷的镇压，千名起义者和无辜平民被杀害。这次起义被镇压下去后，西班牙殖民当局向马拉博王施加压力，强迫他帮助劝服各部落首领放弃反抗。1911年，西班牙殖民者把费尔南多·普岛划为67个镇，每个镇有一名镇长，由莫卡王领导。总督还派出护卫队，保证他的安全，各部落被迫交出了武器。从此，费尔南多·普岛上的局势逐渐平静下来。

第二节 如火如荼的非洲民族独立和解放运动

第二次世界大战结束时，欧洲百废待兴，各国都在努力恢复经济，两级格局形成，世界进入冷战时期。

与此同时，亚洲、非洲和拉丁美洲国家掀起了反对帝国主义和反对殖民主义统治的革命运动。进入 20 世纪 60 年代，争取民族独立解放运动风起云涌，一些国家先后实现了独立。在非洲，利比里亚、埃及、埃塞俄比亚和南非四国是独立较早的国家，其独立背景各不相同，其中最早独立的国家是利比里亚。15 世纪下半叶，葡萄牙人来到利比里亚贩卖黑奴，此后荷兰、英国、法国、德国等相继入侵。1821年，美国黑人在此建立移民区，1824 年将此地命名为利比里亚。1847 年 7 月 26 日，成立利比里亚共和国。1936 年意大利入侵埃塞俄比亚，1941 年盟军同埃塞俄比亚武装力量联合击败意大利。同年 5 月，塞拉西皇帝回国复位。1952年 7 月 23 日，以纳赛尔为首的自由军官组织发动政变推翻了法鲁克王朝，成立了"革命指导委员会"，控制了国家权力。1953 年 6 月 18 日，成立埃及共和国。1881 年突尼斯成为法国殖民地，1955 年，法国被迫同意突尼斯实行内部自治。1956 年 3 月 20 日，法国承认突尼斯独立。17 世纪后，荷兰和英国相继入侵南非，20 世纪初，南非一度成为英国自治领地。1961 年 5 月 31 日，南非退出英联邦，成立南非共和国。20 世纪 60 年代，摩洛哥先后三次向联合国提出对西撒哈拉行使主权的要求。1970 年 9 月，摩洛哥、毛里塔尼亚和阿尔及利亚三国领导人举行会晤，讨论西撒哈拉未来地位问题，并同意进一步加强合作，按照联合国决议，实现西撒哈拉非殖民化。

1963 年，非洲大部分国家已经取得了独立，帝国主义在非洲的殖民统治基本瓦解。同年 5 月 22 日至 26 日，31个非洲独立国家领导人在埃塞俄比亚首都亚的斯亚贝巴举行会议，通过了《非洲统一组织宪章》，决定成立非洲统一组织。

第三节 西班牙竭力维护殖民主义统治

随着佛朗哥独裁政权的稳固，西班牙开始向西方靠拢，战后出现的冷战局面，也使美欧国家改变对西班牙的态度，竭力拉拢佛朗哥政权。1953年9月，西班牙同美国签订了《西美协定》。依约，西班牙向美国提供罗塔、萨拉戈萨和托雷洪军事基地。这样，西班牙取得了美欧国家政治上的支持和经济上的援助。

第二次世界大战沉重打击了帝国主义势力，为战后初期尚处于殖民主义统治的国家民族解放运动发展提供了时机。20世纪60年代，非洲民族解放运动如火如荼，各国纷纷独立。根据《联合国宪章》规定，管理国承认领土居民福利的至高无上，承诺促进其社会、经济、政治和教育的进展，并基于领土居民的政治愿望和发展进步情况协助其发展合适的自治形式。联合国有责任监督这些领土的自治进程。使西班牙始料未及的是，加入联合国后其海外殖民地问题被纳入讨论的议事日程。在广大亚非拉国家解放独立运动的推动下，联合国秘书长达格·哈马舍尔德于1956年2月24日致函包括西班牙在内的16个联合国新成员国，要求这些国家根据《联合国宪章》第73条规定向联合国报告有关在海外拥有的非自治领土情况。在非洲国家民族独立和解放运动的影响和推动下，赤道几内亚人民要求独立的愿望日益强烈，但西班牙政府却声称赤道几内亚独立为时尚早，甚至是不可能实现的。

为了加强在赤道几内亚的殖民主义统治,西班牙政府于 1956 年 8 月 21 日将费尔南多·普等岛屿和大陆木尼河地区划为西班牙"几内亚湾省"。

按照《联合国宪章》第 73 条规定,费尔南多·普等岛和大陆木尼河地区属于非自治领土。对联合国提出的这一要求,西班牙政府内部看法不尽一致。西班牙外交部一些主要负责人主张应遵守《联合国宪章》第 73 条规定,向联合国报告"西班牙在西部非洲和几内亚的管理情况"。否则,西班牙将在外交上承担很大风险,失去盟国的支持。但是,西班牙政府直属的摩洛哥和几内亚事务局反对上述意见,认为西班牙控制的上述地区"归属西班牙,是在其实行特殊制度的省份"。同西班牙其他国土一样,在这些地区"行使主权管理"。如果说在非洲的这些省或领土同西班牙其他地方有所区别,恰恰说明在这一主权下才能够在某些省建立不同模式的管理制度。西班牙外交部在向佛朗哥上呈的报告中坚持认为,这是一个十分敏感的问题,关系到西班牙同阿拉伯世界和拉丁美洲国家的政策,包含着许多政治和司法因素。不过,佛朗哥最后还是决定拒绝联合国的要求,不同意向联合国报告其海外非自治领土的管理情况。与此同时,佛朗哥下令修改管理海外殖民地的有关法律。摩洛哥实现独立后,西班牙政府将摩洛哥和殖民地事务局改名为非洲省和地方事务局。此举是为今后推行"行省化"制造理论和法律依据,对外宣称西班牙在几内亚湾的领土是属于西班牙的行省,是西班牙领土不可分割的一部分,其理由是西班牙在这一地区长期存在并签有国际条约。此时,西班牙驻联合国代表团面临很大压力。联合国要求西班牙政府就赤道几内亚自治问题尽快答复联合国第四委员会。西班牙政府面对联合国的要求只有两种选择，要么明确表示接受联合国的建议和要求，向联合国第四委员会报告赤道几内亚现状；要么"以尚无时间充分研究在非洲的非自治领土问题"为托词，采取一种模糊立场和拖延战术。此后，西班牙驻联合国代表团向联合国第四委员会提供报告称，在摩洛哥实现独立以后，西班牙政府正在修改西班牙在非洲领土的管理，西班牙不回避在这一地区应履行的责任。

自1957年2月以来，西班牙外交部长费尔南多·玛丽亚·卡斯铁利亚认为，西班牙海外殖民地问题拖延下去会损害国家的外交利益，不应因此而影响西班牙同友好国家关系的发展。但是，非洲省和地方事务局却认为，对联合国的让步迟早会把赤道几内亚纳入非殖民化进程。于是，非洲省和地方事务局赶忙成立一个委员会，专门研究和制定一套阻止赤道几内亚非殖民化的法律依据。1958年，西班牙代表团在联合国大会上再次表示，拒绝执行联合国宪章第73条规定。这一顽固立场，受到联合国和国际社会的批评。面对国际社会的压力，西班牙政府开始意识到以往所坚持的立场给西班牙外交所带来的负面影响和后果，非殖民化问题国际化已既成事实，如不接受联合国关于非殖民化的要求，将给西班牙带来不利后果。迫于国际社会的压力，同时也从自身利益考虑，西班牙政府立场开始发生微妙变化。佛朗哥政府看到，西班牙同美国和西欧国家改善了关系，得到美国的援助，但发展和改善同阿拉伯和拉丁美洲国家的关系也十分重要。赤道几内亚非殖民化问题不解决将影响西班牙同这些国家的关系。西班牙政府接受联合国宪章，则意味着承认赤道几内亚是"非自治地区",并负有管理责任,应实现非殖民化目标。但是,西班牙不甘心丢掉在非洲唯一一块殖民地。在西班牙驻联合国代表团仍然坚持原有立场的情况下,联合国一再要求西班牙向其通报在非洲"非自治领土"的现状。1958年4月14日,西班牙代表团致函联合国秘书长称,西班牙政府正在准备向联合国递交一份符合联合国宪章精神的报告,显然,这是在拖延时间,试探联合国的态度。10月10日,西班牙政府授权驻联合国代表团正式答复联合国秘书长,称西班牙在非洲不拥有殖民地。因此,没有责任向联合国提供有关非殖民化问题的报告。11月10日,西班牙驻联合国代表团发表声明再次宣称,西班牙在非洲不拥有"非自治领土",在非洲所拥有的是在西班牙主权下的行省。因此,西班牙不在联合国宪章第73条所规定的处理和解决有关"非自治领土"国家之列。显然,佛朗哥政权企图以赤道几内亚是西班牙的一个行省为借口拒绝非殖民化进程。1957年2月7日,西班牙政府制定了《非洲行省司法制度和组织法》,其目的旨在从法律角度论证费尔南多·普等岛屿和大陆木尼河地区与西班牙的共同之处,为其行省化找出法律依据。该法律草案经过多次修改后于1958年6月提交到议会讨论。曼努埃尔·弗拉加·伊里瓦内和何塞·玛丽亚·科尔德罗·托雷斯等议员对草案再次做了初步修改。1958年7月,成立了法律草案修改委员会。1959年6月,西班牙政府颁布了这项法律,将岛屿和大陆划为费尔南多·普(省府设在圣伊萨贝尔)和木尼河(省府设在巴塔)两个省,统称"西属几内亚"。显而易见,西班牙政府打算通过法律形式维系在这个地区的殖民统治。但是,根据联合国1953年742号决议,是否属于"非自治地区"需要在联合国接受的条件下由当地居民通过民主表决的形式来确定。所以，西班牙企图通过"行省化"达到永久占领费尔南多·普诸岛和大陆木尼河地区的打算显然是错误估计了形势。

在实行"行省化"的过程中，西班牙当局宣称这一地区的居民同白人享有同等权利和义务，西班牙给赤道几内亚带来了"文明"，实际情况是，赤道几内亚人民并没有参政权。在起草有关赤道几内亚"行省化"的政治和司法制度的工作中，当地居民代表被排挤在外。该法律规定，省是行政区划，不是政治区划，这种划分是为了行使地方权力。省长是中央政府在每一个省的代表，由国家元首任命。省议会由若干议员组成，通过公会代表制产生，议长由内务部长指派。省下面设市，由市长和市政委员会领导。由此可以看出，西班牙政府"行省化"的实质不是把赤道几内亚纳入非殖民化进程，也不是权力下放，更不是自治，而是将其"同化"，达到继续占领这块殖民地的目的。该项法律自然引起赤道几内亚人民的不满和反对，就连西班牙政府内部对此也有很大分歧。1960年4月7日，西班牙议会通过了费尔南多·普和木尼河两省地方行政管理条例，对两省居民，包括欧洲人、获得自由和尚未获得自由的非洲人的公民权做了一系列修正。把当地居民划为两个等级，即"享有权利的居民"和"暂住人"，后者主要是指在两省未获得居留权的尼日利亚劳工。

据统计，1960年赤道几内亚的总人口为17.1万人，在赤道几内亚的尼日利亚农业工人达到4万余人，其中在木尼河地区有9672人。所谓"享有权利的公民"的一等公民，并未享受同西班牙公民同等的权利，对土著人的种族歧视仍然存在。他们不享有任何政治权利，没有言论和结社自由，公会社团机构被取缔，私有财产也得不到法律保护。1960年4月7日，条例对两省各级权力机构做出了规定，划为省议会、市政府和邻里委员会三级。这种"伪代表制"只是表面上赋予当地居民一些有限的政治权利。例如，条例规定邻里委员会"从属于市政府，并根据自己的传统享有充分的自治"。不过，行使这些自治权必须符合条例的有关规定。为了加强对各个部落的管理和控制，根据总督1960年8月5日颁布的有关部落首领任命的法令，部落首领和两位副手由总督任命。他们实际上成为西班牙殖民者忠实的代理人，没有多少权力，不可能维护土著人的利益，否则就会被罢免。法令规定，部落首领有两个作用，一是反映当地居民的精神和物质方面的利益要求，并向政府代表提出建议。二是部落首领必须履行和完成总督、省长和政府代表下达的命令和任务，忠于职守，保障社会秩序，预防和镇压任何动乱，并及时向政府代表报告

佛朗哥政权在费尔南多·普和木尼河两省实行的一系列司法和政治制度"改革"，显然是为了应付国际社会的压力，而其本质是为了抵制联合国关于赤道几内亚非殖民化的要求，维护在赤道几内亚的殖民统治。西班牙政府的这一顽固立场在联合国第四委员会中受到指责。该委员会要求西班牙政府认真执行联合国宪章第73条规定，尽快在赤道几内亚实行自治。不过，同葡萄牙相比，联合国对西班牙的批评相对温和。这是因为，首先，当时西班牙尚不是第四委员会的正式成员国；其次，西班牙政府对赤道几内亚非殖民化问题一直采取一种模棱两可和回避的策略。西班牙驻联合国代表

曼努埃尔·阿斯纳尔表示，西班牙政府愿意同联合国尽一切可能进行合作，根据联合国宪章第 73 条规定向联合国通报其感兴趣的西班牙所有省的情况。曼努埃尔·阿斯纳尔代表的这一态度甚至同西班牙政府的立场相悖；最后，比起葡萄牙，西班牙在非洲的殖民地要少得多，而葡萄牙在非洲有大量殖民地。为了维护在这些殖民地的政治和经济利益，葡萄牙竭力抵制和对抗非殖民化浪潮，自然成为众矢之的。

1960 年，非洲又有 17 个国家摆脱了西方殖民主义统治，实现了独立。这样，非洲独立国家达到了 26 个，占非洲总面积的三分之二，占非洲总人口的四分之三。其中，包括赤道几内亚的三个邻国：喀麦隆法国托管区于 1957 年 5 月成立"自治政府"，并根据联合国决议于 1960 年 1 月 1 日宣布独立，成立喀麦隆共和国。1960 年 8 月 17 日，加蓬脱离法国统治，实现独立。1960 年 10 月 1 日，尼日利亚宣布独立，成为英联邦成员国。在非洲独立解放运动的冲击下，特别是喀麦隆、加蓬、尼日利亚几个邻国先后独立，对赤道几内亚民族解放运动产生了很大影响。这一年，联合国通过了 1514 号决议，指出所有殖民地国家独立是它们固有的权利，强调应根据民族自决原则赋予这些国家的人民以独立，殖民主义与联合国宪章背道而驰。决议明确指出："当一个地区在地理上同这个国家是分割的，在种族和文化上是不同的，应被视为殖民地状态。"这个决议在联合国获得全票通过，反映了广大非洲国家要求独立与解放的迫切愿望，这是人心所向、大势所趋的历史潮流。随后，联合国第四委员会经过激烈辩论一致同意"加强殖民主义问题国际化"。根据联合国宪章第 73 条，有关国家不仅应及时向联合国报告有关情况，而且要求其对这个地区的人民执行民族自决的原则。同年 11 月 8 日，联合国第四委员提出了一项关于针对西班牙和葡萄牙顽固态度的决议草案，指出西班牙、葡萄牙政府迄今未能保证这些地区居民为加速实现独立而进行民主政治活动的自由。决议草案还特别提出费尔南多·普和木尼河两个地区问题。11 月 10 日，西班牙代表团四处奔走，解释西班牙政府立场，并表示西班牙政府愿意同联合国第四委员会合作，探讨解决费尔南多·普和木尼河地区问题。接着，联合国第四委员会表示，鉴于西班牙政府愿意根据联合国宪章第十一章的规定向联合国秘书长通报上述地区有关情况，将邀请西班牙参加调查委员会工作，而在决议草案中未提及费尔南多·普和木尼河两地区的名字。但是，西班牙政府的这一缓兵之计未能得逞，在国际社会特别是广大非洲国家的反对下，最后不得不改变其立场。西班牙代表随即表示，西班牙政府决定按照联合国宪章第十一章有关规定，向联合国秘书长达格·哈马舍尔德通报这些领土的情况，这实际上承认了费尔南多·普和木尼河地区属于非自治地区。最后，联合国第四委员会以 45 票赞同，6 票反对，24 票弃权通过了决议草案。同年 12 月 15 日，联合国大会第 948 次会议以 68 票赞同，6 票反对，17 票弃权最终通过了这项决议。由于西班牙同意向联合国秘书长通报在非洲殖民地的情况，因此在决议中未受到指责。

1961 年 1 月 10 日，西班牙外交部长费尔南多·玛丽亚·卡斯铁利亚收到联合国秘书长达格·哈马舍尔德的通知，要求西班牙政府向其通报在海外拥有的尚未实现自治的地区名单，并邀请西班牙参加 4 月 17 日联合国非自治领土调查委员会工作会议。但是，西班牙政府出尔反尔，称西班牙不能接受从法律上其在非洲的省份被划为非自治领土，因此不能承诺向联合国报告有关情况。西班牙政府认为，根据联合国有关精神，应是成员国，而不是联合国大会对此问题进行解释，特别是关系到国家主权的界定问题。基于同联合国合作的愿望，西班牙政府关于在非洲省份内部情况没有任何可以隐瞒的，并准备向联合国通报这些省份的某些情况，向联合国秘书长加以澄清。但是，西班牙政府的这一立场很快做了调整。此前，西班牙驻联合国代表的承诺迫使其政府不得不面对广大非洲国家非殖民化的正义呼声，如果不兑现其承诺，势必要遭到广大非洲国家和国际社会的谴责。此时，美国敦促西班牙政府松动立场。第二次世界大战后，佛朗哥政权把美国作为靠山，视其为盟友。美国的要求无疑是对西班牙的警告。实际上，西班牙政府一直顽固维持在赤道几内亚的殖民主义统治，这使西班牙在联合国处于被动和孤立的地位。1961年11月27日，联合国通过"关于给予殖民地人民独立声明实施情况"的1654号决议，目的旨在进一步落实1514号决议，加速非殖民化进程。为此，成立了17国参加的特别委员会，监督和检查有关非殖民化决议的执行情况。西班牙政府面临国际社会特别是广大非洲国家更大的压力，尤其是面临是否参加新成立的17国特别委员会这一困难抉择。在1962年17国特别委员会第一次会议上，有关"西班牙省问题"没有被提交到会议上讨论。之后，17国特别委员会扩大后成为24国委员会。1963年，该委员会把"西属几内亚"非殖民化问题列为一个重要议题讨论，并将其纳入联合国大会的议事日程。

非洲各国虽然支持赤道几内亚实现独立，但态度有所差异。喀麦隆和加蓬等邻国考虑到同未来邻国的友好关系以及同西班牙的关系，态度比较温和，而加纳、几内亚、马里等国家态度激进。

1962年，仍是非洲民族独立和解放运动继续蓬勃发展的一年，在新形势下，西班牙政府不得不认真考虑赤道几内亚人民的要求，放弃在这一地区的殖民统治。这一年，佛朗哥政府通过了一个文件，表示如果"西属几内亚"居民将来要求独立，西班牙不会反对。1962年10月，西班牙政府派内务部长路易斯·卡雷罗·布兰科访问"西属几内亚"，阐明西班牙政府立场。他表示，如果这个地区的大多数民众提出独立要求，西班牙政府将制定一个新的章程。只要当地居民提出民族自决，西班牙不会设置任何障碍。路易斯·卡雷罗·布兰科的表态虽然有所变化，但也暴露出西班牙政府尚未彻底放弃继续统治赤道几内亚的幻想。

第四节　为实现自治而斗争

赤道几内亚民族独立解放运动兴起比喀麦隆、加蓬等其他非洲国家稍晚，其中一个重要原因是赤道几内亚人民面临的是一个强大的佛朗哥独裁政权。长期以来，佛朗哥政权对赤道几内亚人民的反抗斗争使用武力镇压，毫不手软。对当地军民特别是在政府中供职的本土官员采取严密监视，对那些不满西班牙殖民统治的人大肆逮捕和迫害。长期的军事高压政策使赤道几内亚民族解放运动姗姗来迟。

20世纪50年代末，在非洲民族解放运动的影响下，特别是喀麦隆、加蓬和尼日利亚等邻国实现了独立,西班牙在赤道几内亚的殖民主义统治处于被包围的态势,这使赤道几内亚人民受到很大鼓舞。当时,赤道几内亚民族主义者和进步人士开始组织反抗西班牙殖民统治的斗争,并具有广泛的群众基础,其中包括在西班牙殖民政府供职的下层官员、教师、商人、农业者。

1959年,西班牙政府对赤道几内亚实行"行省化"后,为了加强管理,实行安抚政策,拉拢一些当地上层人士和知识分子为其服务。两省设有副省长,并由本土官员担任,曼努埃尔·塞韦拉·卡韦略、何塞·奇查罗·拉马米耶、维克托·苏安塞斯·德里奥、巴西利奥·奥莱切亚·奥图尼奥等先后担任副省长。

进入60年代,赤道几内亚人民要求独立和解放的愿望日益强烈,革命活动十分活跃。

在非洲兄弟国家的支持下,赤道几内亚一些政党和民族主义者、进步人士致函联合国表达要求实现国家独立的强烈愿望,引起联合国的高度关注,博得了非洲兄弟国家和国际社会的同情和支持。在赤道几内亚革命和进步组织的强烈要求下,联合国派出代表团赴圣伊萨贝尔和巴塔进行考察。联合国代表团在赤道几内亚考察期间,西班牙当局安排代表团参观学校、教会和文化设施,以表明对赤道几内亚文化教育事业发展的重视。但是,西班牙政府未能达到掩盖事实真相的目的。联合国代表团考察后,对西班牙在赤道几内亚推行的殖民主义政策、赤道几内亚人民缺乏政治自由的状况表示担忧。

西班牙殖民当局为了破坏各民族之间的团结,削弱和瓦解民族主义力量，在各民族之间制造矛盾和冲突。由于文化和习俗的差异，芳族与布比族之间长期存在隔阂和矛盾。芳族的活动范围主要在大陆地区，而布比族集中在费尔南多·普岛。芳族人认为布比人和恩多维人酗酒、游手好闲、软弱无能，而布比人认为芳族是一个野蛮、粗鲁的民族。芳族人来到费尔南多·普岛打短工常常受到布比族的排挤。布比人将芳族人看成是贪婪者和侵略者，他们不仅霸占了海岸人的地盘，而且企图占领费尔南多·普岛，将布比人赶到大海里。这种民族之间的相互敌意很容易被西班牙殖民者所利用，西班牙殖民当局利用各民族之间的矛盾实行民族分离政策，从中渔利，来维系其殖民统治。

当时，在赤道几内亚争取民族独立和解放的进步活动是非法的。所以，赤道几内亚民族主义者被迫在喀麦隆、加蓬和阿尔及利亚等国进行活动，纷纷成立民族解放运动组织和政党。其中，具有群众基础和政治影响力的有赤道几内亚全国解放运动、赤道几内亚全国联盟运动、赤道几内亚人民思想等。初期，这些全国性的政党和组织带有一定的民族主义色彩，主张当地居民同西班牙人平等，要求西班牙政府赋予当地居民有限的自由和权利，而并没有明确提出实现赤道几内亚彻底独立的口号和主张。在非洲民族解放运动的冲击下，西班牙殖民当局为了应对新形势，也不得不做出一些让步，采取安抚政策，放宽对赤道几内亚境内成立政党和民族主义组织的限制。于是，很快出现了许多主张民族独立和具有自由进步思想的地区性组织，如布比联盟、恩多维联盟、费尔南多联盟等。这些形形色色的民族主义组织虽然都主张实现国家独立，但政治主张和思想路线不尽相同，甚至带有明显的分裂主义和狭隘的民族主义倾向。赤道几内亚人民思想为了取得喀麦隆的支持,承诺赤道几内亚实现独立后同喀麦隆组成联邦国家。这恰好被西班牙殖民主义者所利用。这些政党和组织的一些领导人后来被西班牙殖民当局所收买,成为他们的政治代理人。

赤道几内亚人民思想成立于1962年,主要创建者和领导人有恩里克·恩沃·奥肯维、克莱门特·阿特巴·恩索赫、何塞·佩雷亚·埃波塔、安东尼奥·埃沃洛、奥巴马、海梅·恩森等。由于当时国内条件不成熟,该党在喀麦隆的安巴姆秘密成立,活动经费来自喀麦隆政府。在该党的政治纲领中提出,国家一旦实现独立,赤道几内亚将以联邦或其他形式并入喀麦隆,并以现存的边界线为国界。1963年,赤道几内亚人民思想制定的党章第三条规定:"赤道几内亚一旦实现独立,将同喀麦隆统一。"同年8月20日至23日,该党在安巴姆举行代表大会,就这个问题进行了讨论。不

赤道几内亚人民思想领导人恩里克·恩沃·奥肯维

赤道几内亚全国解放运动领导人阿塔纳西奥·恩东戈·米约内

过,该党的这一主张在国内并没有得到广大群众的支持,逐渐失去了民心。

赤道几内亚全国解放运动在国家民族独立和解放运动中具有广泛影响并发挥重要作用。该党创始人阿塔纳西奥·恩东戈·米约内在青年时代接受进步思想,1951年流亡加蓬从事革命活动。1959年,西班牙殖民当局在赤道几内亚实行"行省化",阿塔纳西奥·恩东戈·米约内与国内的一些民族主义者串联,成立了赤道几内亚全国解放运动。阿塔纳西奥·恩东戈·米约内当选为总书记。此后,该党在国内建立了党部,阿维略·巴尔沃亚·阿金斯担任党主席,其主要成员有帕斯特尔·托拉奥·斯卡拉、弗朗西斯科·多甘·门多、费利佩·恩霍利、阿古斯丁·埃涅索·涅涅、埃斯特班·恩苏埃、恩戈莫、胡斯蒂诺·姆巴·恩苏埃。此后,该党积极发展党员和贯彻党的纲领,同国内民族主义者保持密切联系,组织进步力量,发动群众,同西班牙殖民者进行不懈的斗争。

另一名民族主义者博尼法西奥·翁多·埃杜早先是一位教义传授者。他在利伯维尔创建了赤道几内亚全国联盟运动。博尼法西奥·翁多·埃杜的主张带有明显的温和色彩,他提出在赤道几内亚人民尚缺乏充分思想准备的情况下,需

赤道几内亚全国联盟运动领导人博尼法西奥·翁多·埃杜

要一段过渡时间,然后实现国家独立。该党在赤道几内亚东南地区发动群众,具有较大影响。

此外,流亡在周边邻国的工团主义者成立了赤道几内亚劳动者总同盟,主张在赤道几内亚实现自由工团主义。但这个组织的影响很小,在赤道几内亚实现自治和独立的过程中没有发挥太大的作用。后期,该组织同赤道几内亚全国解放运动合并。

赤道几内亚全国解放运动、赤道几内亚全国联盟运动和赤道几内亚人民思想等政党和组织的进步活动不断发展壮大。20世纪60年代初,除赤道几内亚全国联盟运动被西班牙殖民当局所承认,进行半公开活动外,其他政党尚处于非法状态,只能秘密进行组织和发动群众工作,发展进步力量。在费尔南多·普岛,他们的革命活动主要集中在圣伊萨贝尔、圣卡洛斯等城市,大陆木尼河地区主要在广大农村。1958年,民防军开始大肆搜捕民族主义者。由于大陆地区城镇比较分散,而且与加蓬、喀麦隆毗邻,有很长的边界,殖民当局控制革命者的活动比较困难。相对而言,有利于三党进行革命宣传和发动群众工作。

西班牙殖民当局并没有放松警惕,对这些政党和组织的革命活动从未停止过镇压,对进步人士进行严密监视、跟踪和迫害。大批革命者流亡国外。这些政党和组织虽然主张实现国家独立,但没有一个共同的政治纲领和指导思想,党内缺乏凝聚力,各党基本上是各自为战,行动上很难形成统一。随着革命形势的发展,联合起来共同实现国家独立的目标成为各党的迫切任务。1963年2月,赤道几内亚全国解放运动、赤道几内亚人民思想等政党领导人在喀麦隆举行会晤，商讨各政党联合行动，更有力地开展民族解放运动。与会者一致同意成立"几内亚运动协调委员会"。但是，由于各党的政治主张和思想路线不尽相同，该委员会形同虚设，当年就解散了。譬如，赤道几内亚人民思想提出的赤道几内亚独立后同喀麦隆合并建立联邦制的主张，遭到赤道几内亚全国解放运动的坚决反对。此外，各党围绕斗争策略和独立后同西班牙的关系等问题存在分歧。赤道几内亚全国联盟运动博尼法西奥·翁多·埃杜主张向西班牙政府作出妥协和让步，争取有限的自由和自治权。赤道几内亚全国解放运动则竭力反对这种主张。

赤道几内亚民族独立和解放运动始终得到非洲兄弟国家的支持。加蓬、喀麦隆和加纳等非洲国家政府和政党都向其提供政治和和物质上的援助。此外，几内亚、尼日利亚、阿尔及利亚、刚果(布)、埃及等也都向其提供道义和物质上的支持。这些国家在联合国、非洲统一组织等国际场合都表示坚决支持赤道几内亚人民摆脱西班牙殖民统治的正义斗争。一些非洲国家驻联合国代表在大会上多次呼吁和要求西班牙尽快结束在赤道几内亚的殖民统治，实现这个地区的独立，建立一个主权国家。他们还为赤道几内亚政党和组织提供活动空间，同联合国官员接触，反映赤道几内亚的真实情况，揭露西班牙殖民当局镇压赤道几内亚民族解放运动的行径。1962年12月19日，加蓬代表在联合国大会上发言说，西班牙殖民当局虽然没有利用坦克和火焰喷射器来扑灭赤道几内亚民族解放运动，但这并没有妨碍他们使用其他应受到谴责的手段来镇压赤道几内亚民族解放运动。今天，加蓬已经获得独立，特别热切地希望尽快赋予它的邻国以主权。1962

年12月6日，阿塔纳西奥·恩东戈·米约内、博尼法西奥·翁多·埃杜、赫苏斯·阿方索·奥约诺、拉伊蒙多·斯坦蒂诺等各党派领导人同联合国第四委员会进行接触，向其反映赤道几内亚人民实现国家独立与自由的要求和愿望。12月12日，联合国第四委员会负责人分别听取了赤道几内亚独立运动代表路易斯·马奥·西卡查和赤道几内亚人民思想领导人何塞·佩雷亚·埃波塔关于赤道几内亚民族解放运动发展情况介绍。他们向联合国第四委员会揭露了西班牙殖民者"行省化"的真实目的；处于西班牙殖民统治的赤道几内亚缺乏民主和自由；民族歧视严重存在，白人和土著人在政治、社会和经济上缺乏平等，要求联合国向西班牙政府进一步施加压力，尽快实现赤道几内亚独立。

在国际社会的压力和联合国的敦促下，西班牙驻联合国代表团开始同赤道几内亚代表接触。1962年，圣伊萨贝尔市长维尔瓦尔多·霍内斯·尼赫尔参加联合国调查委员会和第四委员会的工作。次年，费利佩·埃索诺·恩索埃以议员的身份并代表木尼河地区市政同木尼河省议员阿古斯丁·恩维·翁多·恩查马参加联合国第四委员工作。西班牙当局此举目的旨在向国际社会表明赤道几内亚属于西班牙的一个行省，企图通过这些人的发言为西班牙殖民者歌功颂德，美化西班牙殖民统治，欺骗国际舆论。不过，广大非洲和亚洲国家一直要求西班牙加快非殖民化进程，早日实现赤道几内亚独立。这使西班牙政府甚至担心维尔瓦尔多·霍内斯·尼赫尔、费利佩·埃索诺·恩索埃、阿古斯丁·恩维·翁多·恩查马等人在联合国的活动会导致他们改变自己的政治态度，从而放弃同西班牙政府的"合作"。正是出于这种担心，西班牙政府改变了策略，直到 1965 年再没有派赤道几内亚本土官员代表参加联合国第四委员会工作。不过，赤道几内亚各政党和组织并没有中断同联合国的联系和接触。他们在一些非洲国家政府和政党的帮助下，通过信件和其他渠道向联合国反映赤道几内亚的形势和赤道几内亚人民的正义要求。

有一次，持激进主张的"全国解放运动"向联合国第四委员会提交一份文件，抗议西班牙政府的殖民统治和镇压赤道几内亚民族解放运动。民防军截获了这个文件，随之实行逮捕，该组织领导人被警察当局关押起来。看到赤道几内亚进步力量逐渐壮大，大有星星之火，可以燎原之势，西班牙殖民当局十分恐慌，总督立即下令镇压，逮捕了许多进步人士，并准备将他们流放到安诺本岛或枪决。西班牙殖民政府的这种镇压行径立即引起了赤道几内亚广大人民群众的愤慨和强烈抗议。经过主教弗朗西斯科·戈麦斯·马里胡安的斡旋，西班牙殖民当局被迫下令释放被关押人员。这次镇压迫使赤道几内亚一些民族主义者和进步人士逃往喀麦隆和加蓬等邻国避难。但是，这次大搜捕并没有把赤道几内亚民族解放运动镇压下去，相反更加激起了赤道几内亚人民反抗情绪。于是，西班牙殖民当局改变策略，实行"招安"策略，在赤道几内亚一些政党和组织中采取利诱和分化瓦解的手法，寻找代理人及"合作者"。费尔南多·普发生骚乱时，总督府派员同各政党和部落首领举行谈判，奉劝他们放弃斗争，与之合作，共同维持社会秩序，对付芳族人。这一策略是为了破坏当地各民族特别是布比族与芳族之间的团结，削弱进步力量。西班牙殖民当局的这一策略收到成效，带有激进民族主义思想的"全国解放运动"最终被瓦解。以布比族为首的几个弱小部落逐渐加强联合，共同对付芳族人。一段时间，布比族与芳族之间的对立和矛盾十分尖锐。

1962年，西班牙政府撤换了福斯蒂诺·鲁伊斯·冈萨雷斯的总督职务，由弗朗西斯科·努涅斯·罗德里格斯海军上将接替。他上任后，忠实地执行西班牙政府的殖民政策，对赤道几内亚各族群众采取软硬兼施和分化瓦解的策略，孤立那些高举反殖民主义大旗、争取民族独立和解放的政党和组织，千方百计拉拢那些对芳族有敌意的少数民族。

这期间，西班牙政府内部围绕赤道几内亚非殖民化进程的问题持有两种不同意见。因此，向联合国所做的承诺不能真正兑现，其立场也是出尔反尔。面对国际社会和联合国的压力，西班牙政府态度又变得强硬起来，明确表示暂时还不能给以赤道几内亚独立地位，其借口是赤道几内亚人民尚无能力自己管理自己。当时，在西班牙政府中掌握实权的内务部长路易斯·卡雷罗·布兰科十分清楚，非洲民族解放运动如火如荼，势不可当，许多非洲国家纷纷独立，赤道几内亚实现独立只是时间问题。此时，西班牙商人和庄园主加紧对赤道几内亚财富的掠夺，大量珍贵木材源源不断地流向西班牙。热带雨林遭到破坏，土地大面积荒芜，农业连年歉收。当地居民主要食用油——棕榈油大幅度减产，不得不用木薯油代替。西班牙庄园主在掠夺大量财富后便撤回西班牙，这些庄园变成了荒地。随后，土著人陆续建立了一些小庄园。在圣伊萨贝尔和巴塔等城镇出现了当地人开设的商店、酒吧、饭馆、家庭式作坊和小型工厂。

1962年9月，非洲国家元首和政府首脑在利伯维尔举行会议，赤道几内亚民族主义组织代表出席了会议。会上，非洲国家领导人对赤道几内亚民族解放运动表示同情和支持。同年10月，西班牙政府代表路易斯·卡雷罗·布兰科访问赤道几内亚。赤道几内亚民族主义者联合起来向路易斯·卡雷罗·布兰科递交一份要求实现赤道几内亚独立的正式文件。路易斯·卡雷罗·布兰科在圣伊萨贝尔表示，西班牙从未反对赤道几内亚实现民族自决。在时机成熟时，即在赤道几内亚人觉悟到自己的能力，真正具有独立愿望的时候，西班牙政府会兑现承诺。但是，不能允许少数人以要求独立为借口，实现自己的野心。显然，这是在挑拨赤道几内亚政党和进步组织之间的关系。不过，在广大非洲独立国家的支持和推动下，特别是赤道几内亚民族解放运动力量的日益壮大，迫使佛朗哥政权不得不做出让步，开始考虑赤道几内亚人民的"民族自决权"的要求。路易斯·卡雷罗·布兰科返回西班牙后，于1963年8月3日下令成立以劳雷亚诺·洛佩斯·罗多为首的赤道几内亚自治章程起草委员会，研究并提出一个赤道几内亚自治法草案。西班牙政府还决定邀请赤道几内亚各党派和组织派代表到马德里参加自治法草案的起草和制定工作。此后，西班牙议会又成立了特别委员会，对自治章程起草委员会提出的草案进行修改。特别委员会由25名议员组成，劳雷亚诺·洛佩斯·罗多担任主席，维尔瓦尔多·霍内斯·尼赫尔担任副主席，委员会主要成员有卡洛斯·卡夫雷拉·海梅、费利佩·埃索诺·恩索埃等。自治法草案明确承认赤道几内亚人民拥有民族自决权；费尔南多·普等岛屿和木尼河地区是属于同一个政府管辖的"同一个实体"；两个地区在未来的政府中"具有同等政治分量"。自治法草案在一定程度上向费尔南多·普岛的居民做出了让步，但由此开始暴露出大陆木尼河地区和费尔南多·普分裂的危险性。实际上，这个自治法草案是西班牙政府在 1960 年 4 月 7 日颁布的"地方行政管理章程"基础上经过修改后制定的。自治法草案对赤道几内亚实现自治后国家管理制度做出规定，政府为行政管理机构，代表大会为立法机构，实际上是一个准立法机构，行使对政府的监督权；所有法律在生效之前必须符合国家立法的要求，而每项法律的修改需要议会三分之二票数通过；自治政府通过代表大会选举产生，然后由西班牙政府正式任命。如罢免政府，由西班牙驻赤道几内亚总代表提出建议，代表大会三分之二票数通过。西班牙政府向赤道几内亚派驻总代表，取消原有的总督职务。自治法赋予总代表很大权力，实际上凌驾于自治政府和代表大会之上，其主要职能是负责维护领土完整和公共秩序，领导和指挥武装部队。总代表负责对外关系事务，有权终止自治政府违反国家法制的一切行为。根据自治法，省长代表自治政府，市长和邻里委员会主席由省长任命。设立高级法院，行使自治区的审判权。自治法草案第二章规定"承认费尔南多·普和木尼河当地居民同西班牙人具有同等权利和义务"和"在议会中有代表权"。同时，自治法草案又对自治政府和当地居民的公民权利做出了最大限制，规定"在没有特别法律规定或者没有习惯法做出解释和裁决的情况下，将由西班牙大法作为指导"。从中可以看出，佛朗哥政权并不想给以赤道几内亚真正和完全自治，而是通过这个不彻底的自治方式继续维持在赤道几内亚的殖民统治。

1963 年 8 月 9 日，西班牙新闻旅游部长曼努埃尔·弗拉加·伊里瓦内宣布西班牙政府正式给以赤道几内亚自治权。

1963年11月28日，西班牙议会批准了赤道几内亚自治法草案，12月20日，佛朗哥正式签署自治法。

第五节 通过自治法

根据联合国第1541号决议，西班牙政府同意于1963年12月15日在赤道几内亚举行公民投票通过"几内亚地区自治制度基本法"。这是有史以来赤道几内亚人民第一次公开自由表达自己的政治愿望。公民投票日期宣布后，在喀麦隆和加蓬等邻国的流亡者和进步人士纷纷回国参加这次投票。在喀麦隆和加蓬政府的帮助和斡旋下，第一批500多名赤道几内亚流亡者在喀麦隆政府官员的陪同下回国。博尼法西奥·翁多·埃杜、克莱门特·阿特巴·恩索赫、安东尼奥·埃沃洛·奥巴马、佩德罗·埃孔等回国参加了投票，而赤道几内亚全国解放运动总书记阿塔纳西奥·恩东戈·米约内、赤道几内亚人民思想重要成员赫苏斯·姆巴·奥沃诺、何塞·佩雷亚·埃波塔未能回国参加这次公民投票。

在这次公民投票中，以路易斯·马奥·西卡查为首的赤道几内亚人民思想(国外部)和克莱门特·阿特巴·恩索赫领导的赤道几内亚人民思想(国内部)均坚持以往的激进立场，发动群众坚决反对自治法。赤道几内亚全国解放运动、赤道几内亚全国联盟运动等大多数政党和组织号召国民投赞成票。此外，从赤道几内亚全国解放运动分裂出来的"全国联盟运动"也有条件地投了赞成票。但是，以帕斯特尔·托拉奥·斯卡拉为首的赤道几内亚全国解放运动费尔南多·普分部投了反对票。由费尔南多·普中小资产阶级组成的"国民运动"主张维持费尔南多·普岛的政治现状。投票结果，全国有 126378 选民，赞成票为 59280 张，反对票为 35537 张，"几内亚地区自治制度基本法"获得通过。在费尔南多·普地区，反对票为 7150 张，赞同票为 5340 张。

1963 年 12 月 15 日赤道几内亚公民投票结果一览表（数字来源：联合国）

地　区	选民数	投票数	赞同票	反对票
费尔南多·普	17699	12500	5340	7150
大陆木尼河区	108679	82317	53940	28387
总　计	126378	94817	59280	35537

公民投票结果公布后，西班牙政府于 1963 年 12 月 20 日颁布了"几内亚地区自治制度基本法"。自此，费尔南多·普等岛屿和大陆木尼河地区正式名称确定为赤道几内亚，在赤道几内亚建立自治制度。佛朗哥在宣布赤道几内亚实现自治时称，赤道几内亚自治法充分证明了"西班牙国所具有的无限的创新和多产的能力，这项新立法今后尚有待于完善。如果经验证明需要改革，国家将以宽容和慷慨的态度研究这个问题。我们已经为这个问题的良好解决做出了贡献和努力，并创造了对话的良好渠道。而这种对话始终应在高透明度和合作精神下进行"。

1964 年 3 月，赤道几内亚举行了市政和邻里委员会选举，4 月举行了省议会选举，费尔南多·普和木尼河省议会在圣伊萨贝尔召开全会，选举产生两省的省议会议员，5 月 3 日，省议会举行选举，恩里克·戈里·莫鲁贝拉当选费尔南多·普省议会主席,费德里科·恩戈莫·恩南东当选木尼河省议会主席。同月,选举产生了全国代表大会,其中费尔南多·普省有8名代表,包括一名白人,木尼河省有10名代表,包括2名白人。全国代表大会是立法机构,负责制定各项法律,主席由两省议会主席轮任,恩里克·格里·莫鲁贝拉担任第一届主席。

  同年5月15日,全国代表大会在圣伊萨贝尔举行全会,费尔南多·普省议会主席恩里克·格里·莫鲁贝拉主持全国代表大会第一次会议,选举第一届自治政府,投票结果为弗朗西斯科·马西埃·恩圭马获得17票,博尼法西奥·翁多·埃杜获得16票。但是,西班牙政府却不尊重选举结果。佛朗哥宣布任命博尼法西奥·翁多·埃杜为自治政府委员会主席,弗朗西斯科·马西埃·恩圭马担任副主席。自治政府委员会主席博尼法西奥·翁多·埃杜是温和派代表,出生在埃维纳永,青年时代做过教义传授者和教师,1959年流亡加蓬。1964年回到赤道几内亚后,在"赤道几内亚人民同盟"的基础上创建了赤道几内亚全国联盟运动。这次任命充分暴露了西班牙殖民主义者并不愿意把权力真正交给赤道几内亚人民,企图在政治上继续控制赤道几内亚。事实证明,自治政府委员会只是一个摆设,实际权力则在由西班牙人担任的总委员会代表手中。

  5月15日,全国代表大会召开全会选举产生自治政府委员会。其中,费尔南多·普省有4名部长,他们是工业矿产部长罗曼·博里科·托伊乔阿、财政部长奥雷利奥·尼古拉斯·埃托哈、新闻旅游部长路易斯·马奥·西卡查、卫生部长古斯塔沃·瓦特松·布埃克;木尼河省有4名部长,他们是自治政府委员会副主席兼公共工程、住房和城市规划部长弗朗西斯科·马西埃·恩圭马、劳动部长安东尼奥·坎迪多·恩昂、教育部长路易斯·龙多·马古加、农业部长拉斐尔·恩苏埃·恩查马。

自治政府委员会不设外交部长和国防部长，外交和国防事务由总委员会代表主管，实际上操纵在西班牙政府手中。

第六节 实现自治的四年

赤道几内亚实现自治后，在旧的殖民机构供职的部分西班牙官员离开赤道几内亚。不过，西班牙仍千方百计维护在赤道几内亚的殖民统治，控制和反控制的斗争更加激烈和复杂。1966年1月，拉斐尔·玛丽亚·恩泽·阿布伊成为木尼河地区第一个担任主教的赤道几内亚人。表面上看，国家政治、经济、文化、教育和宗教处于西班牙人和赤道几内亚人"共管"的局面。但是，自治只是一种表面现象，实际上国家和地方权力仍然控制在宗主国手中。长期的文化和宗教渗透仍然束缚着赤道几内亚人民的思想，在经济上仍处于被掠夺的地位。赤道几内亚政治精英和知识分子虽然参与到国家的政治生活，在政府机构中担任各种职务，但他们的"参与权"受到很大限制，实权仍然掌握在总委员会代表手中。赤道几内亚实现自治不久，西班牙政府立即任命佩德罗·拉托雷·阿尔库维雷为总委员会代表。在政府机关仍然有大批西班牙技术官僚供职或担任顾问。1964年11月，路易斯·卡雷罗·布兰科在西班牙议会上表示，赤道几内亚实现自治后将来有可能向独立过渡。此时，却看不到西班牙政府有任何积极的动作，相反在自治政府委员会中积极培植一批为其继续推行殖民政策的亲信。

实现自治对赤道几内亚人民是一个鼓舞，尽管这种自治是不彻底的。多数人认为，实现自治是国家在独立道路上迈出的第一步。一些政党领袖在自治政府中担任要职，为各派政治力量消除分歧，加强团结，争取早日实现国家独立提供了一个平台。为了适应新形势，赤道几内亚各派政治力量开始重新组合。但是，各派围绕国家未来政治体制走向存在重大分歧，团结问题成为各派面临的一个严峻挑战。

面对国家实现自治后出现的新形势，赤道几内亚一些有识之士清楚地看到，国家虽然实现了自治，但西班牙政府千方百计地维持在赤道几内亚的殖民统治，企图继续主宰赤道几内亚人民的命运。他们很快对西班牙殖民者丢掉了幻想，继续坚持斗争，直到赤道几内亚取得真正的独立和自由。另一部分人则认为，实现自治后，赤道几内亚仍然需要宗主国帮助管理，特别在经济方面难以摆脱对西班牙的依赖。从实现自治过渡到国家独立需要相当长的时间。

赤道几内亚全国联盟运动政治态度是西班牙政府所期望的。该党的主要成员同西班牙殖民者保持密切关系，在政府和议会等国家机构中担任各种职务。西班牙政府正是看到该党的这种政治态度，并出于自身利益的需要，无视选举结果，任命该党领导人博尼法西奥·翁多·埃杜为自治政府委员会主席。最初，该党成立的目的之一是为了同日益壮大的赤道几内亚人民思想和赤道几内亚全国解放运动抗衡，阻止这些政党力量的发展。该党认为，目前赤道几内亚人民在思想上准备不足，还缺乏自己管理自己的能力。眼下，赤道几内亚实现独立的条件尚不成熟,在西班牙人撤出之前还需要一段相当长的时间才能实现独立。这种观点和主张得到了在政府中供职的官员和知识分子以及部落首领的同情和支持。

实现自治后,赤道几内亚全国解放运动的力量在不同程度上得到了发展,并拥有广泛的群众基础。这些政党主张非殖民化进程不能半途而废,在自治的基础上应继续斗争实现国家独立和自由,彻底摆脱西班牙殖民统治。国家独立后,同宗主国保持友好关系,但这种关系的发展应是在两个主权国家平等的框架内。此外,这些政党和组织不断地调整斗争策略以争取群众的广泛同情和支持。

赤道几内亚人民思想再次重申赤道几内亚同喀麦隆合并成立联邦的主张,遭到党内相当一部分人的强烈反对,也失去了广大群众的同情和支持,力量迅速削弱。党的一部分骨干加入了赤道几内亚全国解放运动。如自治政府委员会副主席兼公共工程、住房和城市规划部部长弗朗西斯科·马西埃·恩圭马、劳动部长安东尼奥·坎迪多·恩昂开始向赤道几内亚全国解放运动靠拢。

赤道几内亚全国解放运动把发动群众工作重点放在自治政府委员会各级地方政府官员和知识分子中,宣传党的政治主张,具有广泛的群众和社会基础。该党领导人圣地亚哥·安赫尔·德哈马内内在发动群众,发展党员,扩大群众基础方面发挥了重要作用。

博尼法西奥·翁多·埃杜颇受西班牙政府赏识,被视为理想的"合作者"。西班牙政府曾打算把赤道几内亚全国联盟运动打造成赤道几内亚"唯一政治运动"。博尼法西奥·翁多·埃杜担任自治政府委员会主席后,对西班牙殖民者唯命是从。他所领导的政府委员会软弱无能,听任西班牙总委员会代表的摆布,无所作为,甚至不再提及国家独立的要求,在人民群众中的威信不高。

赤道几内亚实现自治后,回到国内的一些政党领导人在自治政府委员会和议会以及地方政府中担任职务,政治地位的变化使一部分人松懈了斗志,甚至对实现国家独立失去了兴趣。在博尼法西奥·翁多·埃杜主持的政府中,赤道几内亚全国联盟运动领导人占据多数。这些人满足于现状,不思进取,失去了民心。这种思潮在政府官员、部落首领、年长者中不断蔓延。

与此同时,流亡在国外的一些政党领导人却坚持国家彻底独立的主张,并为实现这一目标进行不懈的斗争。尽管西班牙将赤道几内亚全国联盟运动视为全国"唯一政治运动",但国家实现自治后,其他政党已经获得了较大程度的活动自由。赤道几内亚全国解放运动和赤道几内亚人民思想等政党和组织在国内继续开展活动,发动群众,宣传各自的政治路线和主张,并继续寻求国际社会的支持。赤道几内亚人民思想领导人赫苏斯·姆巴·奥沃诺在阿克拉继续活动,赤道几内亚全国解放运动领导人阿塔纳西奥·恩东戈·米约内在阿尔及利亚积极活动,寻求非洲国家的支持,同联合国代表机构保持联系和对话,向其反映赤道几内亚实现自治后的政治和社会真实情况,揭露西班牙当局假借自治之名拖延和阻挠赤道几内亚实现独立的阴谋。1964年2月,阿塔纳西奥·恩东戈·米约内在向联合国递交的信中说,西班牙给以赤道几内亚自治是一种"伪装",目的旨在欺骗国际舆论,掩盖赤道几内亚现实,从而赢得时间,继续维持其殖民统治。西班牙当局从未提出过赤道几内亚独立的具体时间表。此外，为了加速赤道几内亚非殖民化进程，实现国家真正独立和解放，流亡国外的赤道几内亚人民思想和赤道几内亚全国解放运动领导人经过协商，于1964年10月12日联合成立了赤道几内亚人民解放阵线。不过，这个联合体只是昙花一现，仅仅存在了半年，到1965年5月就名存实亡。期间，不管是激进派还是温和派，尽管在斗争策略上有所不同，但都主张在联合国和国际社会的支持和帮助下，通过与西班牙当局进行谈判实现国家独立。与此同时，一部分人提出了通过武装斗争实现国家独立的主张。受赤道几内亚人民思想影响的少数青年在加纳接受军事训练。1966年2月，赫苏斯·姆巴·奥沃诺在阿克拉宣布建立赤道几内亚解放军。同年，加纳发生政变，恩克鲁玛政府被推翻，赤道几内亚解放军失去了支持。

在实现自治的四年中，赤道几内亚出现了形形色色的、持不同政治主张的政党和组织。他们在政治舞台上扮演着不同的角色，发挥着不同的作用。其中，费尔南多·普地区的小资产阶级、费尔南多主义者和传统部落首领对赤道几内亚自治和独立持反对态度。他们认为自治和独立不会给他们带来好处，尤其担心国家独立后大陆人特别是芳族人掌握着国家机器，费尔南多·普地区的居民将处于"被统治地位"。由此而出现了费尔南多·普和大陆"分而治之"的主张和派系。这些人在1963年举行公民投票时就明确支持"行省化"，主张保留"旧制度"，费尔南多·普在未来应同西班牙保持政治、经济上的密切联系。他们认为，根据联合国1514号决议，并非只能通过实现独立行使自决权，也可以通过同别国

联合或者并入他国来实现。这些人的主张给广大民众的思想

佛朗哥会见木尼河省和费尔南多·普省议会两主席费德里克·恩戈莫·恩南东和恩里克·戈里·莫鲁贝拉

造成很大的混乱。费尔南多·普省议会主席恩里克·戈里·莫鲁贝拉和在自治政府内中担任部长的布比族和费尔南多主义者奥雷利奥·尼古拉斯·埃托哈、古斯塔沃·瓦特松·布埃克、罗曼·博里科·托伊乔阿、路易斯·马奥·西卡查是"分而治之"的鼓吹者。他们的这一主张得到了酋长们的支持。为了发动分裂主义运动,费尔南多·普省议会于1965年3月召开会议,决定取消一切政党,为成立分裂主义政党扫清障碍。1964年8月,分裂派在巴内举行会议,与会者一直要求通过谈判实现费尔南多·普独立。

但是，分裂派的这一主张遭到统一派的坚决反对。以赤道几内亚全国解放运动为代表的统一派坚决反对分裂主义，主张大陆地区与岛屿地区在统一的前提下实现国家独立，各民族应根据历史沿革和传统法律加强团结、和睦相处，尊重各民族的多元性，谋求共同发展和繁荣。同时指出，分裂主义者是西班牙殖民主义者的代理人。为了抵制这种分裂主义主张，赤道几内亚全国解放运动试图利用帕斯特尔·托拉奥·斯卡拉在费尔南多·普地区的个人威信和影响做当地群众的工作。帕斯特尔·托拉奥·斯卡拉是布比族，担任巴内居民委员会主席。统一派在这场斗争中也十分注意策略。历史上，费尔南多·普同西班牙移民有着十分密接的经济联系。许多西班牙庄园主、商人和企业家在这一地区从事各种经济活动。这些人明确支持费尔南多·普独立，大陆地区的西班牙移民，特别是经营木材的商人则同情和支持赤道几内亚全国解放运动所提出的在国家统一基础上实现独立的政治主张。在赤道几内亚未来政治前景扑朔迷离的情况下，许多西班牙木材经营商选择放弃在大陆木尼河地区的经济活动，返回西班牙。这给赤道几内亚特别是大陆地区经济带来严重的影响。

随着形势的发展，特别是面对分裂主义思潮盛极一时的局面，赤道几内亚全国解放运动更加明确地提出国家应尽快彻底实现非殖民化和独立的主张。1965年10月10日，该党向自治政府委员会递交一封信，敦促其向西班牙当局提出独立的要求。1966年1月，西班牙新闻旅游部长曼努埃尔·弗拉加·伊里瓦内访问赤道几内亚。该党向他递交了一封给西班牙国家元首佛朗哥的信。信中再次明确提出实现赤道几内亚独立要求，并批评西班牙当局企图通过表面上的自治阻挠赤道几内亚政治和经济发展进程。

在国家实现自治的"政治过渡"时期，随着费尔南多·普地区分裂主义倾向的发展，被称为"官方派"的赤道几内亚全国联盟运动不断调整策略，开始强化"实现国家独立"的政治主张，并对自治政府委员会主席博尼法西奥·翁多·埃杜的软弱和妥协进行公开批评。党内温和派的政治态度日益接近赤道几内亚全国解放运动，甚至要求同该党联合。各党之间围绕国家统一所产生的歧见和矛盾不仅削弱了他们的自身力量，而且导致自治政府委员会威信下降。博尼法西奥·翁多·埃杜面对这种复杂的政治局面却束手无策。为了巩固自己的地位，他试图通过政府改组，拉拢亲信，获得更多人的支持，重塑新形象。但是，他作为"亲西派"的代表，威信每况愈下。不久，国内政局出现动乱。1966年4月21日，爆发政府职员大罢工，对政府实行的低薪政策表示不满，要求制定公务员法，增加工资。博尼法西奥·翁多·埃杜拒不承认罢工者的权利和要求。当日，自治政府委员会颁布了一项法令，如罢工者次日不上班，则被解雇。但是，迫于社会压力，这项法令未能实施。同年4月29日，全国代表大会讨论通过了一项关于政府职员工资新标准的法令。

这次政治危机充分反映了广大民众对自治法和自治政府委员会无所作为的不满，罢工潮虽然暂时平息下去，但却产生了深刻的社会和政治影响。在同年4月29日的全国代表大会上，代表们要求中止自治政府委员会工作。与此同时，赤道几内亚全国解放运动和赤道几内亚全国联盟运动的立场更趋近和一致。两党一致要求早日结束"过渡期"，实现国家独立。但是，西班牙政府对他们的正义要求却置若罔闻，自治政府委员会成为一个唯命是从的"傀儡"政府。不久，博尼法西奥·翁多·埃杜访问马德里，经过西班牙政府同意，自治政府委员会于 1966 年 6 月进行改组。但是，这次改组只是对一些部长的职务进行调换，人员没有太大变化。其中，奥雷利奥·尼古拉斯·埃托哈任劳动、社会行动和体育部长，路易斯·龙多·马古加任财政部长、安东尼奥·坎迪多·恩昂任教育部长。1967 年 1 月，自治政府委员会再次改组，阿古斯丁·埃涅索·涅涅任财政部长。7 月，任命阿古斯丁·恩维·翁多·恩查马为农牧业和森林部长。根据自治法，自治政府委员会人员调整和部长的任命权属于全国代表大会，但这几次人事调整均由博尼法西奥·翁多·埃杜个人做出决定。实际上，人事大权操持在西班牙政府手中。

在自治政府委员会改组前，西班牙政府对总委员会代表做出调整，任命维克托·苏安塞斯·德里奥为总代表，拉斐尔·加尔贝·普埃约为副代表。

自治政府委员会经过改组，紧张的政局并没有明显缓和，全国代表大会内部各政党之间的斗争仍然非常激烈。同情和支持赤道几内亚全国解放运动政治主张的代表在会上要求展开一场关于国家实现完全独立，彻底摆脱西班牙控制的大辩论。但是，这一要求却遭到西班牙总委员会代表维克托·苏安塞斯·德里奥的百般阻挠。联合国二十四国委员会赤道几内亚问题小组委员会在一份报告中称："如果没有总委员会代表的支持，赤道几内亚自治制度的任何转变都是不可能的"。1966 年 5 月 30 日，赤道几内亚自治政府委员会应西班牙政府的要求提交了一份报告，指出了现行自治制度的不足以及应对国内政治冲突的困难。但是，西班牙政府对赤道几内亚自治政府委员会提出的所有要求和困难一概不予理睬。

与此同时，分裂主义者没有善罢甘休，继续向赤道几内亚自治政府委员会施加各种压力。1966年8月12日，来自费尔南多·普的自治政府委员会部长们提出了一项动议，要求修改自治法，准许费尔南多·普在政治、行政管理和经济上同大陆地区彻底分离。他们提出这项动议的时机恰恰是在联合国代表团对赤道几内亚进行考察后离开不久发生的，从而加剧了政局的动荡。

西班牙政府认为，给以赤道几内亚自治就可以获得联合国和广大非洲国家的认可。但是，联合国特别委员会对赤道几内亚的自治制度表示极大的怀疑，广大非洲国家则认为赤道几内亚并没有实现真正的独立，赤道几内亚人民坚决要求西班牙殖民者从这个国家全部撤离，由他们自己当家作主，实现民族自决，满足于自治现状就是在非殖民化道路上半途而废。此时，西班牙驻联合国代表团已经意识到，要维护西班牙的国际信誉，必须付出更高的代价。仅仅向联合国通报赤道几内亚有关情况，实行所谓的行政管理本土化远远满足不了赤道几内亚人民的要求。但是，佛朗哥政权要迈出这一步却不是一件容易的事情。

赤道几内亚全国解放运动等政党的斗争得到了第三世界，特别是非洲国家的同情和支持。1964年10月13日，联合国二十四国委员会亚非小组成员国柬埔寨、象牙海岸、埃塞俄比亚、印度、伊拉克、伊朗、马达加斯加、马里、桑给巴尔、突尼斯、南斯拉夫代表团提出了一项关于赤道几内亚问题的决议草案，要求西班牙政府给以赤道几内亚人民自决权。10月16日，这项决议草案顺利通过。会上，还通过了关于撒哈拉问题的决议，要求西班牙政府在这一地区尽快实行民族自决。但是，西班牙政府对这项决议却采取一种消极和抵制的态度。在此问题上，西班牙政府还另有企图，即把赤道几内亚非殖民化问题同直布罗陀问题联系在一起。当时，西班牙已向联合国提出对直布罗陀的主权要求，遭到英国断然拒绝。西班牙在直布罗陀问题上以赤道几内亚独立换得亚非国家包括苏联和东欧国家的同情和支持。西班牙驻联合国代表表示，如果二十四国委员会在直布罗陀问题上不为西班牙伸张正义，西班牙将重新考虑同该委员会的合作机会。很显然，西班牙的意图是在赤道几内亚非殖民化问题上松动立场，借助二十四国委员会向英国施加压力，在直布罗陀问题占得主动。西班牙代表团还表示，二十四国委员会通过的关于赤道几内亚问题的决议，要求西班牙在那里实行民族自决。这不能影响赤道几内亚的政治进程，因为这一政治进程是由赤道几内亚自治法和西班牙代表多次申明所开启和形成的。赤道几内亚的自治制度是由赤道几内亚人民自由选择的结果。赤道几内亚人民在最近举行的选举中已经充分表达了他们的意愿。他们选出的领导人和政府机构多次表达了他们参加这一政治进程的愿望。几乎所有流亡者都回到赤道几内亚参加了这一进程。

在同年举行的联合国大会上，加纳代表团要求大会把赤道几内亚非殖民化问题列入议事日程进行讨论。加纳代表在发言中对西班牙在赤道几内亚推行的自治政策的民主性表示怀疑。在这种情势下，西班牙政府四处活动，想借助同乌拉圭、委内瑞拉等拉丁美洲国家的传统关系取得它们的同情和支持。

1965年,二十四国委员会未讨论赤道几内亚非殖民化问题。但是,赤道几内亚各政党和组织没有放弃斗争,继续向该委员会提出加速赤道几内亚非殖民化的要求。由于赤道几内亚各政党之间围绕国家自治和非殖民化问题所暴露出的分歧使西班牙感到有机可乘,继续采取拖延战术,迟迟不兑现承诺。博尼法西奥·翁多·埃杜在联合国大会上的发言充当了西班牙殖民者的辩护士。他称,在赤道几内亚充满着一种"新的政治气氛",各政党和组织拥有"行动自由",流亡者被允许回到自己的国家,自治制度保障人民的"自由意愿"。但是,阿塔纳西奥·恩东戈·米约内在发言中却针锋相对,批评西班牙政府在赤道几内亚所炮制的自治制度缺乏民主,自治政府委员会缺乏执政能力,西班牙政府并不想给以赤道几内亚真正的独立。阿塔纳西奥·恩东戈·米约内的发言得到了广泛同情和支持。多数非洲国家代表团明确支持阿塔纳西奥·恩东戈·米约内所阐述的立场。这些国家的代表指出,西班牙执行特别委员会关于赤道几内亚非殖民化的决议情况不能令人满意。加纳和肯尼亚代表甚至把西班牙的这种顽固立场与葡萄牙相提并论。西班牙代表在会上表示,赤道几内亚人民有自决权,实现独立由赤道几内亚人民自己决定,但是,西班牙代表的这种态度并不能说服广大非洲国家。尼日利亚代表在会上表示,来自赤道几内亚的消息是混乱和矛盾的,赤道几内亚各政党之间的分歧导致在国家政治命运抉择重大问题上不能达成一致,甚至走向分裂。加蓬和喀麦隆两个邻国的态度也发生了微妙的变化,甚至对佛朗哥政府所采取的非殖民化政策表示赞赏。由于西班牙坚持顽固立场，加之赤道几内亚各派政治力量纷争，导致独立进程缓慢，非洲大多数国家对赤道几内亚的未来前途表示担忧，认为实现自治后仍缺乏民主，要求西班牙应把给以赤道几内亚独立作为其基本政策。阿根廷、危地马拉、洪都拉斯、智利、哥伦比亚和萨尔瓦多等拉丁美洲国家虽然支持西班牙，但并未背弃反殖民主义立场。

1965年11月24日，联合国第四委员会通过一项决议案，要求西班牙政府明确提出一个从赤道几内亚撤出的时间表。12月16日，联合国大会对这项决议案进行表决，结果以103票赞成，2票弃权获得通过。根据投票结果，大会宣布了关于赤道几内亚非殖民化问题的2067号决议。西班牙对决议案投了弃权票，美国和智利、萨尔瓦多、哥伦比亚、危地马拉等拉丁美洲国家对联合国大会通过的2067号决议表示失望，对决议案未提及西班牙以往为实现赤道几内亚自治所做出的努力表示遗憾，并批评决议案要求西班牙确定赤道几内亚实现独立的时间表。

1966年，二十四国委员会围绕赤道几内亚非殖民化问题采取了更加积极的态度，在阿尔及利亚、埃及等国举行多次会议讨论赤道几内亚独立问题。1966年6月15日，二十四国委员会在埃及首都开罗召开会议。会前，与会领导人接见了赤道几内亚人民思想驻埃及代表丹尼尔·G·姆班德梅索。在会见中，丹尼尔·G·姆班德梅索批评博尼法西奥·翁多·埃杜为首的赤道几内亚自治政府委员会的软弱态度，揭露西班牙当局对赤道几内亚人民思想的迫害，对加纳、加蓬、喀麦隆等非洲国家缺乏合作表示不满，并指责恩克鲁玛倒台后加纳政府关押了十名该党成员。

鉴于赤道几内亚各党派同二十四国委员会的频繁接触,不断揭露西班牙当局的政治骗局,西班牙政府于6月20日宣布邀请二十四国委员会代表团访问和考察赤道几内亚,以了解这个国家的真实情况。西班牙副代表海梅·皮涅斯在阿尔及尔也宣布了这一消息,并称这次考察对了解西班牙外交政策和赤道几内亚的政治现状十分重要,如能取得积极成果,将有可能制止或抵消那些来自国内外旨在反对西班牙外交政策的行为,并为西班牙提供解决在其他地区类似问题的态度和立场。博尼法西奥·翁多·埃杜则表示,赤道几内亚人民主张实现国家独立,但独立前需要一段时间准备。在这一过程中,赤道几内亚需要国际社会提供经济和技术帮助。

联合国和非洲国家对西班牙政府的态度表示欢迎。为了执行联合国大会1514号和2067号决议,调查和了解赤道几内亚真实情况,二十四国委员会决定派出小组委员会前往赤道几内亚展开工作。小组委员会主席由塞拉利昂代表格尔松·B·O·克列尔担任,智利、丹麦、马里、波兰、坦桑尼亚、叙利亚代表为小组委员会成员。1966年8月17日至24日,小组委员会先后访问和考察了马德里、圣伊萨贝尔和巴塔。西班牙副代表海梅·皮涅斯和西班牙外交部非洲司司长加夫列尔·马纽埃科陪同小组委员会访问和视察。小组委员会的这次访问对赤道几内亚全国解放运动、赤道几内亚人民思想和赤道几内亚全国联盟运动等政党和广大民众是一个很大的鼓舞和支持,这些政党的领导人纷纷要求会见小组委员会,向其介绍赤道几内亚政治和社会状况,反映人民的要求和愿望。三个政党领导人还表示努力消除分歧,团结一致，共同实现国家独立这一目标。但是，费尔南多·普地区民族主义政党领导人却在小组委员会到来前夕召开会议并发表声明，要求费尔南多·普同大陆木尼河地区彻底分离，并同西班牙协商就费尔南多·普独立时间达成协议。西班牙政府的初衷是小组委员会通过这次访问，看到赤道几内亚实现自治后政治和社会的变化和进步，赤道几内亚人民对此感到满意。为了掩盖真相，西班牙当局只安排小组委员会同自治政府委员会和行政机构官员们接触。但是，这一安排遭到了小组委员会的抵制和赤道几内亚各党派的坚决反对。格尔松·B·O·克列尔明确表示，小组委员会同赤道几内亚自治政府委员会的会晤和同赤道几内亚各政党和组织的会见同等重要，希望倾听来自各方的声音，了解赤道几内亚社会各界的意见和想法。考察期间，小组委员会通过同各政党和组织的领导人以及社会各阶层人士的接触了解到赤道几内亚人民要求彻底摆脱西班牙殖民统治和早日实现国家独立的愿望非常强烈，同时也看到赤道几内亚各派之间存在政见分歧，特别是各派围绕国家统一这个重大问题存在尖锐分歧和斗争。在大陆木尼河地区，特别是在巴塔和其他大城市，赤道几内亚全国解放运动发动群众上街游行，表达要求实现国家独立的强烈愿望，要统一不要分裂。但是，在费尔南多·普地区情况却截然不同，少数人集结在市政议会大楼前提出费尔南多·普和大陆木尼河地区分离。小组委员会还看到，自治政府委员会不具备驾驭政权的能力，缺乏领导本国人民实现独立的信心。正如赤道几内亚一些政党领导人所说的，这是一个"傀儡政权"，完全听任西班牙政府的摆布。赤道几内亚全国代表大会主席恩里克·戈里·莫鲁贝拉和四名来自费尔南多·普的自治政府委员会部长向小组委员会明确提出分裂主张，要求费尔南多·普独立，单独建立一个国家。布比联盟坚决支持这种分裂主义主张。还有一部分人表示支持联合国关于要求西班牙尽快给以赤道几内亚独立的立场，但另一方面又要求推迟独立的时间，因为赤道几内亚并未做好独立的准备。

小组委员会在马德里会见了西班牙政府官员。总委员会代表向小组委员会表示，赤道几内亚人尚不具备自己管理自己的能力。目前的自治制度，只是赤道几内亚未来实现独立的一个准备阶段。恩里克·戈里·莫鲁贝拉则更加明确地表示，赤道几内亚在政治、经济和文化方面尚不具备独立的条件，甚至提出"采取同其他独立国家联合或并入其他独立国家的方式实现独立"。分裂派的立场遭到多数政党和组织的坚决反对。弗朗西斯科·马西埃·恩圭马、拉斐尔·恩苏埃·恩查马、安东尼奥·坎迪多·恩昂等自治政府委员会成员致函联合国代表团，要求西班牙政府立即确定赤道几内亚独立时间表，举行公民投票，由赤道几内亚人民自由表达他们的政治意愿。博尼法西奥·翁多·埃杜面对这种局面表现得束手无策，表示在西班牙殖民者撤离之前应着重解决国家政治机构所存在的问题。木尼河省议会主席费德里科·恩戈莫·恩南东则明确表示已经到了同西班牙谈判关于赤道几内亚实现独立的时候了，但不应过分刺激西班牙的良好意愿，赤道几内亚实现独立后仍然需要西班牙在经济方面的帮助。他说："我们希望独立，一种是在西班牙保护和帮助下的独立，也就是说得到西班牙经济和军事上的帮助。只有这样，未来的和平和安全才能得到保证。"

代表团在同赤道几内亚全国解放运动和赤道几内亚全国联盟运动领导人接触中，看到这两个政党的观点和立场十分接近。两党都明确提出在国家统一的前提下实现独立，反对分裂主义。赤道几内亚全国解放运动重视发动群众，利用代表团在赤道几内亚访问这一有利时机宣传党的政治主张，争取广大群众的同情和支持。该党领导人同小组委员会先后举行了五次会晤，揭露了西班牙当局的欺骗行径和种族歧视政策，表达了对自治政府委员会工作的不满，要求西班牙政府尽快确定赤道几内亚独立时间表。为此，建议成立一个由赤道几内亚人民自由选举产生的委员会同西班牙政府举行谈判，就实现赤道几内亚独立尽快达成协议。赤道几内亚全国联盟运动改变了以往亲政府的立场。由党主席阿古斯丁·埃涅索·涅涅签署的给小组委员会的报告中称，自治政府委员会没有满足国民的期望和要求。赤道几内亚自治进程的失败主要原因是1963年颁布的自治法留下了许多"空白"和"不足"，从而导致费尔南多·普和大陆木尼河两地区之间的分隔，使一切旨在实行变革的努力成为徒劳。由于缺乏社会基础，从而注定自治政权走向"死点"。由胡斯蒂诺·姆巴·恩苏埃签署的一项声明强调，赤道几内亚全国联盟运动坚持同西班牙保持"热烈的关系"。该党立场的转化，明确要求国家实现独立的主张导致了内部矛盾的尖锐化。该党领导人在会见小组委员会时，赤道几内亚人民思想的两名领导人安东尼诺·埃沃洛·奥巴马和克莱门特·阿特巴·恩索赫在场。这两人曾坚决主张该党同赤道几内亚全国联盟运动联合。此举受到流亡国外的该党总书记赫苏斯·姆巴·奥沃诺的批评。实际上，自赤道几内亚自治以来，赤道几内亚人民思想的影响和力量逐渐削弱，内部派系斗争激烈，已经开始分裂。赫苏斯·姆巴·奥沃诺派主张同赤道几内亚全国解放运动联合，他在给小组委员会的信中表示，赤道几内亚人民思想和赤道几内亚全国解放运动各派都有行动的自由，主张立即召开立宪会议，讨论实现国家独立问题。

面对各党派之间存在的严重分歧，博尼法西奥·翁多·埃杜表现的十分谨慎。他在欢送小组委员会仪式上表示："自治应该结束，接着应就独立问题举行谈判。以赤道几内亚和西班牙双边形式举行谈判。在我今后执政的两年中，争取达成协议。"

通过考察，小组委员会看到赤道几内亚人民有着早日彻底结束西班牙殖民统治，实现独立的强烈愿望。小组委员会在同年10月18日的报告中，强调了赤道几内亚人民的这一要求和愿望。敦促西班牙政府尽快举行有赤道几内亚代表参加的立宪会议，做好向赤道几内亚移交权力的筹备工作，并提出赤道几内亚必须在1968年7月以前实现独立。小组委员会对尚在执政的赤道几内亚自治政府委员会的合法性提出质疑，并指出赤道几内亚的政治和经济形势存在许多不良因素。

1966年10月31日至11月4日，非洲统一组织在亚的斯亚贝巴举行部长会议，专门讨论了西班牙在赤道几内亚的殖民统治问题，并通过了关于西班牙在海外领土问题的决议，表明坚决支持一切旨在实现非殖民化的努力和斗争，要求西班牙立即承认撒哈拉地区，实现赤道几内亚独立。此前，摩洛哥在联大就撒哈拉问题施加压力，在一定程度上推动了非洲统一组织通过这项决议。

一个月以后，二十四国委员会开始讨论小组委员会起草的关于赤道几内亚问题的报告。西班牙和喀麦隆派代表参加这次讨论。西班牙代表在会上对小组委员会所作出的结论表示不满和失望，不接受小组委员会提出的关于西班牙立即确定赤道几内亚独立时间的要求。但是，二十四国委员会没有接受西班牙代表的意见，于1966年11月18日向联合国第四委员会递交了这份报告。接着，坦桑尼亚、马里、喀麦隆、上沃尔特、刚果民主主义共和国、象牙海岸、丹麦、加纳、印度尼西亚、摩洛哥作为提案国向联合国大会提交了决议草案，并获得通过。12月10日，海梅·皮涅斯代表西班牙政府向联合国第四委员会提出，西班牙政府决定于1967年初召开立宪会议，以满足赤道几内亚人民的愿望。在国际社会特别是非洲统一组织的敦促下，西班牙政府开始认真考虑从赤道几内亚撤出的问题。12月20日，联合国大会通过了第二个关于赤道几内亚非殖民化的2230号决议。决议宣布召开立宪会议，要求赤道几内亚自治政府委员会确定会议召开的时间，并强调赤道几内亚将以一个"唯一的整体"实现独立。这项决议以109票赞成，9票弃权获得通过。其中，西班牙投了弃权票，表示不能同意要求西班牙确定实现赤道几内亚独立的时间。

在赤道几内亚民族主义者的共同努力和国际社会的支持下，赤道几内亚实现独立终于指日可待。联合国大会通过的2230号决议的消息很快传遍赤道几内亚。令人深思的是，这个令人振奋的消息不是来自西班牙和通过自治政府委员会，而是通过联合国传到赤道几内亚的。

第十章 走向独立

第一节 第一次立宪会议

1966年11月16日，佛朗哥在他的官邸普拉多宫召集了一次内阁会议，副总理阿古斯丁·穆尼奥斯·格兰德、外交部长费尔南多·玛丽亚·卡斯铁利亚、总理府部长路易斯·卡雷罗·布兰科以及商业部长、司法部长、海军部长、空军部长、工业部长等出席了会议。这次会议基本采纳了外交部的意见，认为赤道几内亚非殖民化进程是大势所趋，无法拖延和阻挡。西班牙面对这一形势必须执行联合国大会的有关决议，筹备立宪会议。尽管政府内部有两种不同意见，特别是一部分内阁成员主张西班牙不应从赤道几内亚撤走，继续维系殖民主义统治。但是，经过激烈争论，会议最后决定在1967年前几个月举行立宪会议。12月10日，西班牙代表海梅·皮涅斯向联合国第四委员会表示，西班牙政府愿意在1967年前几个月举行立宪会议，并保证赤道几内亚各方代表出席这次会议。12月22日，西班牙政府成立了专门委员会负责立宪会议的筹备工作。

这一消息宣布后，赤道几内亚政党和组织立即行动起来。赤道几内亚全国解放运动总书记阿塔纳西奥·恩东戈·米约内从阿尔及尔回到圣伊萨贝尔。此前，他访问了马德里，同西班牙政府官员举行了会晤。阿塔纳西奥·恩东戈·米约内回国后，立即同总委员会代表和自治政府委员会举行会晤，并着手对赤道几内亚全国解放运动进行改组。各界普遍认为阿塔纳西奥·恩东戈·米约内是赤道几内亚未来的一位举足轻重政治家，开始关注他的言论和行动。不过，他离开阿尔及利亚后直接来到圣伊萨贝尔开始其在国内的政治活动，引起了党内部分人的不满，也使他失掉了一部分民众的支持。

"分裂派"和"官方派"对联合国2230号决议和西班牙同意举行立宪会议的决定表示失望。全国代表大会主席恩里克·戈里·莫鲁贝拉公开批评联合国小组委员会的决定，并称联合国小组委员会的态度在赤道几内亚民众中制造了思想混乱，考察期间没有同赤道几内亚全国代表大会代表进行充分的接触和听取他们的意见。这次访问的结果造成了赤道几内亚政治生活的动荡不安。

费尔南多·普地区反应尤其强烈。布比族中的分裂主义者成立了以埃德蒙多·博西奥·迪奥克为首的布比联盟，以及由来自利比里亚、塞拉利昂和加纳的外国移民组成的费尔南多民主联盟，恩多维联盟等打算在大陆海岸一带独立。但是，这些分裂主义组织的力量和影响很小，赤道几内亚大多数民众支持各民族团结和国家统一，要求建立一个真正独立和统一的国家。

1966年11月23日，博尼法西奥·翁多·埃杜前往马德里。西班牙国家元首佛朗哥和外交部长费尔南多·玛丽亚·卡斯铁利亚分别会见了他。博尼法西奥·翁多·埃杜向他们表示，双方应立即开始谈判，结束赤道几内亚的殖民状态。与此同时,他向西班牙政府表达了两个担心,一是在赤道几内亚非殖民化的过程中,自治政府委员会应担任何种角色;二是在自治政府委员会内部围绕费尔南多·普地区问题存在严重分歧。来自费尔南多·普地区的四名部长要求该地区同大陆木尼河地区彻底分离,并以此作为实现独立的先决条件。但是,来自大陆地区的部长要求立即开始同西班牙谈判,在国家统一的前提下实现国家独立,不同意费尔南多·普地区脱离大陆地区,单独成立一个国家。

博尼法西奥·翁多·埃杜离开马德里后,前往罗马同教皇保罗六世举行了会晤。

1966年9月9日,费尔南多·普省议会主席恩里克·戈里·莫鲁贝拉召开会议,讨论立宪会议问题。他在会上提出经济和行政管理同大陆木尼河地区分离的提案,并获得通过。12月13日,四名来自木尼河地区的自治政府委员会成员提出一个方案,要求同西班牙政府立即就赤道几内亚独立问题举行立宪会议谈判,此前不作任何承诺。

1967年年初,赤道几内亚代表同西班牙政府进行了多次正式和非正式接触。由于赤道几内亚各派围绕立宪会议所讨论的内容和费尔南多·普问题分歧严重,谈判没有取得任何进展。同年2月,西班牙政府邀请反对派代表帕斯特尔·托拉奥、斯卡拉、阿塔纳西奥·恩东戈、米约内、阿古斯丁·丹尼尔、格兰赫访问马德里。期间,西班牙政府副总理阿古斯丁·穆尼奥斯·格兰德、外交部长费尔南多·玛丽亚·卡斯铁利亚、总理府部长路易斯·卡雷罗·布兰科、新闻旅游部长曼努埃尔·弗拉加·伊里瓦内分别会见了赤道几内亚代表团。赤道几内亚代表团递交了一封给佛朗哥的信,提出不不仅赤道几内亚自治政府委员会有资格参加即将举行的立宪会议，赤道几内亚各政党都有权参加。信中强调，赤道几内亚实现独立并不意味同西班牙断绝联系。

同年2月22日至3月15日，由轮任主席恩里克·戈里·莫鲁贝拉和副主席费德里科·恩戈莫·恩南东率领的赤道几内亚全国代表大会常务委员会代表团访问西班牙。在同西班牙政府官员的多次会晤中再一次暴露出两派围绕国家统一问题所存在的严重分歧。恩里克·戈里·莫鲁贝拉、议员马科斯·罗波·乌里向西班牙政府提出了费尔南多·普同大陆木尼河地区分离的主张，并坚持非殖民化进程应在修改现行的自治章程基础上进行，而费德里科·恩戈莫·恩南东、议员米格尔·埃德夯·恩沃诺、安东尼奥·恩冬戈·恩贡加等人坚持维护国家统一的立场，反对岛屿和大陆两地区分而治之。3月10日，两派经过协商在马德里达成一致，同意成立特别委员会，研究和修改现行自治章程，充分考虑各方利益，为实现国家独立做好准备。3月28日，特别委员会在巴塔召开第一次会议。这次会议决定，特别委员会由自治政府委员会2名部长、木尼河省议会3名议员和费尔南多·普省议会3名议员组成。古斯塔沃·瓦特松·布埃克担任委员会主席。4月3日，特别委员会发表告全国人民书，欢迎各界人士就国家未来政治前途、实现独立问题提出建议。期间，除了赤道几内亚全国民族解放运动、赤道几内亚全国联盟运动、赤道几内亚人民思想等政党外，特别委员会还听取了费尔南多民主联盟、赤道几内亚劳动者总同盟、商会和群众代表的意见。这实际上是一次民意测验，结果表明大陆木尼河地区广大群众主张在岛屿和大陆两地区统一的基础上实现国家独立,而费尔南多·普地区多数人主张同大陆木尼河地区分离。

面对赤道几内亚局势的变化,西班牙政府于1966年12月22日成立了部联席委员会,研究和制定赤道几内亚有关政策。1967年6月27日,西班牙政府通过了部联席委员会报告。这份报告的主要内容是:第一,解决赤道几内亚问题的最终方式可能是实现独立;第二,实现独立面临的三个问题,即未来政权的代表性,费尔南多·普地区的分裂主义,对这一地区土著居民的各种歧视。赤道几内亚内部的复杂局势和来自外部的压力可能给西班牙造成的各种困难;第三,西班牙在赤道几内亚没有军事利益,但是西班牙对赤道几内亚具有道义上的责任;第四,在经济上,赤道几内亚是西班牙的一个"负担"。对西班牙来讲,除了有石油勘探权外,在赤道几内亚不存在需要维护的经济利益。一些西班牙人在赤道几内亚有自己的私人利益和商业活动,不管赤道几内亚未来的政治前景如何,他们的利益都应得到保护;第五,西班牙同赤道几内亚之间存在达成技术帮助协议的基础。为此,西班牙应做好这方面的准备。

西班牙政府虽然作出了赤道几内亚实现独立的决定,但仍千方百计地维护在这块殖民地所存在的经济利益。当时,在费尔南多·普有大量的尼日利亚劳工,还有约一万多名西班牙人。赤道几内亚独立后,这些西班牙人的利益是否能得到保护,是西班牙政府所担心的。报告认为,加蓬、喀麦隆、尼日利亚对赤道几内亚抱有不同程度的领土欲望。赤道几内亚独立后缺乏执政经验,在经济上仍然要依靠宗主国的帮助。一旦赤道几内亚实现独立,同西班牙的关系将发生变化。总之，西班牙政府仍然不甘心丢掉在非洲唯一的一块殖民地，打算在赤道几内亚独立后，继续控制其军队和税收。但是，对西班牙至关重要的是保留几内亚湾的石油勘探权。当时，已经有三家西班牙石油公司在几内亚湾开始了石油勘探作业，但未取得任何成果。

1967年1月19日和4月11日，联合国秘书长分别致函西班牙驻联合国代表团，要求西班牙政府就立宪会议的筹备情况和国际组织派员巡视和监督即将举行的选举作出答复。对此，4月18日，西班牙代表团表示，立宪会议很快就会举行，一旦准备工作结束，立即征求民意，并规划符合赤道几内亚人民愿望的政治模式和确定实现这一目标的时间。西班牙政府将随时向联合国通报有关情况。鉴于西班牙政府对非殖民化进程蓄意拖延，不明确时间表，赤道几内亚全国代表大会再次派出代表团前往联合国二十四国委员会，向其通报赤道几内亚的局势。但是，代表团到达马德里后的行程被临时取消，原因是赤道几内亚全国解放运动的两名代表萨图尼诺·伊邦戈和拉斐尔·埃韦塔已经参加联合国二十四国委员会的讨论。在这次会上，两位代表批评西班牙政府和赤道几内亚自治政府委员会对非殖民化进程的拖延态度。萨图尼诺·伊邦戈在发言中指出，赤道几内亚自治政府委员会部分成员和全国代表大会部分代表企图继续维系现有的自治体制，支持费尔南多·普分裂，西班牙政府对此有不可推卸的责任。他们表示，赤道几内亚全国解放运动虽然同意举行立宪会议，但不会同意和接受任何旨在阻挠国家实现彻底独立的举动和计划。他们还要求联合国派出观察员参加立宪会议。会上，西班牙代表仍然未能提出举行立宪会议的时间,并强调赤道几内亚方面应该为举行立宪会议做大量工作。联合国二十四国委员会批评了西班牙的拖延态度,要求尽快确定举行立宪会议和从赤道几内亚撤出的时间。9月12日,联合国二十四国委员会通过了关于加速赤道几内亚非殖民化进程的决议,对未能按期举行立宪会议表示遗憾,并要求赤道几内亚的独立进程最迟不能晚于1968年7月之前。9月15日,西班牙政府迫于压力宣布立宪会议将于10月30日举行,并将此决定通知了联合国秘书长。此时,赤道几内亚全国代表大会正在召开会议,讨论和通过关于特别委员提出的民意测验结果。大会立即对西班牙政府宣布的这一决定作出反应,对关系到赤道几内亚未来政治前途重大问题,西班牙事先不同赤道几内亚自治政府协商而单方面做出决定表示不满。与此同时,赤道几内亚各界对举行立宪会议表示欢迎。博尼法西奥·翁多·埃杜和弗朗西斯科·马西埃·恩圭马都表示寄希望于国家很快实现独立,并同宗主国继续保持"紧密联系"。

面对即将举行的立宪会议,赤道几内亚各政党努力消除分歧,协商一致,为参加立宪会议,共同应对宗主国做准备。为此,三大党在巴塔举行会议,决定成立联合秘书处,协调参加在马德里举行的立宪会议有关立场和对策。赤道几内亚人民思想领导人克莱门特·阿特巴·恩索赫、赤道几内亚全国联盟运动领导人胡斯蒂诺·姆巴·恩苏埃和赤道几内亚全国解放运动领导人阿塔纳西奥·恩东戈·米约内为秘书处成员。

1967年10月,为争取非洲国家的支持,博尼法西奥·翁多·埃杜在木尼河省省长西蒙·恩戈莫的陪同下访问喀麦隆。阿赫杜·阿希乔总统表示，喀麦隆政府尊重赤道几内亚的自治和独立进程。

立宪会议召开前夕，赤道几内亚三大党面临的重要问题是代表团的代表性问题，即确定哪些人，以何种名义参加立宪会议。首先，排除了自治政府委员会为唯一代表参加立宪会议的可能性。此外，西班牙政府和联合国二十四国委员会也不会同意通过投票选举产生出席会议的代表，基本意见是邀请赤道几内亚各党派代表和自治政府委员会代表出席会议。10月19日，赤道几内亚全国代表大会举行特别会议，讨论和确定出席立宪会议代表团名单。最后，会议通过了赤道几内亚代表团名单，代表团具有广泛的代表性，政府和全国代表大会以及各党派均派出代表参加。全国代表大会代表有主席费德里科·恩戈莫·恩南东、副主席恩里克·格里·莫鲁贝拉，木尼河地区议员安东尼奥·恩冬戈·恩贡加和米格尔·埃德夯·恩沃诺，费尔南多·普地区议员费尔南多·费尔南德斯·埃切戈因和马科斯·罗波·乌里；自治政府委员会代表有主席博尼法西奥·翁多·埃杜、副主席弗朗西斯科·马西埃·恩圭马、教育部长安东尼奥·坎迪多·恩昂、卫生部长古斯塔沃·瓦特松·布埃克、新闻旅游部长路易斯·马奥·西卡查、财政部长阿古斯丁·埃涅索·涅涅，顾问阿尔弗雷多·霍内斯·尼赫尔和安德烈斯·莫伊塞斯·马巴·阿达，赤道几内亚人民思想代表克莱门特·阿特巴·恩索赫、安东尼奥·埃沃洛、奥巴马、马丁·埃沃·恩圭马、霍维诺·埃杜·姆布伊，赤道几内亚全国解放运动代表帕斯特尔·托拉奥·斯卡拉、阿塔纳西奥·恩东戈·米约内、托马斯·A·金，赤道几内亚全国联盟运动代表弗朗西斯科·

萨洛梅·霍内斯、胡斯蒂诺·姆巴·恩苏埃、埃斯特班·恩苏埃·恩戈莫、埃斯塔尼斯劳·库瓦·马韦拉,布比联盟代表马里亚诺·加内尔、特奥费洛·比埃维达、加斯帕尔·科拉比亚特、弗朗西斯科·多甘·门多;民主联盟代表维尔瓦尔多·霍内斯·尼赫尔、卡洛斯·卡夫雷拉·海梅、曼努埃尔·纳西缅托、曼努埃尔·莫尔加德斯·贝萨利。会议围绕代表团人员组成问题,特别是各民族的代表资格问题曾产生很大分歧和争执。赤道几内亚全国解放运动、赤道几内亚人民思想和赤道几内亚全国联盟运动等主要政党认为,代表团组成应体现全国人民的意志,其广泛代表性固然重要,那些坚持国家分裂的人不应参加立宪会议。可是,这些大党的主张遭到一些小党的反对。最后,三大党做出让步,同意安诺本、科里斯科、恩多维人和费尔南多人都派出代表。

但是,这样一个庞大的代表团,成分复杂、政治主张不同、围绕国家统一问题持不同立场,如何加强团结、协调立场、共同捍卫民族利益、实现国家统一、成为代表团面临的一次历史性的考验。

由埃德蒙多·博西奥·迪奥克领导的布比联盟坚持费尔南多·普从赤道几内亚分裂出去。民主联盟则坚持在国家统一和分裂两种主张中选择一条所谓的"中间"道路。实际上也是坚持费尔南多·普独立。

西班牙政府也十分重视这次立宪会议,派出了以外交部长费尔南多·玛丽亚·卡斯铁利亚为团长,外交部副部长拉蒙·塞多·戈麦斯为副团长的25人代表团,其中包括总理府非洲省和地方事务局局长何塞·迪亚斯·比列加斯、外交部非洲和阿拉伯事务司司长加夫列尔·马纽埃克、司法部长马塞利诺·卡瓦纳斯、工业部长鲁道夫·马丁·比利亚。此外，陆军部、海军部、空军部、内务部、工业部、商业部、新闻旅游部、发展规划部、总参谋部均派出高官出席。

这次立宪会议所达到的目的是，实现赤道几内亚独立，西班牙政府向赤道几内亚新政府移交权力。

赤道几内亚代表团大部分成员认为会议首先应确定赤道几内亚实现独立的时间。10月28日，赤道几内亚代表团经过协商达成协议，集体签署一份文件，重申支持赤道几内亚独立，反对国家分裂。要求在1968年7月15日以前实现赤道几内亚独立，成立临时政府，西班牙开始向其移交权力。这个协议对坚持分裂主义立场的少数代表是一个打击。这些代表提出，根据费尔南多·普地区人民的愿望，应在费尔南多·普和大陆木尼河地区分别实行民族自决。

1967年10月30日，立宪会议在马德里召开。西班牙外交部长费尔南多·玛丽亚·卡斯铁利亚对这次会议的目的做了十分抽象的表述。他称，西班牙政府召集赤道几内亚自治政府委员会代表和赤道几内亚社会各阶层代表参加这次具有广泛基础的立宪会议，毫无疑问将有助于认清赤道几内亚的政治局势，了解全体赤道几内亚人的愿望，确立未来的新支点。但是，我们的任务不仅仅限于了解情况，因为我们要开始一个严肃、现实和有抱负的对话，审视代表赤道几内亚人民愿望的各方意见，协调和统一来自各方的观点，寻求一个使大家都感到满意的解决。一旦各方代表达成一致意见，将由赤道几内亚人进行投票表决。显然，费尔南多·玛丽亚·卡斯铁利亚的这番讲话已经为这次会议定了调子，代表们只是在会上阐述各自的观点和意见。在第二次全会上，大会秘书长、西班牙外交部副部长拉蒙·塞多·戈麦斯在发言中表示，通过这次会议把赤道几内亚的未来交到赤道几内亚人民手中。会议将给以最大可能的广泛性，使其成为赤道几内亚各方代表同西班牙对话和沟通的渠道。拉蒙·塞多·戈麦斯的讲话再次表明西班牙政府对赤道几内亚实现非殖民化进程的拖延态度。费尔南多·玛丽亚·卡斯铁利亚和拉蒙·塞多·戈麦斯的讲话使与会的赤道几内亚代表们大失所望，他们要求西班牙方面明确这次会议所达到的目的，遵守联合国通过的关于赤道几内亚非殖民化的一系列决议。第二天，大会秘书处不得不对大会安排作出修改。西班牙政府提出成立政治、经济、司法和行政管理四个委员会开展工作。但是，赤道几内亚代表团担心力量被分散，坚持只成立一个政治委员会。最后，西班牙政府接受了赤道几内亚代表团的意见。

会上，赤道几内亚代表团各党派、地区、少数民族代表分别发言，阐述各自立场。表面上看，西班牙政府给他们充分表达意见的自由，但实际上有意暴露赤道几内亚代表团内部分歧，把大会引入偏离双方共同设置的议题，即确定实现赤道几内亚独立的步骤和时间。在联合国关于这次立宪会议的情况报告中指出，"佛朗哥专制政治文化使这次立宪会议无法进行民主谈判。"事实上，赤道几内亚代表团在长达 15 天的讨论会上，各方代表的发言都围绕国家统一和分裂问题陷入无休止的争论，这恰恰是西班牙方面想看到的。布比联盟领导人埃德蒙多·博西奥·迪奥克公开提出分裂国家的主张，声称木尼河省与费尔南多·普省相隔 200 多海里，不存在共同点，只是在殖民主义者统治下两省才合并在一起。因此，费尔南多·普省不能与木尼河省建立同一个国家。分裂派不仅在辩论会上阐明分裂主义立场，而且向大会秘书处递交了一份正式文件，进一步阐述他们的分裂主义主张。但是，埃德蒙多·博西奥·迪奥克的这一立场仅得到费尔南多·普省议会主席恩里克·戈里·莫鲁贝拉、布比联盟领导人加斯帕尔·科拉比亚特等少数人的支持。

赤道几内亚全国解放运动、赤道几内亚全国联盟运动和赤道几内亚人民思想等代表在发言中坚决捍卫国家统一，强烈批评布比联盟为代表的分裂主义，指出分裂派"政治上自私自利"，是"西班牙资产阶级利益的帮工"。上述三个党的主要领导人和成员来自大陆和最大民族——芳族。他们主张国家实现独立和统一，担心布比联盟的分裂主张一旦得逞，国家将失去经济最发达的一块地区。民主联盟则再次提出"第三条道路"，主张独立后的赤道几内亚建立联邦制。赤道几内亚代表团内部争执不休，导致这次会议未能认真讨论关于赤道几内亚非殖民化具体日程。这正是西班牙方面所希望看到的结果。

在这次会上还出现了一个插曲，赤道几内亚全国解放运动领导人阿塔纳西奥·恩东戈·米约内在发言中突然对弗朗西斯科·马西埃·恩圭马进行抨击，称弗朗西斯科·马西埃·恩圭马没有资格代表赤道几内亚全国解放运动，因此不能参加该组织的任何工作。他也不能代表该组织参加立宪会议，而只能以赤道几内亚自治政府委员会副主席的身份在会上发言。阿塔纳西奥·恩东戈·米约内的发言导致两人的关系紧张，矛盾加深。

由于赤道几内亚代表团内部分歧严重，面对西班牙方面设置的种种障碍,不能一致对外。经过激烈的争论,仍然不能达成共识。这暴露了赤道几内亚民族运动的领袖们在政治上尚不成熟。

赤道几内亚全国解放运动领导人帕斯特尔·托拉奥·斯卡拉表示,芳族人口虽然占多数,但对其他民族并不构成任何威胁。相反,六万名外来移民在费尔南多·普岛是对布比人的真正威胁。费尔南多少数派领袖弗朗西斯科·萨洛梅·霍内斯也明确表示反对国家分裂,并揭露白人资本家采取各种威胁手段阻止和破坏赤道几内亚独立进程。恩多维族代表也表示反对国家分裂,强调芳族人能与其他少数民族和睦共存,在发展国家经济中芳族人都做出了突出的贡献。科里斯科少数代表表示,对芳族人的敌意是不公正和可笑的。安诺本代表表示,芳族人是国家经济发展和安全的保证,不应对芳族人存在偏见。

拉蒙·塞多·戈麦斯在11月18日举行的辩论会上重申,西班牙政府自征得赤道几内亚人民意愿后力争给以赤道几内亚民族自决。为此,将采取一切适宜和切实的办法去了解赤道几内亚人民的政治意愿。他强调,这次立宪会议不是为了成立代表大会,如果是这样,出席这次会议的代表就可以通过投票表决赤道几内亚的政治前途。

对于赤道几内亚迟迟不能实现独立,联合国继续向西班牙政府施加压力,要求其加速赤道几内亚非殖民化进程,早日实现赤道几内亚独立。为此,应尽快起草赤道几内亚选举法、宪法,确定权力交接日程和形式。

第二节 来自联合国的压力

第一次立宪会议虽然未取得积极成果，但赤道几内亚主张统一派并没有气馁，为国家早日实现独立继续寻求国际上的支持。参加马德里立宪会议的赤道几内亚代表团部分成员致函联合国，向其通报会议情况。在联合国第四委员会会议上，阿塔纳西奥·恩东戈·米约内、弗朗西斯科·马西埃·恩圭马、弗朗西斯科·萨洛梅、霍内斯、安东尼诺·埃沃洛·奥巴马、萨图尼诺·伊邦戈等人在会上揭露西班牙当局破坏会议的各种手段，企图保留现有的自治政府，维系在赤道几内亚的殖民统治。要求早日确定赤道几内亚独立时间，成立临时政府，西班牙政府向临时政府移交权力。他们还要求国际观察员出席下次立宪会议。

与此同时，分裂派却同西班牙当局频繁接触，他们知道分裂主张不会得到联合国的明确支持，所以没有派代表前往联合国活动。

在统一派的积极努力下，联合国于 1967 年 12 月 19 日通过了 2355 号决议，要求西班牙政府重新召集立宪会议，就赤道几内亚独立时间同赤道几内亚代表团协商，尽快达成协议。决议还十分明确地表示支持赤道几内亚的统一，建立民主制度，维持宗主国时期所确定的边界现状，通过民主方式选举自己的政府，然后进行权力移交，下次立宪会议双方应围绕上述目标进行讨论。在国际社会的压力下，西班牙代表团对 2355 号决议投了赞成票。

1968 年年初，西班牙政府开始筹备赤道几内亚自治政府委员会改选，这说明西班牙政府对赤道几内亚彻底实现独立仍未下定最后决心。赤道几内亚各党派立即作出强烈反应，在国内和联合国掀起了一个反对选举运动，号召国民抵制这次投票选举。三大政党指出，西班牙一方面提出举行自治政府委员会改组选举，同时又声称再次举行立宪会议，这种自相矛盾的做法说明对实现赤道几内亚非殖民化缺乏诚意。自治政府委员会副主席弗朗西斯科·马西埃·恩圭马表示，现自治政府委员会软弱无能，在人民群众中没有威信。但是，自治政府委员会主席博尼法西奥·翁多·埃杜却表示赞同举行政府改组选举。与此同时，联合国特别委员会批评西班牙政府不兑现承诺。在赤道几内亚各政党的抵制和国际社会的压力下，西班牙政府不得不于1968年2月17日宣布取消举行自治政府改组选举的决定，同意重启立宪会议筹备工作，在赤道几内亚实现独立后再举行全民选举，成立新政府。1968年3月20日，西班牙驻联合国代表海梅·皮涅斯致函联合国秘书长和二十四国委员会称，西班牙政府随时注意到赤道几内亚人民对未来的愿望，并召开了立宪会议。会议期间所收集的各方意见表明，赤道几内亚人民希望实现独立。另外，联合国的各项有关决议，特别是通过的2355号决议基本符合西班牙政府有关政策的指导原则。在这种情况下，西班牙政府同意考虑在立宪会议上所表达的意见，由赤道几内亚人民通过选举协商做出自己的选择。

与此同时，联合国二十四国委员会围绕赤道几内亚非殖民化问题多次举行会议，其中讨论的一个核心问题是西班牙代表提出的公民投票的性质。会上，坦桑尼亚、马里、苏联等国家的代表驳斥了西班牙代表提出的建议。他们指出，对于赤道几内亚人民要求实现国家独立的意愿毋庸置疑，无须举行公民投票，民族自决适用于世界所有殖民地国家的基本原则。在这个问题上包括洪都拉斯等持温和立场的国家也都表示赞同。参加联合国二十四国委员会会议的赤道几内亚代表的立场更加坚定，要求西班牙政府不再故意拖延赤道几内亚的独立进程，尽快提出一个具体时间。萨图尼诺·伊邦戈表示，不能接受西班牙提出的通过公民投票来选择是否实现国家独立，赤道几内亚人民有实现国家独立的强烈愿望，他们已经选择了民族自决的这条道路，无须通过公民投票来证明这一点。现在尚不确定的是通过何种途径进行权力移交。西班牙政府应该同赤道几内亚全国解放运动、赤道几内亚全国联盟运动和赤道几内亚人民思想等三大政党代表参加的临时政府移交权力，然后举行全国选举并成立议会。

西班牙代表海梅·皮涅斯在会上表示，西班牙政府无意就赤道几内亚独立问题举行公民投票，仍然坚持召开立宪会议，起草赤道几内亚宪法，规划和建立国家政治机构，确定赤道几内亚独立后同西班牙未来关系模式。在联合国的监督下，举行公民投票，通过新宪法，并根据新宪法和选举法举行民主选举，产生一个民主政府，西班牙向其移交权力。

会上，英国代表团的立场微妙，对西班牙在联合国二十四国委员会所受到的"特殊照顾"表示不快。由于英国同西班牙围绕直布罗陀主权归属问题多有争执，故在赤道几内亚独立问题上为西班牙制造麻烦。英国代表对参加立宪会议的赤道几内亚代表团的代表性提出质疑，甚至认为大多数代表是西班牙方面挑选的。赤道几内亚迟迟不能实现独立，是西班牙政府阻挠的结果。

赤道几内亚代表团在会上再次要求联合国派观察员监督赤道几内亚非殖民化全过程。但是，联合国二十四国委员会坚持认为，只有西班牙考虑这一要求时，才能做出这样的决定。而西班牙政府的态度是，只有在举行立宪会议，并举行公民投票后，才能邀请联合国观察员赴赤道几内亚工作。

赤道几内亚代表团谴责西班牙当局为赤道几内亚实现独立继续设置障碍，指出西班牙有两个"行为准则"：一方面千方百计地拖延和阻挠赤道几内亚的非殖民化，另一方面用花言巧语在联合国为自己的"破坏行为"进行辩护。有的代表还指出，西班牙统治着赤道几内亚的政治和经济生活，从不隐瞒他们把费尔南多·普变成第二个南罗德西亚的企图。西班牙总理府海外省和地方事务局操纵着这一切。该机构刚刚在马德里宣布，赤道几内亚人民愿意成为西班牙的伙伴，费尔南多·普由于民族和文化方面的原因，应该从赤道几内亚分离。

西班牙代表海梅·皮涅斯在会上竭力为西班牙政府的立场进行辩护。1968年3月8日，海梅·皮涅斯宣布西班牙政府决定于4月17日举行第二次立宪会议。与此同时，西班牙新闻旅游部长曼努埃尔·弗拉加·伊里瓦内代表西班牙政府也宣布了这一决定。尽管如此，联合国二十四国委员会仍然通过了一项决议，对西班牙迄今未能兑现和执行联合国2355号决议表示遗憾，重申联合国主张的关于实现赤道几内亚民族自决的立场。

第三节 第二次立宪会议

1968年4月17日，西班牙政府宣布立宪会议复会。但是，关于第二次立宪会议的情况不向外界透露，这引起了赤道几内亚代表团的强烈不满，并向联合国提出了控诉。

在这次会议上，赤道几内亚代表团内部仍然存在不同意见，统一派和分裂派之间的斗争十分激烈。赤道几内亚人民思想提出了激进主张，要求赤道几内亚实现完全的、无条件的独立。赤道几内亚独立后同西班牙在完全平等的基础上保持友好关系。这种无条件的独立，显然不能被西班牙政府当局所接受。赤道几内亚全国解放运动的立场比较温和，讲究策略，主张在西班牙承认赤道几内亚完全独立的前提下，允许西班牙在赤道几内亚利益继续存在。赤道几内亚的独立可以分阶段实现。首先成立一个临时政府，取代现存的自治政府委员会，为国家的彻底独立做好准备。但是，赤道几内亚全国解放运动的这一主张被批评为保守主义。赤道几内亚全国联盟运动则提出了右的主张，即实现一种所谓"联合独立"。赤道几内亚独立后，西班牙部分官员继续在赤道几内亚政府部门担任部长和其他行政职务，帮助赤道几内亚管理国家。实际上，这些人暗中得到西班牙殖民者的资助，成为殖民者的代言人。第四种是主张国家分裂，特别是布比族中的一些人明确提出推迟独立进程，理由是目前国家还不具备自己管理自己的能力。分裂派尤其担心赤道几内亚独立后，费尔南多·普可能成为大陆木尼河地区的"殖民地"，甚至公开提出费尔南多·普居民希望成为"西班牙人"。恩里克·戈里·莫鲁贝拉在西班牙《雅报》刊登了一篇文章,公开表示赞同费尔南多·普地区单独实现民族自决。随着形势的发展,在赤道几内亚各派政治力量中逐渐出现了维护国家全民族利益、地区利益、狭隘的民族利益,甚至与个人利益交织在一起的错综复杂的局面。正是这种复杂的政治背景,为赤道几内亚独立后出现的11年独裁埋下了祸根。

实际上,在长达近十年的民族独立解放运动中,赤道几内亚人民始终没有找到一位真正能扛起民族独立大旗,担当起国家发展历史重任的政治家。

当时,赤道几内亚民族解放运动领导人又分为流亡派和国内派。前者指长期流亡加蓬、喀麦隆等非洲其他国家从事进步运动的政党、组织和个人;后者指长期在国内坚持独立解放斗争的政党和组织。这两派之间不仅在观点和立场上不同,而且互不信任,相互猜忌。流亡派甚至同外国政府达成协议,允诺赤道几内亚独立后同其成立联邦政府。国内派中的一些人则出自个人权力和金钱的欲望,为了过上舒适的生活,同殖民主义者的利益捆绑在一起,成为独立解放运动的阻力。

知识分子、商人和农业者中的有识之士则坚决反对派系斗争,主张各派团结起来,共同努力为实现国家独立和解放而斗争,但这部分人力量较小,影响不了大局。

随着立宪会议复会,国际社会开始关注赤道几内亚独立后新政府领导人的人选问题。

当时,呼声最高的是阿塔纳西奥·恩东戈·米约内。西班牙外交部长费尔南多·玛丽亚·卡斯铁利亚也倾向于阿塔纳西奥·恩东戈·米约内出任赤道几内亚新政府首脑。阿塔纳西奥·恩东戈·米约内的追随者帕斯特尔·托拉奥·斯卡拉、阿尔弗雷多·托马斯·金、萨图尼诺·伊邦戈等人均参加了第二次立宪会议。在西班牙政府看来，这批人是温和派的代表，将会成为在赤道几内亚独立后西班牙利益的维护者。但是，阿塔纳西奥·恩东戈·米约内却失去了国内的支持，赤道几内亚全国解放运动解除了他的木尼河地区总书记职务，这使他的个人威望大大降低。

西班牙在拉拢阿塔纳西奥·恩东戈·米约内的同时，又企图继续利用徒有虚名的自治政府委员会主席博尼法西奥·翁多·埃杜的影响，把第二次立宪会议纳入既定的轨道，最大限度地维护宗主国的政治和经济利益。博尼法西奥·翁多·埃杜从马德里回国后，在费尔南多·普和大陆木尼河地区到处游说，一方面表示国家一定要实现独立和统一，另一方面要求赤道几内亚人民支持自治政府委员会的工作。他特别强调，独立并不能给大家带来财富的分配，如果大家希望国家实现真正的解放，那就应以良好的愿望，在统一与和平的环境中巩固国家的独立。他还要求大家发挥自己的才智，努力实现共同理想、国家繁荣和进步，只有这样，国家的独立才能永久。

法国政府出于政治和未来经济利益的考虑，对赤道几内亚的局势开始关注，并积极寻找自己的代理人。弗朗西斯科·马西埃·恩圭马博得法国的好感。联合秘书处在第一次立宪会议中未能发挥太大的作用，尤其是阿塔纳西奥·恩东戈·米约内和博尼法西奥·翁多·埃杜退出后，联合秘书处实际上名存实亡。在第二次立宪会议期间，联合秘书处在弗朗西斯科·马西埃·恩圭马的领导下表现的十分活跃。但是，联合秘书处的性质一直含糊不清，有时作为协调各个政党和组织行动的一个平台出现，有时又作为一个独立的政党出现。此时，弗朗西斯科·马西埃·恩圭马在赤道几内亚政界崭露头角。后来，联合秘书处更名为三党联盟，主要成员来自赤道几内亚全国解放运动、赤道几内亚全国联盟运动和赤道几内亚人民思想。弗朗西斯科·马西埃·恩圭马甚至以三党联盟的最高领导者自居。他纠集了代表团中来自各个派系的代表，进行串联，其中有赤道几内亚全国解放运动成员阿方索·赫苏斯·奥约诺、赤道几内亚全国联盟成员弗朗西斯科·萨洛梅·霍内斯和胡斯蒂诺·姆巴·恩苏埃、赤道几内亚人民思想成员安东尼奥·埃沃洛·奥巴马和克莱门特·阿特巴·恩索赫、恩多维少数派代表阿道夫·博特、费尔南多主义者阿古斯丁·丹尼尔·格兰赫等人。此外，自治政府委员会成员，如何塞·恩苏埃·安古埃·奥萨、佩德罗·埃孔、安东尼奥·坎迪多·恩昂、安德烈斯·莫伊塞斯·马巴·阿达。弗朗西斯科·马西埃·恩圭马企图把联合秘书处作为赤道几内亚代表团的协调机构，反映大多数代表的意愿，甚至取代赤道几内亚全国解放运动的领导地位，以此捞取政治资本。他在会议期间的激进立场引起西班牙政府的关注。他公开指责阿塔纳西奥·恩东戈·米约内出卖自己，利用同西班牙政府的关系为自己在未来新政府中谋取最高官职。他在会上发表了言辞激烈的反对殖民主义演说，批评西班牙政府的"顽固立场"，主张在赤道几内亚实现"民族团结，国家团结和人民主权"。他提出，在赤道几内亚实现独立后，应同西班牙"决裂"。

弗朗西斯科·马西埃·恩圭马的这种激进态度遭到温和

派的反对，阿塔纳西奥·恩东戈·米约内称弗朗西斯科·马西埃·恩圭马在殖民政府中担任翻译起家，自赤道几内亚独立解放运动以来就没有参加过政治活动。他虽然先后担任蒙戈莫市长和自治政府委员会委员，但没有参加任何政党，不是一个捍卫国家独立和自由的政治家。

第二次立宪会议期间，弗朗西斯科·马西埃·恩圭马得到了西班牙人安东尼奥·加西亚·特雷维哈诺的帮助。安东尼奥·加西亚·特雷维哈诺是一名职业律师，系西班牙共和派，具有反佛朗哥独裁思想。在西班牙移民弗朗西斯科·阿尔米霍的推荐下，安东尼奥·加西亚·特雷维哈诺成为弗朗西斯科·马西埃·恩圭马的顾问，穿梭于赤道几内亚代表团之间，为联合秘书处的宣传鼓动工作发挥了不小的作用。但是，此人在赤道几内亚独立问题上的态度并不十分清楚，他受西班牙政府委托曾负责起草赤道几内亚宪法草案，未被西班牙政府所接受。

博尼法西奥·翁多·埃杜称，赤道几内亚实现独立标志着西班牙文明在赤道几内亚的延续。赤道几内亚大多数代表主张在国家实现独立后不同西班牙彻底"决裂"，而是继续保持正常的国家关系。实际情况是，赤道几内亚自治政府委员会成立后，许多政治精英在经济和物质方面同西班牙的联系更加紧密，这也是他们采取温和立场的一个重要原因。

会议期间，赤道几内亚与会代表穿梭于马德里和赤道几内亚之间，向国民宣传立宪会议的进展情况和各派的政治主张，目的旨在争取民心，为今后的政治前途铺路。在这方面，联合秘书处成员表现的尤其积极，不遗余力。他们从马德里带回联合秘书处第十四次会议通过的两份政治文件，在费尔南多·普和大陆木尼河地区四处宣讲,动员同情者和支持者在文件上签名,支持弗朗西斯科·马西埃·恩圭马的政治主张。与此同时,联合秘书处还两次致函联合国秘书长,要求派技术人员或观察员来马德里参加第二次立宪会议。联合国对此持十分谨慎的态度,显然,联合秘书处此举是为了扩大影响,取得国际上的承认。阿塔纳西奥·恩东戈·米约内则竭力反对,公开质疑联合秘书处的"代表性"。

此时,西班牙的态度也在发生微妙变化。总委员会代表在1968年1月23日给西班牙政府的信中说,根据各方的立场,正如总委员会以前所建议的那样,似乎需要通过间接选举或公民投票的方式验证大陆木尼河地区和费尔南多·普地区的人民是赞同还是反对他们的代表在马德里所表明的主张和立场;有必要验证是否像大陆木尼河地区代表所坚持的那样,费尔南多·普人民并不支持他们的代表在马德里立宪会议上所表述的立场;有必要验证木尼河地区人民大多数是否赞同完全独立,立即脱离西班牙。

在4月17日第二次立宪会议开幕式上,西班牙外交部长费尔南多·玛丽亚·卡斯铁利亚发表讲话,为这次会议定了调子。他强调,西班牙政府将在1968年尽快给予赤道几内亚独立,保证其政治统一,并且不损害费尔南多·普的"特征"。会议将起草赤道几内亚宪法和选举法。这两部法律将在联合国的监督下,举行公民投票进行表决。通过后,将根据新宪法和选举法成立临时政府,举行民主选举产生民主政府,并在1968年尽早地赋予赤道几内亚作为一个政治体实现独立。

不过,西班牙政府根据"官方保密法"对第二次立宪会议内容和文件严格保密，主要担心会议文件一旦泄露会引起国内舆论和公众的不满。赤道几内亚是西班牙在非洲唯一一块殖民地，独立后将实行西方民主制度，而西班牙仍然处在佛朗哥的独裁统治之下。佛朗哥政权十分担心社会和公众舆论对此作出强烈反应。

另外，由于赤道几内亚代表团派系斗争激烈，分歧很深，难以统一立场。会议的第一阶段是一般性辩论，围绕国家统一和分裂问题争执不休。在尚不能达成一致的情况下，赤道几内亚代表团于4月22日至30日连续举行内部会议，协调立场。但是，这次内部会议未能消除各派之间的分歧，这给西班牙政府操纵会议全过程提供了机会。西班牙代表团成为会议的"裁决者"。

会议进入第二阶段，联合秘书处代表措词激烈的发言又使双方陷入严重对立。西班牙政府虽然已经起草了赤道几内亚宪法和选举法草案，但并没有马上递交大会讨论，其原因是一方面赤道几内亚代表团内部意见不一致，另一方面是为了摆出一副同赤道几内亚代表团对话的姿态。赤道几内亚代表团在多次提出建议被否决后，不得不要求西班牙代表团提出宪法和选举法草案。此时，西班牙代表团认为时机已经成熟，便向大会提出了宪法草案的"基本要点"，要求大会进行讨论。西班牙方面还派出技术小组的两名顾问参加了讨论。由于西班牙顾问的出现，特别是赤道几内亚代表团统一派和分裂派之间不能达成共识，会议以失败而告终，分裂派宣布退出会议。

在会议搁浅的情况下，西班牙技术小组和赤道几内亚委员会联合起草的宪法草案被纳入讨论日程。这个草案既保障赤道几内亚人民的个人权利，又保障国家独立后费尔南多·普和木尼河两省的充分自治权。草案对中央政府和省议会的权力做出了明确的规定，两省在中央政府和全国代表大会组成方面确保平衡；国家政治体制为总统制，地区组织管理制度类似于联邦制。大会对这个方案进行讨论时，又接到两个新方案和两个修正案。弗朗西斯科·马西埃·恩圭马代表联合秘书处的提案主张赤道几内亚独立后，国家实行民主，建立总统制和统一的地区管理制度。恩里克·戈里·莫鲁贝拉代表费尔南多·普少数派的提案实际上是为费尔南多·普独立后制定的一部宪法。这两个提案当即被大会主席团否决，理由是这两个提案均未考虑西班牙代表团在大会开始提出的两个既定目标。联合秘书处提出的方案没有充分尊重费尔南多·普地区的自治权；恩里克·戈里·莫鲁贝拉提出的方案没有尊重国家统一这一目标。对此，西班牙代表团又提出一个提案，对其会议开始时提出的两个目标做出进一步解释，强调在未来的国家权力分配方面实行"权力下放"的原则，合理分配国家和行省的权力，政府机构"二元化"，保证费尔南多·普省参加国家权力机构。

由于双方存在重大分歧，会议再次陷入破裂边缘。赤道几内亚代表批评西班牙当局强加于人，企图迫使赤道几内亚代表团接受单方面提出的宪法草案，要求西班牙政府同意联合国派出观察员参加会议。实际上，联合秘书处已经要求联合国驻马德里专家参加会议，但被西班牙当局拒绝。

在第十四次会议上，西班牙代表团再次提出起草和讨论宪法草案的工作程序，即双方代表团成立一个工作小组，负责宪法草案的部分起草工作，然后提交到大会讨论，工作小组根据讨论的结果加以修改。在起草工作中，赤道几内亚代表团内部仍然存在分歧，这使宪法起草工作进展十分缓慢，堪称"马拉松"式会议。6月22日，西班牙代表团又提出一个新的方案，导致赤道几内亚代表团内部分歧和斗争加剧。阿塔纳西奥·恩东戈·米约内、帕斯特尔·托拉奥·斯卡拉、萨图尼诺·伊邦戈、阿尔弗雷多·托马斯·金、阿尔弗雷多·霍内斯、尼赫尔、阿曼多·巴尔沃亚等人主张同西班牙代表团积极合作，支持西班牙方面提出的宪法草案。联合秘书处和费尔南多·普少数派坚决反对，并表示西班牙代表团企图把这个单方面提出的宪法草案强加于赤道几内亚代表团。6月17日，联合秘书处甚至表示退出立宪会议，理由是他们提出的关于邀请联合国派员参加立宪会议的要求被拒绝。6月20日，弗朗西斯科·马西埃·恩圭马、安东尼奥·埃沃洛、奥巴马、弗朗西斯科·萨洛梅·霍内斯等人致电联合国谴责西班牙企图把单方面起草的宪法草案强加给赤道几内亚代表团，并宣布赤道几内亚政党和少数民族代表决定退出立宪会议。在这种情况下，西班牙外交部长费尔南多·玛丽亚·卡斯铁利亚急忙出面斡旋，弗朗西斯科·马西埃·恩圭马最终收回这一决定。

在6月22日举行的第三十次会议上，大会主席团提出了宪法和选举法草案新版本。宪法共58条，第一条规定，赤道几内亚共和国由木尼河省和费尔南多·普省组成，是一个社会、民主、不可分割的主权国家。赤道几内亚共和国保障国家领土完整、安全和独立，根据宪法维护各省自治。第二条规定，国家主权属于赤道几内亚人民，他们在宪法范围内和规定的方式行使主权，人民代表通过普选产生。国家主权也可通过全民公决行使。第三条规定,赤道几内亚共和国推动人民的政治、经济和社会发展,不分出身、种族、性别和宗教信仰,保障法律面前人人平等和人民的司法安全;承认人权和自由,尊重公民的信仰、宗教、结社、集会、言论、住房自由,以及财产、教育、应有的劳动环境的权利。第五条规定,赤道几内亚公民成年人有选举权和被选举权,西班牙语为官方语言,尊重使用传统语言。首都是圣伊萨贝尔。第九条规定,总统通过直接、秘密和普选产生。候选人必须获得半数以上方能当选总统,如果达不到半数则重新举行选举,获得票数最多的前两名候选人参加竞选。总统任期为五年。第十六条规定,人民代表大会由35名议员组成,每五年举行一次选举,通过直接、秘密普选产生。议员代表赤道几内亚人民,应为国家和共同福祉服务。

宪法还对国家权力平衡和制约做出了许多规定,如全国代表大会有权监督和审查政府部长的工作和行为,总统有权解散全国代表大会。实行比例选举制,以保证少数民族的代表性。共和国委员会负责监督宪法的执行情况。费尔南多·普的特点将通过建立一个准联邦国家得到保证,并拥有相对的权力。省委员会行使地方立法权,通过普选产生。

大会主席团提出这个宪法草案的同时,秘书长马塞利诺·卡瓦纳斯宣读了西班牙政府的一份声明称,西班牙政府保证在宪法草案讨论通过后,举行公民投票,给赤道几内亚独立。届时,将邀请联合国派员参加在赤道几内亚举行的选举,西班牙将向赤道几内亚提供必要的帮助与合作。

最后,大会通过了宪法草案,旷日持久的"马拉松"式立宪会议结束。

第二次立宪会议结束后，西班牙和赤道几内亚社会各界做出了积极反应，特别是在赤道几内亚，已很少提及各派之间的矛盾和分歧。国际社会对第二次立宪会议取得的成果表示欢迎。但是，以弗朗西斯科·马西埃·恩圭马为首的联合秘书处并不善罢甘休，继续四处活动。6月23日，弗朗西斯科·马西埃·恩圭马、安东尼奥·埃沃洛·奥巴马、弗朗西斯科·萨洛梅·霍内斯等人联合致函联合国秘书长，声称立宪会议通过的赤道几内亚宪法是西班牙政府强加给赤道几内亚代表团的，选举法未经过大会讨论，所谓达成的"一致"并未通过投票表决。与此同时，联合秘书处在马德里向新闻界和外国记者散发同样内容的声明，并举行记者招待会阐明他们的立场。

6月27日，西班牙驻联合国代表海梅·皮涅斯向联合国秘书长通报了第二次立宪会议情况和成果，并表示西班牙政府正在制定有关法律，正式承认赤道几内亚独立，请联合国派出观察团参加赤道几内亚宪法公民投票和政府选举。海梅·皮涅斯还批评联合秘书处在立宪会议期间违背大多数代表的意志，为大会通过宪法草案设置障碍。

其实，联合国一直在关注马德里举行的第二次立宪会议的进展。6月2日和19日，联合国特别委员会分别举行会议讨论赤道几内亚独立问题，听取了阿塔纳西奥·恩东戈·米约内的情况通报，并批评安东尼奥·加西亚·特雷维哈诺干预立宪会议。一直以来，联合国特别委员会同阿塔纳西奥·恩东戈·米约内保持联系，通过他了解赤道几内亚非殖民化进程和各派政治观点。阿塔纳西奥·恩东戈·米约内指出，马德里第二次立宪会议通过的宪法符合赤道几内亚人民的愿望，因为这部宪法将使赤道几内亚成为一个民主共和国，承认并保障公民的权利，通过普选产生国家管理人员。赤道几内亚全国解放运动将掀起一场运动，在公民投票中支持和赞同这部宪法。

弗朗西斯科·马西埃·恩圭马在克莱门特·阿特巴·恩索赫、阿古斯丁·丹尼尔·格兰赫等人的支持下，猛烈抨击第二次立宪会议和西班牙政府。他在联合国二十四国委员会7月16日的会上发言称，阿塔纳西奥·恩东戈·米约内是西班牙政府的"合作者"。西班牙政府在第二次立宪会议上使用各种阴谋诡计，威胁赤道几内亚人民，要求他们支持宪法。他们跟踪真正的民族主义者，禁止政治集会，国家没有政治自由。西班牙当局利用阿塔纳西奥·恩东戈·米约内和萨图尼诺·伊邦戈等人的作用和影响，企图强加于赤道几内亚人民一个"傀儡政府"，以维系在赤道几内亚的残余统治，保护殖民者的政治和经济利益。信中要求联合国特别委员会通过一项决议，对西班牙当局未能执行联合国2355号决议表示遗憾，谴责西班牙代表团操纵第二次立宪会议日程，要求废除第二次立宪会议所通过的宪法和选举法。

费尔南多·普分裂主义者埃德蒙多·博西奥·迪奥克和托伊乔阿·博里克等人也纷纷来到联合国活动。他们以布比人的名义要求联合国二十四国委员会给予费尔南多·普地区人民自决权。7月17日，托伊乔阿·博里克在联合国二十四国委员会上发言称，费尔南多·普人民希望通过民主道路实现自由和得到幸福，费尔南多·普是一个整体。如果联合国希望所有人民获得自由，选择自己的命运，那就应该倾听费尔南多·普的声音，那里的居民不希望改变自己的主人，而是自己当家做主。他在发言中再次抨击西班牙政府不履行诺言。他说，根据联合国宪章第 73 条，西班牙政府应该承认以下原则，即它所管辖的领土的人民利益高于一切。西班牙政府曾承诺，在根据联合国宪章建立的国际和平安全秩序下，尽一切可能推动这些领土的福祉。现在，费尔南多·普希望成为一个统一的国家，但西班牙政府却践踏了这一原则。西班牙政府还曾承诺由费尔南多·普人民通过公民投票来决定自己的未来。但费尔南多·普代表们提醒西班牙政府所许下的这一承诺时，西班牙政府却宣称它有国际承诺，牺牲费尔南多·普比撤回国际承诺来的更容易。

不过，在费尔南多·普的问题上，联合国的态度已经十分明确，即赤道几内亚独立后是一个统一的国家，费尔南多·普不可能从赤道几内亚分离出去，单独成立一个国家。显然，分裂派的主张在联合国内没有多少市场。

与此同时，赤道几内亚国各派力量的角逐开始激烈起来，出现了大分化、大改组的局面，斗争的焦点围绕即将投票表决的赤道几内亚宪法。

第二次立宪会议结束后，西班牙政府决定由部联席委员会负责处理赤道几内亚非殖民化事务，外交部副部长拉蒙·塞多·戈麦斯担任委员会主任。此外，西班牙外交部派出非洲事务官员胡安·杜兰·洛里加前往赤道几内亚负责具体工作。根据有关法律规定，西班牙给以赤道几内亚独立，一是需要西班牙议会讨论并投票表决通过，然后颁布一项有关同意赤道几内亚独立的法律；二是在赤道几内亚举行公民投票通过新宪法。早在第二次立宪会议还没有结束时，西班牙政府于 5 月 31 日已经向议会提出了一项关于同意赤道几内亚独立的法律草案。议会在讨论这个法律草案时赤道几内亚议员提出了四项修正案，其中三项要求在费尔南多·普和木尼河地区分别举行公民投票，但均被否决。

7月23日，西班牙议会通过了这项法律草案，在投票表决中有14票反对，赤道几内亚实现独立指日可待。26日，西班牙成立了由最高法院法官安赫尔·埃斯库德罗等六人组成的选举委员会，其中有四名是赤道几内亚人。

7月10日，西班牙驻联合国代表海梅·皮涅斯通报联合国二十四国委员会，西班牙议会即将通过一项法律，承认赤道几内亚独立，并决定于1968年8月11日在赤道几内亚举行公民投票，对赤道几内亚宪法草案进行表决。然后，根据宪法举行民主选举产生共和国总统，成立新政府。10月12日，赤道几内亚将正式独立。

此后，阿塔纳西奥·恩东戈·米约内和博尼法西奥·翁多·埃杜发动了一场支持宪法运动，而联合秘书处和分裂派则唱反调，号召公民投反对票。在这场运动中，赤道几内亚全国解放运动内部再次发生分裂，特别是弗朗西斯科·马西埃·恩圭马在大陆巴塔地区的影响和力量明显扩大。赤道几内亚全国联盟运动内部也发生分裂，博尼法西奥·翁多·埃杜仍有一批追随者。相当一批人主张同弗朗西斯科·马西埃·恩圭马路线决裂。

自治政府委员在这次公民投票中试图扮演主要角色。博尼法西奥·翁多·埃杜在大陆木尼河地区发动了一场支持宪法宣传运动。自8月3日起，赤道几内亚全国解放运动主要领导人在大陆木尼河地区和费尔南多·普地区组织大规模集会，宣讲和呼吁支持宪法。此时，恩里克·戈里·莫鲁贝拉也转变了立场,支持宪法。

分裂派和联合秘书处则号召国民抵制这次公民投票。

此时,弗朗西斯科·马西埃·恩圭马的态度和表现十分微妙。虽然他对这部新宪法持反对态度,但他也十分清楚,如果公民投票不能通过这部宪法,则意味着赤道几内亚不能实现独立,自治状态还要延续四年。弗朗西斯科·马西埃·恩圭马所持立场实际上是为他在未来的总统选举中捞取更多的政治资本,这无疑是他在这场政治角逐中的一次赌博。

赤道几内亚人民思想大部分成员已经加入联合秘书处,但其流亡领导人赫苏斯·姆巴·奥沃诺等人表示支持宪法,并猛烈抨击联合秘书处的政治主张。8月初,西班牙官方通讯社——埃菲通讯社透露赫苏斯·姆巴·奥沃诺在雅温得被捕,但不久获释,并回到赤道几内亚参加支持宪法宣传运动。

与此同时,西班牙当局也在赤道几内亚大张旗鼓地动员赤道几内亚人支持宪法。为此,还在马拉博建立了广播电台和电视台,在大陆木尼河地区张贴宣传广告。广播电台和电视台开播的第一天,就播放了西班牙国家元首佛朗哥的讲话。佛朗哥在讲话中表示,即将到来的赤道几内亚独立是"文明传播工作"的结果,希望今后西班牙同赤道几内亚的关系建立在两国人民自由决定和相互依存的基础上。

8月3日,由智利、伊朗、尼日尔、叙利亚和坦桑尼亚代表组成的联合国观察团前往马德里和赤道几内亚。

8月11日,在联合国观察团的监督下,顺利举行了公民投票,通过了赤道几内亚宪法。投票结果:赞同票72458张,占63,1%,反对票40197张,占35%。引人注目的是在费尔南多·普地区赞同票超过反对票约 300 多张。由此可以说明这一地区的居民多数还是希望在统一的基础上实现国家独立。

赤道几内亚历史上的第一部宪法获得通过。

8 月 15 日，联合国向西班牙政府递交一份备忘录表示，8 月 11 日举行的公民投票结果有效，但也指出宪法中所存在的不足，对即将举行的赤道几内亚总统选举提出了一系列建议和意见。

8 月 16 日，西班牙政府颁布法令，正式承认 8 月 11 日赤道几内亚举行的公民投票结果，宣布赤道几内亚自治政府委员会结束其历史使命。在西班牙政府移交权力之前，总委员会代表暂时负责管理日常事务，9 月 22 日在赤道几内亚举行总统选举。

第四节 独立后的第一次总统选举

根据选举法规定，参加第二次立宪会议的党派和组织代表和占选民总数 2% 以上的团体和组织均有资格提出候选人。

根据选举委员会划定，全国共分为木尼河、费尔南多·普、安诺本、科里斯科和埃洛贝四个选区。

选举前夕，联合国派观察团赴马德里同西班牙部联席委员会进行接触，商定有关赤道几内亚总统选举的技术细节，如选民人数统计、保证投票秘密进行、所有政治组织和公民自由参加选举等。

在一个月的时间里，赤道几内亚各政党和组织积极物色和酝酿各自的候选人。经过角逐，四个组织获得了参选资格。根据统计，选民人数在原来统计的基础上增加了14000人。

9月10日，选举委员会宣布了四位总统候选人名单。

第一位是赤道几内亚全国解放运动领导人阿塔纳西奥·恩东戈·米约内，参加费尔南多·普、木尼河、安诺本、科里斯科和埃洛贝选区的竞选，竞选标志是棕榈树，其支持者主要是知识分子和大陆沿海地区的选民，还包括费尔南多主义者和部分布比族选民。

第二位是赤道几内亚全国联盟运动领导人博尼法西奥·翁多·埃杜，代表政府官员和木尼河地区的长者，参加费尔南多·普、木尼河和安诺本选区竞选，竞选标志是羚羊、松鼠、咖啡树枝和鲸鱼。

第三位是布比联盟领导人埃德蒙多·博西奥·迪奥克，参加费尔南多·普选区竞选，竞选标志是布比古钟。该党的影响较小，特别是在大陆木尼河地区的影响微乎其微。在费尔南多·普选区有些支持者，主要是富人和费尔南多主义者。

第四位是弗朗西斯科·马西埃·恩圭马，由从赤道几内亚人民思想、赤道几内亚全国解放运动和赤道几内亚全国联盟运动分离出来的持不同政见者组成三党竞选团所推选。参加费尔南多·普、木尼河、科里斯科和埃洛贝选区竞选，竞选标志是鸡、信鸽、可可果和帆船。

其他一些未能获得参选资格的政治组织和团体转而分别支持上述四名候选人。赤道几内亚人民思想未能提出自己的候选人，主要原因是该党所提出的赤道几内亚同喀麦隆建立联邦国家的政治主张遭到广大民众的反对，因而失去了选民的支持。

几天后，选举委员会公布了这次选举所遵循的规则。

实际上，选举运动自8月11日已经开始，参加竞选的四个政党不断调整战略，奔走于全国各地，阐述各自的政治主张，争取民心。竞选运动又是各派力量重新组合的过程。阿塔纳西奥·恩东戈·米约内把宣传鼓动的重点放在大陆沿海地区，一批知识分子成为他的坚定支持者。此外，费尔南多·普的一部分费尔南多主义者和布比人也支持他，包括恩里克·戈里·莫鲁贝拉和帕斯特尔·托拉奥·斯卡拉。博尼法西奥·翁多·埃杜的支持者主要是前自治政府委员会的一批官员和各部落的长者。他们希望博尼法西奥·翁多·埃杜当选，能在未来的政府中得到一官半职。埃德蒙多·博西奥·迪奥克则表示，如果进入第二轮选举，他将号召他的支持者投博尼法西奥·翁多·埃杜的票。弗朗西斯科·马西埃·恩圭马在木尼河地区的青年中拉选票，因为这些青年思想活跃，要求变革，弗朗西斯科·马西埃·恩圭马能迎合他们的这种变革思想。赤道几内亚人民思想前领导人、流亡国外的赫苏斯·姆巴·奥沃诺和由费尔南多主义者组成的民主联盟最终成为博尼法西奥·翁多·埃杜的支持者。最初，赤道几内亚全国解放运动成立了许多地方委员会，后来分为两部分，一部分人继续支持阿塔纳西奥·恩东戈·米约内，另一部分人转向弗朗西斯科·马西埃·恩圭马。

在竞选运动中，弗朗西斯科·马西埃·恩圭马表现得异常活跃。他的角色一直在不断的变换。他曾担任前自治政府委员会副主席，参加马德里立宪会议全过程，又是联合秘处的创始人之一。他也曾是反对西班牙殖民主义者的激进分子，同时又竭力树立一个真诚为民的政治家形象。更重要的是他能及时调整战略，在同西班牙关系问题上改变以往的激进立场。在竞选运动中，他公开主张赤道几内亚独立后，政府将实行一个带有社会民主色彩的政治经济政策，发展国际和地区关系，同西班牙保持紧密而又热烈的关系。期间，弗朗西斯科·马西埃·恩圭马还得到了西班牙人安东尼奥·加西亚·特雷维哈诺的支持，成为他的"军师"。安东尼奥·加西亚·特雷维哈诺建议弗朗西斯科·马西埃·恩圭马在竞选运动中一定要强调他的未来政府将同西班牙保持和发展关系。

与此同时，西班牙政府一直密切关注竞选态势，寻找未来的代理人，被看好的是博尼法西奥·翁多·埃杜和阿塔纳西奥·恩东戈·米约内。前者在担任自治政府委员会主席期间，一直是西班牙政府的"合作者"。后者则是采取一种温和路线。在西班牙政府看来，如果这两个人当选总统，两国关系可能发展顺利一些，西班牙在赤道几内亚的政治和经济利益不会受到太大的损害。

选举前夕，各界对这次选举结果做了各种猜测，普遍认为博尼法西奥·翁多·埃杜和弗朗西斯科·马西埃·恩圭马可能胜出。还有一种可能是，双方所赢得的选票均未超过半数，有可能举行第二轮选举。西班牙报纸《阿贝塞》评论称，弗朗西斯科·马西埃·恩圭马进行了一场聪明、有思考的和富有才略的竞选运动。可以预测，将不需要进行第二轮选举。弗朗西斯科·马西埃·恩圭马领导的团队有一批温和、讲究效率的成员，为他确定了政治纲领的标准，在全国城镇扩大了影响，代表了社会一体化。

9月22日，赤道几内亚举行了独立以来的第一次选举。全国处在一种前所未有的民主气氛中，社会秩序正常，没有发生大的骚动。联合国观察团的13名观察员跟踪了竞选运动和投票的全过程，认为整个竞选运动是在和平、安静的气氛中进行的。候选人的政治角逐是激烈的。他们通过电视、电台、报刊、竞选海报和公共集会等形式宣传其政治主张。所有竞选者都有同等机会参与竞选运动，有充分表达自己意见的自由。在这方面，联合国观察团没有收到来自竞选者的抱怨。

9月25日，选举委员会公布了选举结果。根据投票前的统计，全国共有选民137550人，实际投票人数92956人。

根据投票结果，选出了全国代表大会和省委员会人选，弗朗西斯科·马西埃·恩圭马和博尼法西奥·翁多·埃杜所得票数最多。弗朗西斯科·马西埃·恩圭马获得36716票，博尼法西奥·翁多·埃杜获得31941票，阿塔纳西奥·恩东·米约内获得18223票，埃德蒙多·博西奥·迪奥克获得4795票，废票1281张。

1968年9月22日投票数统计

选区	马西埃	翁多·埃杜	恩东戈	博西奥
1. 木尼河				
阿库雷南	4103	85	3576	437
巴塔	8727	2438	1439	4818
埃贝比因	15614	12207	2739	197
埃维纳永	10697	62	10454	180

选区	马西埃	翁多·埃杜	恩东戈	博西奥
米科梅森	8858	6946	1519	121
蒙戈莫	5945	4787	1116	33
恩索尔克	4285	1850	2261	137
科戈	4965	27	615	4314
姆比尼	5105	50	1680	3044
涅芳	7375	3397	3395	546
瓦利阿多里德	6902	4480	2230	149
总计	82576	36329	31024	13976
2. 费尔南多·普				
圣费尔南多	944	49	40	664	191
圣伊萨贝尔	5926	294	237	2609	2776
圣卡洛斯	2640	30	74	697	1828
总计	9510	373	351	3970	4795
3. 安诺本	576	0	575	1	
4. 科里斯科	0	0		0	0
和埃洛贝	294	14		0	276
共计	92956	36716	31950	18223	4795

这次选举结果说明选民的一种政治倾向，即希望真正的民族主义者领导这个国家，并同西班牙保持良好关系，继续得到西班牙在经济上的帮助。

阿塔纳西奥·恩东戈·米约内领导的赤道几内亚全国解放运动虽然在争取国家独立中发挥了重要影响和作用，但是他本人回国后渐渐脱离了选民。当时一小部分知识分子阶层，包括前政府官员、学校教师和学生、神职人员支持阿塔纳西奥·恩东戈·米约内，在巴塔、木尼河、科戈等沿海地区的政治影响较大。但是，阿塔纳西奥·恩东戈·米约内长期流亡非洲和拉丁美洲一些国家，虽然受到这些国家民族主义思想的影响，在民族解放运动初期崭露头角，由于他回国不到一年，不善于体察民情，对国情和选民的愿望不十分了解。更重要的是他在竞选运动中犯了一个战略性的错误，不注意发动群众，只是进行空泛的说教，甚至公开指责布比人的分裂主张，从而失去了布比选民的同情和支持。另外，他只重视在圣伊萨贝尔和巴塔等几个大城市开展竞选运动，忽略了做小城市和乡镇选民的工作。在乡镇群众集会中，他不善于用芳语阐述自己的政治主张和竞选纲领，无形中与选民们拉开了距离。这成为他在竞选中失败的一个重要原因。后期，该党相当一部分人加入了联合秘书处。

弗朗西斯科·马西埃·恩圭马在竞选中未得到西班牙政府的支持，电台电视台和报纸等新闻宣传机器也未向其提供更多的方便，但他的一个最大优势是及时调整战略，迎合青年人的心理，取得他们的同情和支持。从地区来看，阿塔纳西奥·恩东戈·米约内在费尔南多·普的影响扩大，成为这个地区第二大政治力量，仅次于布比联盟。在巴塔、科戈和姆比尼等大陆主要城市也有相当多的支持者。博尼法西奥·翁多·埃杜的影响主要在大陆的西南地区，如埃维纳永、埃库雷南、恩索尔克、涅芳等地区。弗朗西斯科·马西埃·恩圭马的影响主要在埃贝比因、米科梅森、蒙戈莫、涅芳、瓦利阿多里德。可以看出，赤道几内亚人民思想的"势力范围"基本被弗朗西斯科·马西埃·恩圭马所占领。

根据选举法规定，在无人获得半数以上选票的情况下，则举行第二轮选举，获得票数最多的两人，有资格参加第二轮选举。弗朗西斯科·马西埃·恩圭马和博尼法西奥·翁多·埃杜将在第二轮选举中角逐总统宝座。

在第二轮投票前夕，弗朗西斯科·马西埃·恩圭马和博尼法西奥·翁多·埃杜以及落败的两名候选人阿塔纳西奥·

恩东戈·米约内和埃德蒙多·博西奥·迪奥克曾举行多次谈判，讨论成立一个由弗朗西斯科·马西埃·恩圭马领导的、其他三人参加的联合政府。但是，由于四方就联合政府组成存在很大分歧，最终未能达成一致意见。9月27日，阿塔纳西奥·恩东戈·米约内和埃德蒙多·博西奥·迪奥克分别宣布在第二轮选举中支持弗朗西斯科·马西埃·恩圭马。这样，弗朗西斯科·马西埃·恩圭马的竞选优势明显增加，但新闻界对弗朗西斯科·马西埃·恩圭马并没有做出倾向性的宣传。在西班牙当局的操纵下，媒体对弗朗西斯科·马西埃·恩圭马采取一种"封杀"的态度。

与此同时，联合国观察团投入紧张的筹备工作，对选民人数再次做出统计，结果比第一次选民人数增加了17145人。

接着，选举委员会宣布9月29日举行第二轮投票。此时，弗朗西斯科·马西埃·恩圭马当选的呼声很高。根据第一轮投票结果，弗朗西斯科·马西埃·恩圭马和博尼法西奥·翁多·埃杜都看到争取布比族选民的支持是获胜的关键。针对布比联盟在选民中鼓噪分裂主义主张，弗朗西斯科·马西埃·恩圭马打起了民族团结的大旗，号召全国各族人民团结起来，不搞分裂。他在费尔南多·普对布比族选民发表演讲时强调，西班牙不会以分裂的方式给赤道几内亚独立，尽管大家向西班牙提出这样的要求。赤道几内亚是一个统一的国家，只有一个民族大家庭，如果大家投他的票，他将承诺给大家一个自己管理自己的国家。

1968年9月20日，《黑檀木》报刊登署名大卫的文章称："布比兄弟们，我很遗憾地告诉大家，现在没有分裂，将来也不会有分裂。联合国和非洲统一组织不希望我们分裂。因此，我们必须从目前的形势中得到最大的好处。希望大家投马西埃的票……"文章又说："跟着这个人，大家得到一个维护你们权利的冠军……你们的主席埃德蒙多·博西奥·迪奥克将得到回报，他在未来的政府中将得到一个显要的职位。大家投马西埃的票，意味着他欠下你们的一笔债……"当弗朗西斯科·马西埃·恩圭马的支持者在布比族选民中大张旗鼓地鼓动，呼吁国家团结，不搞分裂等政治主张的时候，他的对手博尼法西奥·翁多·埃杜缺乏政治远见，不重视对布比族选民的宣传工作，旗帜不鲜明，没有向布比族选民作出明确的政治承诺。

弗朗西斯科·马西埃·恩圭马在大陆木尼河地区，如中南地区、维勒－恩萨斯、基埃－恩特姆一带有很大的政治影响力，其优势超过博尼法西奥·翁多·埃杜。

在选民中，农业者、商人和渔民深受西班牙殖民者的压迫和剥削，他们要求独立的愿望十分迫切。这个群体占全部选民的50%。因此，能争取到这部分选民的支持十分重要。弗朗西斯科·马西埃·恩圭马在竞选中能迎合这些选民的要求，强烈反对西班牙殖民统治，同时又批评温和派和保守派的政治主张。他的竞选策略果然奏效，争取到了这些阶层大多数选民的支持。

布比人在新宪法公布后颇感失望，对国家的政治前途缺乏信心，感到渺茫，许多人仍然坚持费尔南多·普独立，同大陆木尼河地区分离。他们寄希望于联合国，特别寄希望于西班牙能帮助他们实现自己的愿望。西班牙政府虽然在国际社会特别是联合国的压力下同意赤道几内亚独立，但并不甘心轻易丢失这块殖民地，企图继续控制独立后的赤道几内亚。为此，西班牙支持博尼法西奥·翁多·埃杜当选。博尼法西奥·翁多·埃杜的支持者主要是商人、天主教团的神职人员和少数知识分子以及妇女。不过，在竞选中不少人指责他有同前宗主国搞联合独立的倾向。在大陆地区有很大影响和威望的该党领导人，如何塞·恩苏埃·安古埃·奥萨、胡斯蒂诺·姆巴·恩苏埃反戈一击，转而支持弗朗西斯科·马西埃·恩圭马。

布比联盟领导人埃德蒙多·博西奥·迪奥克在费尔南多·普和安诺本岛的政治影响较大。不过，他在竞选运动中则公开提出分裂主义主张，要求推迟赤道几内亚独立进程。他的这一分裂主义主张就连出身于费尔南多·普地区的一些领导人也表示反对，如赤道几内亚全国解放运动领导人帕斯特尔·托拉奥·斯卡拉。埃德蒙多·博西埃·迪奥克持这一立场的原因是他一直得到岛上可可庄园主的资金支持，而这些庄园主都是西班牙人。在竞选运动后期，许多布比族选民寄希望于弗朗西斯科·马西埃·恩圭马，称其为"我们的冠军"。

在第二轮投票前夕，包括西班牙在内的媒体已经预测到弗朗西斯科·马西埃·恩圭马获胜的可能性较大。

9月29日，举行了第二轮投票，当天的社会秩序井然，投票顺利进行。10月2日，选举委员会公布了选举结果，不出所料，弗朗西斯科·马西埃·恩圭马获胜。具体票数如下：弗朗西斯科·马西埃·恩圭马获得68310票，占总票数的39.57%；博尼法西奥·恩多·埃杜仅获得40250票，占总票数的34.94%；废票537张。

弗朗西斯科·马西埃·恩圭马当选为赤道几内亚共和国首任总统。

此外，还选出了全国代表大会代表，具体结果如下：

赤道几内亚全国解放运动 10 名，赤道几内亚全国联盟 10 名，赤道几内亚人民思想 8 名，布比联盟 7 名。

1968 年 9 月 29 日第二轮选举结果

选 区	投票数	废 票	马西埃	翁多·埃杜
1. 木尼河				
阿库雷南	4850	49	425	4376
巴塔	10332	54	7990	2288
埃贝比因	17592	247	14238	3107
埃维纳永	12126	5	74	12047
米科梅森	9807	8	8149	1650
蒙戈莫	7203	50	5863	1290
恩索尔克	6194	47	2553	3594
科戈	6665	33	5482	1150
姆比尼	6472	2	3763	2977
涅芳	9103	21	4381	4701
瓦利阿多里德	8819	12	5790	3017
合计	99163	528	58708	40197
2. 费尔南多·普				
圣卡洛斯	2849	2	2780	67
圣费尔南多	892		884	48
圣伊萨贝尔	5865	7	5635	223
合计	9606	9	299	338
3. 安诺本	716		1	716
4. 科里斯科和埃洛贝	346		342	4
总计	109831	537	68350	41255

弗朗西斯科·马西埃·恩圭马是芳族人，1924 年 1 月 1 日出生在蒙戈莫的一个比较富有的家庭。在赤道几内亚爆发

民族解放运动初期，他尚未步入政坛，没有参加任何政党，后来到政府部门任职，担任翻译工作，逐渐擢升，出任蒙戈莫市市长。不久，当选为自治政府委员会副主席。赤道几内亚全国解放运动领导人阿塔纳西奥·恩东戈·米约内曾说过，弗朗西斯科·马西埃·恩圭马在赤道几内亚独立前并没有从政，只是在殖民政府中供职的一个官员。但是，就是这位名不见经传的人却在赤道几内亚独立后登上了总统宝座。

西班牙政府对这一选举结果感到失望，因为弗朗西斯科·马西埃·恩圭马不是西班牙政府所喜欢和欣赏的人。在第二次立宪会议中，弗朗西斯科·马西埃·恩圭马表现出强烈的反西情绪。西班牙政府担心，弗朗西斯科·马西埃·恩圭马主政，两国关系很可能变得紧张甚至恶化。

联合国听取了特别委员会观察团关于赤道几内亚选举过程和结果的报告后，宣布第二轮选举有效。报告中说，观察团的结论是，这次选举是以充分尊重民主自由方式进行的，赤道几内亚人民在毫无障碍的情况下选举出自己的政府。联合国还对西班牙政府的合作态度表示祝贺和赞赏。喀麦隆代表表示，西班牙在过去曾有过犹豫不决，但最终能尊重普遍的良知，给以赤道几内亚人民民族自决权。国际社会对西班牙的这种态度感到满意。

第五节 移交权力

第二轮选举结果公布后，社会各界开始关注当选总统马西埃的政治表态。他在向新闻界发表讲话时表现的十分谨慎，并没有像以往那样激进，强调赤道几内亚作为一个独立国家优先保持和发展同西班牙的关系,西班牙应该兑现自己的承诺。选举委员会公布投票结果的当天,电视台播放了马西埃总统发表的一项声明。他在声明中向赤道几内亚人民表示感谢。10月3日,马西埃总统从巴塔来到圣伊萨贝尔。他在讲话中号召全体赤道几内亚人民保持和平、沉着和冷静,尊重欧洲居民。此后,他视察了地方卫队军营,要求地方卫队坚守岗位,维持社会秩序,保障国家机构正常运转。

接着,马西埃总统派出由费德里科·恩戈莫·恩南东、恩里克·戈里·莫鲁贝拉、埃德蒙多·博西奥·迪奥克组成的赤道几内亚代表团前往马德里,同西班牙政府商谈有关权力移交事宜,如过渡时间、西班牙在赤道几内亚的财产处理以及驻军等问题。这一举措似乎表明马西埃总统还是希望同前宗主国保持正常的关系,并希望得到西班牙在经济等方面的帮助。

1968年10月9日,西班牙政府发布由国家元首佛朗哥签署的2467号令,"承认赤道几内亚选举委员于1968年10月2日公布的选举结果。据此,弗朗西斯科·马西埃·恩圭马阁下当选为赤道几内亚共和国总统。"2467号令第二条宣布,赤道几内亚领土自1968年10月12日12时起独立,向当选总统弗朗西斯科·马西埃·恩圭马移交权力。

1968年10月12日,在圣伊萨贝尔举行西班牙政府向赤道几内亚新政府权力移交仪式。西班牙新闻旅游部长曼努埃尔·弗拉加·伊里瓦内率领一个庞大的代表团出席了仪式,其中包括外交部、商业部、工业部高级官员和大法官、选举委员会主席安赫尔·埃斯库德罗、西班牙驻赤道几内亚大使胡安·杜兰·洛里加等。联合国、非洲统一组织以及尼日利亚、喀麦隆和加蓬等国也派代表出席仪式。

1968年10月12日举行马西埃总统就职典礼，西班牙向赤道几内亚政府移交权力，前排左起第三人是马西埃总统

　　权力交接仪式在圣伊萨贝尔城原总委员会代表办公大楼举行，因为总统府设在这里。西班牙和赤道几内亚双方在权力移交文件上签字，广场上升起了赤道几内亚国旗。西班牙代表团团长曼努埃尔·弗拉加·伊里瓦内在讲话中代表佛朗哥向赤道几内亚当选总统弗朗西斯科·马西埃·恩圭马和赤道几内亚人民表示祝贺。马西埃总统在讲话中强调新政府的基本目标：实现民族团结，加强非洲团结，同有良好意愿的其他所有国家，特别是同西班牙保持和发展友好关系，希望得到西班牙的慷慨帮助。最后，马西埃总统宣布赤道几内亚共和国正式成立。

第十一章 马西埃政权 11 年

从 18 世纪西班牙占领费尔南多·普诸岛，到 1968 年赤道几内亚独立，成立赤道几内亚共和国，整整经历了近两个世纪的殖民统治。在这两个世纪中，赤道几内亚人民以不屈不挠的精神，为捍卫民族权利和尊严、争取自由和解放进行了艰苦卓绝的斗争，从而博得了世界各国特别是非洲兄弟国家的同情和支持。联合国和国际社会的压力迫使西班牙作出了给以赤道几内亚独立的决定。当家做主的赤道几内亚人民从此开始用自己的聪明智慧谱写历史新篇章。但是，他们所走过的道路并不平坦，中间经历了不少困难和挫折。

第一节 新政府成立

马西埃总统上任后，就政府组成开始同反对党协商，并征得各部落首领的意见，各方都表示要共同努力，继续捍卫国家独立和统一。马西埃总统在组建政府过程中尚能照顾各党派的利益，特别是参加立宪会议谈判的各政党领导人在新政府中都担任重要职务。

1968 年 10 月 9 日，马西埃总统宣布了赤道几内亚共和国第一届政府名单：

共和国总统兼国防部长：弗朗西斯科·马西埃·恩圭马

副总统兼商业部长：埃德蒙多·博西奥·迪奥克

外交部长：阿塔纳西奥·恩东戈·米约内

内务部长：安赫尔·马歇·恩图图穆

司法部长：赫苏斯·埃沃罗·恩东戈

财政部长：安德烈斯·伊库加·埃邦贝邦贝

教育部长：何塞·恩苏埃·安古埃·奥萨

公共工程、住房和城市建设部长：赫苏斯·阿方索·奥约诺

卫生部长：佩德罗·埃孔

劳动部长：罗曼·博里科·托伊乔阿

工业与矿产部长：理查多·埃里莫拉·耶马

农业部长：阿古斯丁·丹尼尔·格兰赫

帕斯特尔·托拉奥·斯卡拉当选为全国代表大会主席。

马西埃总统上台时，国家面临十分复杂而又困难的政治和经济形势，其首要任务是稳定政局，巩固政权，改善经济。

在经济上，国家百废待兴，公路被破坏，交通瘫痪，土地荒芜，电力供应严重不足，粮食匮乏，人民生活极度贫困，加之传染病、热带病肆虐，人们在死亡线上挣扎。

马西埃总统上台伊始，千方百计地巩固自己的权力，动用军队镇压反对派，肆意践踏人权，在国际上日渐孤立，得不到国际援助。

广大民众没能看到独立给他们带来任何好处，对马西埃政权从失望发展到日益不满。

第二节 同前宗主国的紧张关系

赤道几内亚虽然实现了独立，但西班牙在赤道几内亚的政治、文化、宗教影响依然存在，在这个国家有着重要的经济利益。所以，西班牙政府企图依靠赤道几内亚的亲西力量重新操纵和控制这个刚刚独立的国家。两国之间的控制和反控制斗争依然存在。

马西埃总统上台后，便开始推行反对西班牙的激进政策，两国关系日趋紧张。西班牙政府立即下令撤回侨民，西班牙对外银行和西班牙信贷银行从赤道几内亚撤走全部资金。根据两国协议，赤道几内亚独立后，西班牙政府将继续负担赤道几内亚政府行政开支。但是，西班牙并没有兑现，赤道几内亚政府无法支付政府官员的工资。独立初期，赤道几内亚没有国家银行和本国货币，仍然流通西班牙货币比塞塔。西班牙庄园主经营的可可、咖啡农场土地荒芜，产量急剧下降，一些商行纷纷倒闭，使这个原本就很落后的小国雪上加霜。

1968年12月26日，博尼法西奥·翁多·埃杜从加蓬回到赤道几内亚后被警方逮捕。西班牙官员马丁·萨托要求会见赤道几内亚内务部长安赫尔·马歇·恩图图穆，向其了解博尼法西奥·翁多·埃杜的情况，但遭到赤道几内亚政府拒绝。不久，马丁·萨托被赤道几内亚当局驱逐出境。12月30日，又有一些西班牙官员，如费尔南多·普省省长秘书费尔南多·罗德里格斯·洛佩斯·兰梅斯等被驱逐出境。接着，又发生了国旗冲突事件。1969年2月，赤道几内亚政府宣布，将严格限制西班牙当局所占用的建筑物悬挂西班牙国旗的数量。随后，马西埃总统下令，西班牙当局只能在驻赤道几内亚大使馆和大使官邸悬挂国旗。与此同时，马西埃总统发表了言辞激烈的讲话，警告西班牙当局要遵守这项法令。2月15日，赤道几内亚副总统埃多蒙多·博西奥·迪奥克召见西班牙总领事海梅·阿夫里斯克塔，要求他立即降下他官邸的西班牙国旗，但遭到对方的拒绝。于是，在巴塔和马拉博等大城市爆发了以民族主义青年组织成员为主的抗议游行示威。示威者把西班牙人占有的楼房等建筑物所悬挂的西班牙国旗统统扯下。当时，西班牙在赤道几内亚仍驻扎军队。2月23日晚，巴塔市民兵把西班牙驻巴塔总领事馆的西班牙国旗扯下，西班牙当局派军队阻止民兵的行动。由此导致了一场流血冲突。在这次冲突中，十几名赤道几内亚人丧生，这引起了赤道几内亚全国人民的愤慨。马西埃总统下令驱逐西班牙驻赤道几内亚大使和驻巴塔总领事。西班牙当局派军队占领了马拉博和巴塔机场，马西埃总统呼吁联合国派蓝盔部队出面阻止西班牙的行动，并下令全国进入紧急状态，实行宵禁。

这是自赤道几内亚独立以来同西班牙发生的第一次政治危机。

3月，西班牙政府决定撤出在赤道几内亚的侨民。赤道几内亚独立时，居住在这个国家的西班牙侨民有7000多人，这次国旗冲突事件结束后，西班牙侨民减少到2000多人。

第三节 一次未遂政变

从赤道几内亚民族解放运动兴起到实现国家独立,各派政治力量尚能从民族独立和解放的大局出发,克服困难,消除分歧,团结一致,与西班牙殖民主义者进行斗争。但是,在国家实现独立后,各派之间的矛盾很快转化成权力斗争。

马西埃上台伊始,便到全国各地巡视。所到之处,发表激烈言辞的演说,公开抨击西班牙,称赤道几内亚实现独立后,西班牙未给其任何帮助。在蒙戈莫视察期间,随从在宴会厅附近发现了炸弹,马西埃怀疑是马里亚诺·姆巴·米恰所为,立即下令逮捕了他,游街后将其投入巴塔监狱,不久便死去。有人猜测,马里亚诺·姆巴·米恰是被陷害致死,因为谁也没有发现炸弹究竟放在何处。马里亚诺·姆巴·米恰曾任前自治政府代表、职业外交官,颇受博尼法西奥·翁多·埃杜信任。

另一件震惊全国的事件是马西埃总统下令逮捕了颇受当地民众尊敬的蒙戈莫前市长安东尼奥·恩东戈·恩贡加。

发生这两起事件的消息不胫而走,在政界和民众中立即引起恐慌。

国旗事件冲突导致赤道几内亚同西班牙的关系进一步恶化。西班牙开始寻找在赤道几内亚的代理人,支持赤道几内亚反对派,企图借助亲西力量推翻马西埃政权。

1969年1月,博尼法西奥·翁多·埃杜被软禁,不久便死去。博尼法西奥·翁多·埃杜在赤道几内亚民族解放运动中曾发挥重要作用,在担任自治政府委员会主席期间虽然向西班牙殖民者做过妥协和让步,但在立宪会议召开期间也发挥了协调作用。赤道几内亚实现独立后,马西埃总统将其视为头号政敌。博尼法西奥·翁多·埃杜的死在社会上引起很大震动,导致国家政局发生动荡。

1969年3月初,马西埃总统宣布政府挫败了一起政变。据传,这起政变发生在3月5日,由外交部长阿塔纳西奥·恩东戈·米约内策划的。马西埃总统上台后,昔日的许多合作者成为他的政敌,阿塔纳西奥·恩东戈·米约内是其中之一。双方在处理一些外交事件特别是同西班牙关系的问题上多有歧见,矛盾加深,相互猜忌。很快,马西埃总统对阿塔纳西奥·恩东戈·米约内失去了信任。1969年3月,阿塔纳西奥·恩东戈·米约内前往亚的斯亚贝巴参加非洲统一组织会议,中途在马德里停留。西班牙政府十分重视阿塔纳西奥·恩东戈·米约内马德里之行,派要员同他秘密会晤。阿塔纳西奥·恩东戈·米约内请求西班牙支持他把马西埃赶下台。阿塔纳西奥·恩东戈·米约内回国后,在巴塔将参加非洲统一组织会议情况报告递交给马西埃总统后,于3月5日晚回到家乡姆比尼,纠集一批军人开始策划政变行动。在巴塔,他与政变参与者扣留了内务部长安赫尔·马歇·恩图图穆、木尼河省省长米格尔·埃耶戈、军事办公室主任胡安·曼努埃尔·特拉伊、穆埃利少校、萨尔瓦多·埃拉·恩圣少尉等人,并占领了总统府。

不过,政变行动前已经有人向马西埃总统报告了阿塔纳西奥·恩东戈·米约内的政变企图。于是,马西埃总统事先离开总统府躲藏在附近的私人官邸,安排了周密的应对计划。阿塔纳西奥·恩东戈·米约内以为发动政变后,会立即得到西班牙政府的积极响应。但是，当政变者占领了总统府后，驻扎在当地的民防军并没有采取配合行动。最后，这起政变以失败而告终。马西埃总统很快控制了局势，迅速调动军队和狂热的青年支持者包围了总统府。阿塔纳西奥·恩东戈·米约内看到大势已去，从楼上跳下来，企图逃走，但被现场群众打的遍体鳞伤，不久便死在医院里。此后，马西埃总统下令逮捕其他政变参与者和亲西分子，其中许多人被处死或在狱中受酷刑致死。关于"3·5"政变的真实性，许多人表示怀疑，甚至有人猜测是虚构的。不管这一事件的真实性如何，马西埃上台后通过各种手段铲除异己，为实行个人独裁铺平道路，这一事实是不容否认的。

第四节 建立民兵

赤道几内亚独立初期，西班牙似乎还未能适应昔日殖民地已经实现独立这一新的变化。赤道几内亚人民对西班牙在赤道几内亚仍驻扎着安全部队和民防军同样也不适应。西班牙士兵分散在赤道几内亚大小城市和国家机关，行使所谓保护赤道几内亚安全义务和责任。这对于赤道几内亚人民来说是一种威胁和不安。

马西埃总统虽然采取一系列措施铲除异己，一个个政敌销声匿迹，但他仍然惴惴不安，担心总统的权力被篡夺。为了巩固自己的权力，他把目光转移到青年人身上，开始在青年人中灌输爱国主义、维护国家主权和独立、反对殖民主义思想。这个措施果然奏效，青年人的爱国主义和强烈的反殖民主义情绪很快就被煽动起来，为成立一支以青年为骨干的民兵队伍打下了思想和政治基础，其中还包括一部分退役的原国民卫队老兵。国民卫队是西班牙殖民统治时期成立的，作为西班牙民防军的附属队伍，完全听从西班牙殖民当局指挥。独立后，国民卫队本应担负起维持国家安全和社会秩序的职能。但是，最后却演变成民兵取代国民卫队这样一场闹剧。

　　支持马西埃总统的狂热浪潮从大陆地区乡镇和城市开始，很快蔓延到全国每一个角落。这些男女青年自称革命者，以棍棒为武器，宣称保卫独立解放运动胜利果实，誓死保卫马西埃总统。这场自发的"青年革命"导致了"同马西埃前进青年"民兵队伍的成立。这实际上是一支没有经过正规军事训练的军队。民兵队伍成立后，便开始了打砸抢等破坏社会秩序和危害公民安全的暴力行动。广大人民群众失去了安全感。在马西埃总统的纵容下，民兵代表法律，他们可以随时封锁道路，随意抓人，非法刑拘无辜公民。马西埃总统建立这支民兵队伍的初衷是保卫他的政权，但造成的后果是正常的社会秩序被破坏。到后期，甚至开始招募15岁以下的男女少年，对他们进行所谓"革命教育"。马西埃总统还下令，要求省、市、县和村政府支持和保护民兵的行动。根据马西埃总统的计划，民兵还有监视领导人和政府官员、发现和挫败殖民者阴谋活动的使命。为此，马西埃总统下令把国民卫队的枪支发放到民兵手中，民兵队伍中的一些人抢劫、抓人等扰乱社会秩序的行为变得更加肆无忌惮。根据法令，政府官员被迫报名参加民兵，接受军训。在政治局势混乱的情况下，一些过去参加民族解放运动的领导人受到诬陷和打击，甚至坐牢被杀害。

当时，马西埃总统主要依靠两个专制措施来维持自己的统治。一是民兵代表，得到马西埃总统的充分信任。他们的权力很大，能指挥一切，马西埃总统昔日的政治对手随时被扣上颠覆者的帽子，投入监狱，绑架和暗杀事件经常发生，全国笼罩一片恐怖气氛。民兵经常举行效忠马西埃总统的集会，其口号是反对新殖民主义、反对帝国主义、打倒祖国的叛徒，发扬爱国主义等。民兵的这种所谓革命行动得到了马西埃总统的支持和赞扬，一些人不仅受到嘉奖，而且在埃库军事学院培训一个月后就立即晋升为中高级军官。1969年3月，马西埃总统在他的家乡恩桑加永晋升了一批效忠他的下级军官。许多少尉、中尉直接晋升为少校和中校，班长晋升为上尉，其中一些人不识字，没有经过正规军事培训。

马西埃总统曾公开表示，国民卫队是殖民者的军队。因此，必须由一支革命的、忠于政权的革命军队取而代之。在这种恐怖气氛下，许多人由于缺乏安全感而流亡国外。

第五节　成立全国劳动者统一党

马西埃总统另一个专权措施是成立全国劳动者统一党。马西埃总统上台后，一直把昔日参加总统竞选的一些政党领导人视为自己的政敌和权力的潜在威胁。

当时在非洲国家也有一党专制、取缔其他政党存在的先例。马西埃总统吸取这些国家的经验，企图走一党专制的道路，为自己终身担任总统扫清障碍。

实际上，在"3·5"未遂政变之前，各地就出现了要求成立全国劳动者统一党的呼声，一些大城市连续爆发要求取缔其他合法政党和组织的游行和集会。1969年1月，在大陆地区一些城市的大街小巷到处可以看到上述内容的标语和口号。在做好舆论准备后，马西埃总统下令取缔赤道几内亚全国解放运动、赤道几内亚人民思想、赤道几内亚全国联盟运动、布比联盟、恩多维联盟、费尔南多联盟等政党和组织。1970年7月，全国劳动者统一党成立，马西埃总统担任党主席，他最信任的得力助手布埃纳文图拉·奥恰加·恩戈莫担任党总书记。此人在1968年大选中为马西埃总统竞选上台立下了汗马功劳，深得赏识。

1970年，在巴塔举行了赤道几内亚妇女组织代表大会。在这次会议上，成立了赤道几内亚全国劳动者统一党妇女部。接着，又成立了赤道几内亚全国劳动者统一党"同马西埃前进青年"。从村镇到城市和省很快建立起基层组织，然后由当地政府代表任命三个组织的领导人。赤道几内亚全国劳动者统一党的领导人掌握着地方权力，政府管理实际上处于瘫痪。

马西埃总统为了巩固个人权力，大搞个人崇拜和迷信。在学校强制进行忠于马西埃总统的教育。学生们必须背诵忠于和歌颂马西埃的口号，教科书中大部分是反对殖民主义、反对新殖民主义、反对帝国主义的内容。

加入赤道几内亚全国劳动者统一党是强制性的，所有公民，不分男女都必须无条件的加入，领取党证，否则，就失去公民所应有的权利，不得享受公共福利和其他公益性服务，甚至不能获得经商许可。1972年，赤道几内亚全国劳动者统一党在巴塔举行第二次全国特别代表大会，宣布马西埃为终身总统，军队最高统帅，并授予他"传统文化、艺术和教育导师"称号。

第六节　走向独裁

"3·5"未遂政变后,马西埃的猜忌心日益加重,除了他的家人外,对当年支持他和与他一起共事的人也失去了信任。为了巩固自己的权力,他开始实行孤家寡人政策,大搞个人崇拜,排除异己,极权主义和专横跋扈达到了登峰造极的地步。马西埃动用军队、总统卫队和民兵继续清洗参与"3·5"未遂政变的漏网分子和持不同政见者,镇压群众运动。昔日支持马西埃的合作者无辜被杀,其中包括赤道几内亚驻联合国大使萨图尼诺·伊邦戈、全国代表大会主席帕斯特尔·托拉奥·斯卡拉。一夜间,昔日的战友和合作者成为了马西埃的政敌。马西埃甚至对平民百姓也不放过。对马西埃不满的人都遭到灭顶之灾,轻者被关押,重者被杀。1971年5月,马西埃宣布他自己兼任国防部长、司法部长和财政部长。1973年7月,马西埃颁布新宪法,从而为他实行个人独裁铺平了道路。值得一提的是,马西埃的这些举措在很大程度上出自西班牙人安东尼奥·加西亚·特雷维哈诺的主意。马西埃上台后继续重用这位神秘的顾问。新宪法就是安东尼奥·加西亚·特雷维哈诺亲手起草的。对安东尼奥·加西亚·特雷维哈诺的来历一直有各种传闻,他的妻子是法国人,有人说他是法国的一个代理人,也有的说他为美国中央情报局提供服务。马西埃总统大搞个人崇拜,自封为"钢铁领袖"、"赤道几内亚唯一奇迹"等。

当局的追捕、暗杀、迫害导致了一场政治大逃亡。大批政界人士甚至平民百姓纷纷逃到喀麦隆、加蓬等邻国，还有许多人逃到西班牙和法国。据不完全统计，当时逃亡人数达10万人。为了阻止公民外逃，马西埃下令拆毁所有船只，禁止渔民出海捕鱼。封锁外国船只，禁止从欧洲进口药品和食品。马西埃的独裁统治造成了国家机器彻底瘫痪，最终从四面树敌走向了四面楚歌的道路。

第十二章 奥比昂政权时代

第一节 "8·3"政变

(一) "8·3"政变前的政局

在马西埃的统治下,国家行政管理陷入瘫痪,1975年全国大部分学校关闭,1978年天主教被禁止。马西埃实行排外主义,掀起一个"去西方化",大搞地名"非洲化"运动。1970年,马西埃下令把费尔南多·普岛改名为马西埃·恩圭马·比约戈岛,把圣伊萨贝尔改为马拉博,安诺本改为帕加卢,意思是"超群的父亲"。他还强迫全体公民把沿用的欧洲名字全部换成本土名字。马西埃本人的名字就改过几次,如马歇·恩圭马·比约戈·涅戈·恩东。

马西埃的专制统治给国家经济带来了严重破坏。排外主义,特别是对西班牙采取的敌视政策导致大批西班牙人离开赤道几内亚。过去由西班牙庄园主和农业者经营的可可、咖啡庄园土地荒芜,农业产量大幅度减产。公路交通瘫痪,森林资源遭到严重破坏。由于同西班牙关系恶化,西班牙提供经济和财政帮助大大缩水,导致赤道几内亚财政连年出现赤字。人民生活每况愈下,电力和水供应严重不足,传染病蔓延,缺医少药,死亡率居高不下。

马西埃的独裁统治导致他众叛亲离,人民的不满情绪日益高涨。这期间，流亡西班牙、加蓬、喀麦隆、尼日利亚和瑞士的赤道几内亚人大约有10万人，其中不乏当年支持马西埃的政界人士。他们揭露马西埃的黑暗统治，并进行串联，纠集进步力量，酝酿发动"第二次革命"。1974年8月，全国民主复兴联盟成立，其主要成员来自独立前的赤道几内亚全国解放运动、赤道几内亚全国联盟运动和赤道几内亚人民思想三个政党的骨干成员。

马西埃的独裁统治也使他在国际上非常孤立，国家前途令人担忧。

独立初期，西班牙帮助赤道几内亚实行比塞塔货币流通，成立了中央银行，印制和发行纸币和硬币。1969年，两国签订经济贸易协定。同年11月，两国签订文化和技术协定。西班牙教育部长访问了赤道几内亚。但是，随着两国关系恶化，西班牙政府看到同赤道几内亚实现关系正常化的可能性不大。1971年1月，佛朗哥下令控制有关赤道几内亚的新闻报道。1973年，同赤道几内亚有密切联系的西班牙政府总理路易斯·卡雷罗·布兰科被埃塔炸死，这使西班牙同赤道几内亚的关系更加冰冷。后来，马西埃下令取消比塞塔流通，换成埃库勒货币。1975年11月20日，佛朗哥去世，西班牙同赤道几内亚的关系并没有缓和。1976年年底，西班牙政府将仍留在赤道几内亚的800多名西班牙人撤回。1977年3月，西班牙同赤道几内亚中断一切关系。1978年，马西埃下令关闭在赤道几内亚的所有天主教教堂，西班牙政府为了解救被赤道几内亚当局关押的6名神职人员付出了很大代价。马西埃任职11年期间，从未访问过西班牙。

马西埃实行闭关自守政策，不重视发展同欧洲国家的关系。期间，法国是唯一同赤道几内亚保持正常外交关系的西欧国家，同加蓬、尼日利亚和喀麦隆等邻国的关系也一直处于紧张和困难的状态。1972年，赤道几内亚同加蓬就边界划分多次发生危机。马西埃要求联合国安理会召开会议讨论两国边界问题，并在多次讲话中煽动加蓬芳族居民的分裂主义情绪。扎伊尔总统蒙博托和刚果（布）总统恩古瓦比分别出面调解。赤道几内亚同尼日利亚的关系尤其紧张，围绕领海权问题多次发生激烈争执。1976年1月7日，因尼日利亚劳工问题导致两国关系再度紧张。早在西班牙殖民统治时期，大批尼日利亚农业劳工来到赤道几内亚从事咖啡、可可种植。据统计，连同他们的家属大约有七万多人。西班牙庄园主离开赤道几内亚后，大片土地荒芜，尼日利亚农业工人失业，长期拿不到工资。尼日利亚政府同赤道几内亚中断了劳工合同，并派出船只将尼日利亚劳工撤回国内。但在撤离中，双方发生了冲突，其原因是赤道几内亚安全部门发现，尼日利亚劳工企图把他们的赤道几内亚籍的妻子和孩子带走。赤道几内亚派兵阻止他们撤离，双方发生冲突，造成11名尼日利亚人死亡。这次冲突事件导致两国关系进一步恶化。

马西埃执政期间，内外交困，经济困难，人民生活十分贫困，被联合国列入世界最不发达国家之一。联合国要求向赤道几内亚派员调查赤道几内亚人权状况，但遭到马西埃的拒绝。

赤道几内亚的政治局势受到国际社会的关注。1979年3月，联合国人权委员会开始讨论赤道几内亚人权问题。会议以20票赞同，3票反对通过了加拿大提案。

(二) 特奥多洛·奥比昂·恩圭马·姆巴索戈

1942年6月5日，特奥多洛·奥比昂·恩圭马·姆巴索戈出生在离蒙戈莫3公里的阿克阿卡穆村，属于埃桑吉部落。奥比昂在埃贝比因读完中学后，考入巴塔高等学校，高中毕业后在殖民地方政府供职。1963年，他被录取为本土警卫队士官生，同年9月考入西班牙萨拉戈萨军事学院。除学习军事专业外，他还获得西班牙国立远程教育大学法学士学位和赤道几内亚国立大学名誉博士学位。1965年8月毕业后回到赤道几内亚，被授予少尉军衔，并在米格梅森地方警卫队第五连任职。1967年5月在巴塔警卫队第二连任职。1968年9月在马拉博警卫队第一连任职。这期间，奥比昂经常去巴塔找他老家一个邻居的女孩康斯坦西亚·曼戈·恩苏埃。后来，奥比昂被调到巴塔服役，从此两人有机会经常见面，并产生了爱情。1968年12月12日，两个人在他们的家乡蒙戈莫结婚。此时，赤道几内亚已经获得了独立。受马西埃总统的重用，奥比昂被任命为比奥科省省长。1992年，他兼比奥科岛驻军司令，开始执掌比奥科岛的军事指挥权。1970年9月任国防部后勤和计划局长，1971年晋升为上尉。1975年任国民卫队司令，1976年6月任国家人民武装力量国务秘书，1978年3月任国家人民武装力量副部长，1979年3月晋升为中校。

奥比昂回国时，国内反对西班牙殖民主义统治，要求民族独立和解放的斗争正如火如荼地进行着。这位年轻的军官受到民族主义思想的影响，积极参加巴塔和马拉博地下秘密活动。当时，西班牙殖民当局十分惧怕民族解放运动，对民族主义者和要求独立的进步人士跟踪和迫害，禁止军人参与政治。奥比昂的上级是西班牙人，他多次警告奥比昂不要涉足政治，否则就告发他。

1978年，奥比昂已经担任国家人民武装力量副部长，成为马西埃的重要助手。关于奥比昂对马西埃的印象，他在自己的回忆录《我为人民而生》一书中是这样叙述的："马西埃总统已经觉察到自己非常孤立，猜忌心越加强烈，甚至对军队也不信任。为了保住政权，他下令组建民兵，由他信任的少数军人指挥。这支民兵队伍实际上成为他的御用军，取代了军队。后来，不仅是军队，警察也失去了马西埃的信任。"奥比昂担任国家人民武装力量副部长后，有机会经常接触到马西埃。但是，这时候的奥比昂对马西埃的独裁，特别是他的暴虐行为十分不满。不久，奥比昂同曾在萨拉戈萨军事学院一起学习的校友成立了"萨拉戈萨小组"，秘密进行串联，组织进步活动。"萨拉戈萨小组"成员很快被监视起来，有的被开除军籍，有的被发配到边境服役。奥比昂在他的回忆录中叙述了当时他与马西埃的关系和自己的处境："马西埃仍然住在巴塔，他不在马拉博住，平时有事让我去他的办公室。我很快就觉察到他已经对我不信任了。实际上他是有道理的，因为我虽然没有反对过他的计划，但我完全不赞同他的行为方式。""马西埃信任我的时候许多事情都交给我处理，甚至有许多与军队和我的职务无关的案子都由我去办……。我此刻很快意识到有些军官对我表现出某种不信任，似乎怀疑我同其他人一样企图逃到国外去。尽管如此，我还是被指派参加代表团出席南斯拉夫不结盟国家部长会议。我想这可能是他们监视我的一种更好的隐蔽方式。回国后，马西埃让我指挥他的警卫队，这绝不意味着对我的信任。"还说道："我敏感地觉察到马西埃对我已经失去了信任。尽管如此，他还是允许我自由地去马拉博。我猜测已经有人要取代我了，预感到他不想用我了。当他命令我到新首都与他见面时，我就觉察到这是他设的一个圈套，是想把我抓起来。我千方百计寻找种种借口，拒不执行他的命令。于是，他派了一支队伍乘船到马拉博来抓我。"当时，奥比昂通过串联在马拉博和巴塔已经得到了一些人的支持，共同策划一起政变计划。

（三）"8·3"政变成功

1979年8月3日凌晨，奥比昂率领一批人占领了巴塔城内的战略要地，很快就同马西埃的支持者正面交火。当时，马拉博局势仍然平静。政变后，马西埃看到形势不妙，企图动用军队镇压政变。但是，当时的军队已经与马西埃分道扬镳，支持者寥寥无几。他们希望同奥比昂接触，劝其放弃武力，但遭到奥比昂的拒绝。随后，奥比昂率领部队同马西埃总统卫队进行了激烈的战斗，并占领了总统府—非洲宫。与此同时，奥比昂的部队在涅芳遭到马西埃部队的顽强抵抗，战斗持续了数日。此时，奥比昂的部队占领了马拉博电台。马西埃看到自己的政权岌岌可危，众叛亲离，便企图逃往喀麦隆。政变队伍同政府军的战斗持续了两个星期。奥比昂指挥的军队很快控制了全国各大城市。马西埃在逃往喀麦隆途中被奥比昂的军队抓住，带回巴塔关押起来。至此，奥比昂发动的这场政变宣告成功。

奥比昂发动这场政变早有充分准备。7月，他已经把自己的妻子和儿子安排到家乡蒙戈莫躲避起来。他认为，那里相对比较安全一些，并嘱咐他们万一政变失败，可以逃到喀麦隆。

据奥比昂回忆，他在发动"8·3"政变前曾秘密求助于西班牙政府。他通过书信向西班牙政府首相阿道夫·苏亚雷斯和国王胡安·卡洛斯一世通报了将要发生的一切，并请求西班牙政府给他经济和军事上的帮助，支持他政变成功后实行的"变革"。但是，西班牙政府并没有做出反应，奥比昂担心夜长梦多，政变计划泄露，决定于8月3日发动这场政变。

奥比昂发动政变的第三天，即8月6日，西班牙政府就宣布承认赤道几内亚新政权并很快恢复两国外交关系。

奥比昂在叙述西班牙对这起政变所持的立场时说："全国和世界各地纷纷来电表示祝贺，外国代表团陆续访问马拉博，其中有西班牙外交部外交政策司司长率领的西班牙代表团。这位司长向我通报，当时西班牙议会拒绝了我的要求，其主要原因是西班牙新的民主体制不允许再介入非洲国家的冲突，而应该持谨慎的中立态度。"

领导"8·3"政变时的奥比昂

第二节 巩固权力

"8·3"政变推翻了马西埃长达 11 年的统治。奥比昂把这次政变命名为"自由政变"。这次政变之所以能取得成功，其中一个重要原因是马西埃的专制和独裁已经引起广大人民群众的不满，赤道几内亚的有识之士迫切希望能早日结束马西埃的独裁统治。所以，奥比昂发动政变立即得到军队和政界的积极响应和支持。此外，这次政变策划的比较周密，突如其来，使马西埃措手不及。1979 年 9 月 29 日，马西埃和他的助手共五人被特别法庭判处死刑。

奥比昂上台后，面临的一个首要任务是消除马西埃的影响，稳定政局。他首先向全国人民承诺重新赋予公民以尊严、不可剥夺的权利和应尽的义务；建立一个团结、博爱、没有报复、没有仇视的社会，荡涤丑恶，推陈出新。建设一个法治国家；发展国民经济，实现国际关系正常化，重塑国家法律尊严。奥比昂的这些政治承诺对民众颇有吸引力，赢得了民心和国际社会的同情。

马西埃倒台后，国家出现了权力真空，当务之急是建立起新的国家权力机构。于是，奥比昂召集军队和政界人士讨论政府模式，各方提出了不同方案，有的主张成立"拯救政府"，有的则建议成立"自救政府"、"重建政府"等。经过激烈讨论，最后决定成立最高军事委员会，推举奥比昂担任主席，另外还有副主席和若干名委员。实际上，这是一个军人政权，过渡性政府。奥比昂还同一些文职官员磋商，讨论未来组建文人政府问题。然后，奥比昂指示赤道几内亚各驻外使领馆和国际组织代表向驻在国政府和国际组织通报赤道几内亚出现的新形势,以争取国际上的承认。最高军事委员会成立后,又成立了临时性的国家行政管理机构——技术委员会,由若干文职人员组成,负责处理日常事务。

1979年10月10日,举行了奥比昂就任最高军事委员会主席仪式。最高军事委员会和技术委员会全体成员和外交使团、各国代表团出席就职仪式。其中,应邀出席的外国代表团有西班牙经济部长何塞·路易斯·雷阿尔·马尔多纳多率领的西班牙政府代表团、喀麦隆政府代表团等。奥比昂在就职演说中强调武装力量在国家稳定中的重要作用,表示将把赤道几内亚与西班牙在各个领域的合作放在优先地位,保持和发展同西班牙的政治关系。

在获得外交承认后,奥比昂着手治理国内事务,稳定政局,巩固权力。在国家临时权力机构建立后,奥比昂开始建立地方基层机构。赤道几内亚是一个多民族国家,每个民族又有许多部落,乡镇机构建立起来后有助于地方行政管理的改善,也是争取各民族支持新政权的一个重要举措。1981年,召开了全国乡镇传统首领大会,通过选举成立了乡镇委员会,每个县由30—70名委员组成,委员会具有政治、经济等方面的管理责任。每个部落的首领是乡镇委员会的当然成员,其他成员每三年选举一次,通过秘密和直接投票方式选举产生,委员会产生后选出一名主席和一名副主席。

至此,奥比昂的权力基本稳固。从上到下,从高层到基层都在奥比昂的掌控之中。

第三节 基本法诞生

奥比昂看到，在国家局势恢复平静后，当务之急要制定一部新宪法，废除马西埃统治时期的旧宪法，以确立他领导国家的合法地位。为此，奥比昂成立了宪法起草委员会，并要求友好国家和国际组织提供咨询和帮助。西班牙宪法专家拒绝参加起草工作。最后，除了20多名本国法律专家外，摩洛哥、法国以及联合国均派人帮助和参与宪法起草工作。1982年8月15日，举行公民投票，以80％的赞同票通过了新宪法。宪法规定，赤道几内亚实行共和制，是一个独立、民主、统一的国家，其最高原则是团结、和平、正义、自由；立法、司法、行政三权分立；国家主权由人民通过全民公决行使，国家管理权通过总统、国务委员会、总理、人民代表院、司法机构以及其他依据宪法成立的机构行使；共和国总统为国家元首，体现民族团结并代表国家，经全民直接选举产生，任期七年，可连选连任。宪法对民族，公民权利和义务、社会保障、工作、教育、财产保护等都做出了明确规定。公民享有人身自由、言论自由、行动和迁居自由、宗教信仰自由、结社自由、劳动自由等。实行多党制和一院制，人民代表院（议会）通过民主选举产生，每届代表任期五年。

根据宪法规定并由国务委员会通过决议，奥比昂出任总统，任期七年。1982年10月，奥比昂宣誓就职，最高军事委员会和技术委员会解散。接着，奥比昂总统开始组建文职官员参加的政府。同年，人民代表院第一届全会在马拉博举行。会议选举弗朗西斯科·博迪埃·恩加罗为议长，比森特·奥沃诺·米南戈为第一副议长，胡利奥·波诺科·艾耶为第二副议长。

人民代表院每年 3 月和 9 月举行两次常会，每次会期不超过两个月。如总统认为有必要或应四分之三议员要求，可召开特别全会。人民代表院的主要职责是：审议和通过国家预算、国家税收法；就公众自由和基本权利立法；审议和批准与外国签订的条约；就有关问题举行政府官员听证会；就某些问题成立调查委员会等。总统有权解散人民代表院并提前举行大选；人民代表院的常设机构是常务委员会，由人民代表院主席团组成，包括议长、副议长、负责总统府同议会联系的部长和议员、秘书。人民代表院还设外交与合作、司法、宗教和国防等 16 个专门委员会和一个秘书处。

第一届人民代表院共有 60 名议员，其中 45 名议员通过选举产生，15 名议员由总统任命。第二届人民代表院于 1988 年 7 月产生，由 60 名议员组成。1993 年 11 月 21 日，举行全国议会选举，15 个合法政党中的 8 个政党参加选举；12 月 13 日，第三届人民代表院组成，由奥比昂总统创建的赤道几内亚民主党在 80 个议席中占 68 席。1999 年 4 月，第四届人民代表院通过选举产生，赤道几内亚民主党在 80 个席位中占 75 席。2003 年 8 月，政府与 13 个政党举行协商会议，决定将人民代表院议席由 80 个增加到 100 个，以扩大其他政党的参政机会。第五届人民代表院于 2004 年 4 月 25 日选举产生，赤道几内亚民主党与 7 个政党组成的竞选联盟获得 100 个议席中的 98 席。第六届人民代表院于 2008 年 5 月 4 日选举产生，赤道几内亚民主党以绝对优势胜选。

为了消除马西埃的影响,奥比昂下令将马西埃·恩圭马·比约戈岛改名为比奥科岛,帕加卢岛恢复原名安诺本岛。

第四节 赤道几内亚民主党成立

根据宪法,为使国家政治生活正常化,同时考虑到长期执政的需要,奥比昂总统提出建立一个政党。1986年7月4日,奥比昂总统签署法令,建立赤道几内亚民主党,作为国家推行多党制的起点。同年7月25日,奥比昂总统签署法令,成立赤道几内亚民主党组织委员会。12月22日,奥比昂总统在第一次立宪大会上向全体人民宣布建立赤道几内亚民主党。1987年2月9日,奥比昂总统签署法令,解散党的组织委员会,成立临时委员会,负责起草和制定党章。1988年10月11—16日,在巴塔召开了赤道几内亚民主党第一次全国代表大会。通过了党章,选举奥比昂为党主席。党章对党的性质、领导机构、行动纲领、奋斗目标、党的纪律等都做出了规定。党的口号是

奥比昂主席在1988年10月举行的赤道几内亚民主党第一次全国代表大会上讲话

促进民主、发展和繁荣;党的理想是扬善避恶;党的目标是维护赤道几内亚民主性质、法治国家地位和国家主权;维护国家领土完整和统一;在国家社会文化现实的框架内实行政治自由主义哲学;尊重人的基本权利,维护人的尊严、自由和平等;党作为政治参与的一种工具,听取、收集和反映人民的意志,在政治、文化和文明方面动员党员参加政治生活,寻求社会公正、民主与自由:确定国家对内和对外政策的方向;宣传政治哲学;促进党内民主讨论,在党内和国家政治舞台通过协商一致做出决定;创造和保持有利于国家社会快速和平衡发展的政治、经济和文化环境,行使和担负治理国家的责任。党的最高领导是主席,党的领导机构是全国代表大会和全国理事会,党的常设机构是秘书处。

第五节 建立多党制

根据宪法规定,国家实行多党制。奥比昂总统在创建了赤道几内亚民主党后,开始酝酿推进多党制计划。1991年8月2—6日,赤道几内亚民主党召开第一次特别代表大会。这次大会讨论了实行多党制问题。奥比昂总统强调,为了实现国家政治生活多元化,人民能在和谐共存的氛围中建设国家,发展经济,根据宪法规定必须尽快建立多党制。奥比昂总统说,政治不是一种输入的物品,如果这些政治理论带有普遍性,那么它应符合每个国家的社会、文化和经济方面的实际情况。因此,这次特别代表大会所设计的政治多元化同欧洲、美洲和其他大陆的经验毫无关系,同非洲大陆的现实也不尽相同。赤道几内亚有自己的文化财富和自己的历史,从而确定了它与世界其他国家，特别是与非洲国家的差异。

奥比昂总统在会上提出了"民主试验"，作为实行多党制的开始。大会决议提出，赤道几内亚民主进程分为三个阶段：近期，实施一切与体制改革有关的法律，在此基础上允许建立政治组织和政党。中期，创造一个社会政治氛围，筹备立法选举和市政选举。长期，举行总统选举。在赤道几内亚民主党第一次特别代表大会后，对1982年宪法中关于多党制的条款进行了修改，确立了总统和政府的权力和职能。1991年12月，对这项改革举行了公民投票，结果以98%赞同票通过了宪法改革。1992年1月8日，奥比昂总统颁布了具有自由主义色彩的政党组织法，从而为实行多党制铺平了道路。接着，政府同各个政党代表经过激烈讨论达成了协议，制定政党应遵循的行为规范。根据协议成立了由各个政党代表参加的工作委员会。其中，根据有关法律规定，各政党不得接受国外秘密资助作为活动经费。自此，在赤道几内亚开始了政党活动合法化的新阶段。在这个阶段中，由于颁布了一系列法律，对成立政党和政党的活动提供了法律依据，多党制的建立能够有序稳步进行。1993年3月，各政党签署协议，确立了各政党之间，包括赤道几内亚民主党同其他各政党之间的关系准则。3月30日，奥比昂总统颁布大赦令，释放被关押的政治犯。这一举措赢得了民心，成为国家政治生活走向正常化的重要一步。在五个月内，13个政党先后成立，包括赤道几内亚民主党在内共14个政党参与国家政治生活。从一党制过渡到多党制，对政府来讲确实是一个严峻的挑战，是一次能否在和平和有良好秩序的条件下，实行政治自由的考验。在这一过程中，由于受邻国的影响，也出现了一些反对的呼声。在马拉博和巴塔等城市发生了少数群众特别是青年集会和游行，公共场所和商店被毁坏，甚至发生同军队冲突事件。由此，西方舆论称赤道几内亚缺乏民主，是一党统天下。

经过协商，赤道几内亚民主党同反对党谈判最终达成了协议。根据协议，民主化进程分为近期、中期和长期三个阶段。第一阶段工作重点是筹备选民人数的普查工作。为此，召开了政府和各政党代表参加的预备会议，就选民人数普查等具体工作开始对话。但是，反对党一直从中作梗，采取一种"不合作"态度。在局面僵持的情况下，政府单方面开始这项工作。于是，反对党煽动群众特别是青年学生走上街头，组织反政府游行。很快，在马拉博和巴塔等大城市发生打砸抢和纵火等暴力冲突事件。策划这一系列暴力冲突事件的是人民联盟等反对党，马西埃当政时期的民兵骨干分子积极策划和参与了这些行动，他们公开要求推翻政府。但是，由于政府及时采取措施，冲突很快被平息，恢复了正常社会秩序。政府宣布，1993年9月26日将举行第一次全国民主选举。反对党提出，由于就选举程序未能同政府达成协议，将抵制这次选举。在这种情况下，奥比昂总统召集赤道几内亚民主党和反对党领导人参加的联席会议，劝其遵守各党达成的协议，参加选举。但是，反对党毫不让步，继续抵制这次选举。接着，在安诺本发生了一群青年扣押安诺本省省长和军事长官事件，并威胁如政府不作出让步，双方达不成协议，就杀死人质。这期间，全国笼罩着一种紧张气氛。最后，双方经过谈判，政府作出让步，答应将选举推迟到11月15日举行。奥比昂总统派兵赴安诺本，解救了人质，局势恢复了平静。

政党名称如下：

democraciademocrático1. 赤道几内亚民主党（Partido Democrático de Guinea Ecuatorial）

2. 社会民主人民联盟（Convergencia Social Democrática y Popular）

3. 民主社会同盟（Unión Democrática Social）

4. 自由党（Partido Liberal）

5. 自由民主大会（Convención Liberal Democrática）

6. 赤道几内亚社会主义党（Partido Socialista de Guinea Ecuatorial）

7. 赤道几内亚人民行动（Acción Popular de Guinea Ecuatorial）

8. 争取民主社会联合（Convergencia para la Democracia Social）

9. 社会民主党（Partido Social Democrático）

10. 人民联盟（Unión Popular）

11. 进步党（Partido del Progreso）

12. 社会民主联合党（Partido de la Coalición Social Democrática）

13. 民主进步同盟（Alianza Democrática Progresista）

14. 全国民主联盟（Unión Democrática Nacional）

塞维洛·莫托·恩萨领导的进步党，由长期流亡国外的人组成，带有中右政治倾向，强烈要求国家政治民主化。普拉西多·米科·阿沃戈领导的争取民主社会联合主张在赤道几内亚建立社会主义。此外，还有些小党，其影响微乎其微。如比奥科岛民族自决运动是布比族少数人组成的民族主义党，主张比奥科岛独立，其领导人是维哈·奇坎波·普耶。吉列尔莫·恩圭马·埃拉领导的民主共和力量一直未被官方承认。

第六节 一统天下的局面

在完成了选民统计工作后，奥比昂总统宣布于1993年9月26日举行立法选举。选举前夕，局部地区发生了骚乱。比奥科岛民族自决运动公开抵制这次选举。此外，恩多维族少数人也成立了一个类似性质的组织。这些组织虽然得到外国的支持和帮助，但他们的分裂主义主张并未被联合国所接受。由于这些组织的人数不多，在社会上没有多大影响，未引起政界关注，但是，反对党在大陆地区掀起了抵制这次立法选举的小规模行动，巴塔等城市连续发生骚乱。其中，人民联盟在这次抵制运动中扮演了主角。选举前夕，在西班牙流亡多年的人民联盟领导人安德烈斯·莫伊塞斯·马巴·阿达突然回到赤道几内亚。人民联盟党员和同情者纷纷来到马拉博机场欢迎这位反对党领导人，警方派出大量人员赶到机场维持秩序。欢迎人群群情激昂，不断高喊反政府和污蔑赤道几内亚民主党口号，叫嚷要没收政府阁员和支持赤道几内亚民主党的人的全部财产。欢迎人群从乌莱卡旅馆到市政府举行了游行，为"未来的总统"安德烈斯·莫伊塞斯·马巴·阿达高唱赞歌。前民兵骨干分子佩德罗·莫图·马米亚加和多明戈·阿布伊·博昆等人企图利用这次游行和集会策划一起推翻政府的政变，但未得逞。不过，政府为了顾全大局，考虑到反对党的要求，决定将选举推迟到 11 月 15 日举行。正像人们所预料的，在人民代表院的 80 个议席中，赤道几内亚民主党获得了 68 席，以绝对多数胜出。奥比昂当选总统。另外，有三个反对党获得 12 席，其他反对党则抵制这次投票结果。应赤道几内亚政府的邀请，联合国派观察员监督这次选举的全过程，非洲统一组织和加蓬等非洲国家也派代表参加。赤道几内亚政府还邀请西班牙、法国等欧洲国家派员参加，但这些国家没有接受邀请。美国和西班牙驻赤道几内亚大使分别发表声明，对这次选举做出了消极评价。奥比昂总统对此做出了反应："我的印象是，对他们来讲，唯一有效的选举是反对党获胜。"不过，不管西方国家对奥比昂政权欢迎与否，自多党制建立以来，赤道几内亚民主党在历届议会选举中均获得绝对多数，一直处于执政党的地位，反对党力量十分薄弱，对赤道几内亚民主党的执政地位尚不构成威胁。

在 1993 年 9 月 17 日举行的地方选举中，赤道几内亚民主党在 18 个城市（共 27 个城市）中获胜，在 169 个市政议员席位中获得 108 个席位。

1995 年 3 月 20 日至 26 日，赤道几内亚民主党举行第二次全国代表大会。这次大会实际上是为该党参加下届总统选举做准备。会上，更换了党的领导人，制定了国家多元化政治进程的基本步骤，通过了一系列有关政治、经济和财政预算决议以及修改党章决议。大会一致选举奥比昂为党主席和参加下届总统选举候选人。大会还举行了党的青年和妇女特别代表大会。

1996 年 2 月，举行了总统选举，赤道几内亚民主党获

93%的选票,奥比昂再次当选总统。一些西方国家对这次选举过程和结果再次提出质疑,原因是赤道几内亚政府没有同意临时组成的"反对派联合平台"推出的候选人阿曼西奥·恩塞参加竞选。面对国际社会的批评,奥比昂总统在组建新政府时吸收布比族等少数民族代表入阁。

1997年6月20日至22日,赤道几内亚民主党举行了第二次全国代表大会特别会议。这次大会是在国家政局出现动荡的形势下召开的。大会讨论了国家政治形势,要求政府建立有效机制,防止外来安全威胁和恐怖主义活动。就在这次大会召开前夕,一批雇佣军企图从赤道几内亚沿海登陆,发动一起政变。这次政变的策划者是赤道几内亚进步党主席塞维洛·莫托·恩萨,此人在西班牙流亡了十年回到了赤道几内亚。赤道几内亚军队及时采取反击行动,挫败了这起政变。奥比昂总统在大会上发表讲话,强烈谴责塞维洛·莫托·恩萨策划这起政变,号召全体党员和全国人民保持高度警惕,维护和平与国家政治和社会和谐。他指出,当大家丢失了这些东西时,才知道它的珍贵和价值。他号召全国人民要不遗余力地捍卫通过多年努力,克服各种困难和障碍,在社会、经济和民主建设中所取得的成果,大会还决定每年2月25日为国家青年日。最后,大会发表了声明,强烈谴责国内和国际恐怖主义和外国破坏赤道几内亚主权和独立的行动和宣传,号召全体人民提高警惕,防止外来干预、破坏国家和平与安全。

这次未遂政变给赤道几内亚政局带来了不稳定因素,也给赤道几内亚人民敲响了警钟,民主进程不会一帆风顺。奥比昂总统在挫败这起政变后,及时调整政策,加强民族团结，集中力量发展经济，关注民生，局势逐渐稳定下来。

在1999年3月举行的议会选举中，赤道几内亚民主党再次获胜，在人民代表院80个议席中获得了75席。萨洛蒙·恩圭马·恩沃诺担任人民代表院议长，任期五年。

同年7月，奥比昂总统改组政府。主要成员有：总理安赫尔·塞拉芬·塞里切·多甘、第一副总理兼农牧业和农村发展部长米格尔·奥约诺·恩东·米福姆、第二副总理德梅特里奥·埃洛·恩东·恩塞福姆、使命部长亚历杭德罗·埃乌纳·奥沃诺·阿桑戈诺、总理府国务部秘书长马塞利诺·恩圭马·翁圭内、议会关系和司法事务国务部长兼政府发言人安东尼奥·费尔南多·恩维·恩古、劳动和社会保障部长里卡多·曼戈·奥巴马·恩富贝阿。

2001年7月4日至6日，赤道几内亚民主党举行第三次全国代表大会。这次大会的主要任务是调整党的领导机构，党的基层委员会改为基层支部，区和省委员会改为区和省理事会，政治和管理秘书处改为总秘书处，政治局改为政治委员会，设党副主席职务，全国纪律委员会等。

在2002年12月13日举行的总统选举中，四个反对党声称这次选举存在营私舞弊现象，因而采取联合抵制行动。投票结果，奥比昂总统仍然获胜，蝉联执政。

2003年2月，奥比昂总统任命新政府，共50名成员。除正、副总理2人外，有国务部长12人，部长10人，特任部长15人，副部长5人，国务秘书5人，其中国防部长由奥比昂总统兼任。主要成员有：总理坎迪多·穆阿特特马·里瓦斯、第一副总理德梅特里奥·埃洛·恩东·恩塞福姆、第二副总理赫雷尼亚斯·翁多·恩戈莫、总统府使命国务部长亚历杭德罗·埃乌纳·奥沃诺·阿桑戈诺、总理府国务部长级秘书长伊格纳西奥·米拉姆·唐、议会关系和总理府法律事务国务部长米格尔·阿比亚·比特奥·博里科、教育和科学国务部长、政府发言人安东尼奥·费尔南多·恩维·恩古、交通和通讯国务部长马塞利诺·奥约诺·恩图图姆、新闻、旅游和文化国务部长阿古斯丁·恩塞·恩福穆、公共职能和行政协调国务部长里卡多·曼戈·奥巴马·恩富贝阿、基础设施和森林国务部长特奥多罗·恩圭马·奥比昂·曼戈、青年体育国务部长卢卡斯·恩圭马·埃索诺·姆班、农业、畜牧业和农村发展国务部长弗朗西斯科·帕斯夸尔·奥巴马·阿苏埃、工业、贸易和中小企业促进部长卡梅洛·莫杜·阿库塞·宾丹、外交、国际合作和法语国家事务部长帕斯托尔·米恰·翁多·比莱、司法和宗教部长鲁本·马耶·恩苏埃、内政和地方机构部长克莱门特·恩贡加·恩圭马·翁圭内、经济部长巴尔塔萨·恩贡加·埃德霍、计划和经济发展部长安东尼奥·恩维·恩森、财政和预算部长马塞利诺·奥沃诺·埃杜、矿业和能源部长克里斯托瓦尔·马尼亚纳·埃拉、卫生和社会福利国务部长胡斯蒂诺·奥巴马·恩维、劳动和社会保障国务部长米格尔·伊扬加·德霍贝·马兰戈、社会事务和妇女地位部长特雷莎·恩富阿·阿桑戈诺（女）、渔业和环境部长福尔图纳托·奥法·姆博。

随着民主化进程的深入，奥比昂政权也愈加巩固。但是，反对党并没有放弃斗争。在外部势力的支持下，反对派千方百计地策划旨在推翻奥比昂政权的图谋。

2003年，塞维洛·莫托·恩萨组建赤道几内亚流亡政府，提出的目标是推翻奥比昂总统和他的政府。2004年3

月，赤道几内亚政府宣布破获一起旨在推翻奥比昂总统的政变图谋，并称这起政变图谋牵涉到某些西方国家。英国前首相撒切尔夫人的儿子马克·撒切尔也卷入其中，因为政变者得到了马克·撒切尔的资金支持。这一事件宣布后不久，在赤道几内亚有15人被捕。同时，64名雇佣军在津巴布韦哈拉雷机场被捕。津巴布韦政府称，降落在津巴布韦哈拉雷机场的那架飞机载着参加赤道几内亚政变的白人雇佣兵。奥比昂总统谴责西方国家企图通过这起政变推翻他的政府，支持反对派领袖塞维罗·莫托·恩萨篡夺他的权力。5月，赤道几内亚法院对这起未遂政变的策划者和参与者进行公审和判决。同年8月27日，赤道几内亚政府要求南非引渡马克·撒切尔。此前，马克·撒切尔因涉嫌参与推翻赤道几内亚现政府图谋被南非警方扣押。

不过，这起未遂政变对赤道几内亚政局并未产生太大影响。在2004年议会选举中，赤道几内亚民主党获得68席，加上竞选联盟中其他政党获得的30个席位，在人民代表院的100个席位中仍占据绝对多数。

2006年7月5日至7日，赤道几内民主党举行第四次全国代表大会。这次大会除了再次选举奥比昂总统继任党主席和下届总统选举候选人外，还选出党的副主席和全国委员会成员。

在2008年5月选举产生的人民代表院100个议席中，安赫尔·塞拉芬·塞里切·多甘当选议长。

在2009年11月29日举行的总统选举中，赤道几内亚民主党获得95.37%的选票，奥比昂总统蝉联执政。

地方权力同样操持在赤道几内亚民主党手中。在市政选举中，赤道几内亚民主党一直占据优势：在 2004 年 4 月 25 日举行的地方选举中，该党共获得 237 个市政议员席位（共 244 个席位）；在 2008 年 5 月 4 日举行的地方选举中，该党共获得 305 个市政议员席位（共 332 个席位）。加上竞选联盟获得的 14 个席位，共计 319 个席位。

对赤道几内亚民主党一统天下，国际上特别是西方国家质疑奥比昂总统提出的多党制，批评赤道几内亚缺乏民主与自由，不尊重人权。

赤道几内亚民主党虽然在历次选举中获胜，但在政府组成方面，能照顾少数民族的利益和愿望，吸收反对党人士参政。这一政策有利于加强民族团结，如担任政府总理的克里斯蒂诺·塞里切·比奥科(1982.8—1992.3)、西尔维斯特雷·西亚莱·比莱卡(1992.3—1996.4)、安赫尔·塞拉芬·塞里切·多甘(1996.4—2001.3)、坎迪多·穆阿特特马·里瓦斯(2001.3—2004.6)、米格尔·阿比亚·比特奥·博里科(2004.6—2006.8)均为布比族。

第七节　修改宪法

2011 年 5 月 9 日，奥比昂总统颁布了 84－2011 号法令宣布成立宪法改革委员会，开始修改宪法工作，以确保公民的基本权利和参与公共事务和行政管理。全国最高法院院长马丁·恩东担任宪法改革研究委员会主席，内务部长克莱门特·恩贡加·恩圭马·翁圭内任副主席。此后，委员会开始讨论修宪问题。同年 11 月 13 日，举行公民投票通过了新宪法。新宪法重大修改有：总统任期为七年，连续任期不得超过两任；设立副总统职位，议会由一院制改为两院制，设人民院和参议院。2012年2月16日，奥比昂总统签署法令颁布新宪法。

2012年5月21日，奥比昂总统签署总统令，任命伊格纳西奥·米拉姆·唐为负责总统府事务第一副总统，任命特奥多洛·恩圭马·奥比昂·曼戈为负责国防和安全事务第二副总统。

与此同时，奥比昂总统对政府进行了改组。任命比森特·埃哈特·托米为总理，克莱门特·恩贡加·恩圭马·翁圭内为负责政治、民主事务第一副总理兼内务部长，阿方索·恩苏埃·莫库伊为负责社会和人权事务第二副总理。

赤道几内亚共和国第二副总统特奥多洛·恩圭马·奥比昂·曼戈

2013年1月，奥比昂总统接见各政党领导人，经过协商同与会者达成协议，考虑在2月17日举行非洲南美国家首脑会议后，举行议会选举。此后，负责政治事务第一副总理克莱门特·恩贡加·恩圭马·翁圭内与各政党领导人举行会晤。参加这次会晤的除赤道几内亚民主党外，还有反对党人民联盟、自由民主大会、社会民主党、民主进步联盟、社会民主联合党、争取民主社会联合、赤道几内亚人民行动、全国民主联盟、赤道几内亚社会主义党、自由党。会上，政府与各政党领导人经协商同意解散人民院，于 2013 年 5 月 26 日举行人民院、参议院和地方选举。

在 2013 年 9 月议会选举中，赤道几内亚民主党大获全胜，执政党地位进一步巩固。奥比昂蝉联总统，伊格纳西奥·米拉姆·唐任第一副总统，特奥多罗·恩圭马·奥比昂·曼戈任负责国防和安全事务第二副总统。

内阁主要成员有：政府总理（负责行政协调事务）：比森特·埃阿特·托米，第一副总理（负责政治和民主事务）克莱门特·恩贡加·恩圭马·翁圭内，第二副总理（负责社会事务）卢卡斯·恩圭马·埃索诺·姆班，第

奥比昂总统与第一夫人康斯坦西亚·曼戈·恩苏埃

三副总理（负责人权事务）阿方索·恩苏·莫库伊（自由民主大会党员），总统府使命国务部长亚历杭德罗·埃乌纳·奥沃诺·阿桑戈诺，总统府内阁国务部长布劳里奥·恩科戈·阿贝格，总统府审计国务秘书佩德罗·恩东·恩科戈·恩福诺，艾滋病性病防治国务部长托马斯·梅车巴·费尔南德斯·加里莱拉，部长级秘书长福斯蒂诺·恩东·恩索诺·埃扬，议会关系和政府司法事务国务部长安赫尔·马歇·米布伊，

伊，地区一体化部长巴尔塔萨·恩贡加·埃德霍，公路建设、收费和机场设施事务国务秘书路易斯·奥约诺·埃索诺、负责海洋贸易、港口和海事标识事务国务秘书胡安·恩圭马·马涅，外交和合作部长阿加皮多·姆巴·莫库伊。

第十三章　经济快速发展

第一节　殖民地经济时期

赤道几内亚经济长期以种植业为主。比奥科岛和大陆地区雨量充沛、阳光充足、土地肥沃，具备发展农业条件。岛上的火山灰土壤有丰富的矿物质，年降雨量为2000毫米至3000毫米，主要集中在每年4月至11月，非常适合种植可可。比奥科岛引进了可可种植技术后，种植面积不断扩大。此外，莫卡地区气候温和，地势较高，适宜种植蔬菜和发展畜牧业。在大陆地区，年降雨量1800毫米至2600毫米，是典型的热带气候，适宜热带雨林的生长。全国森林面积约220万公顷，占国土面积的46%，木材蓄积量约3.74亿立方米，各种名贵木材主要分布在大陆地区。全国耕地面积约为85.5万公顷。农业长期处于落后状态，主要农作物有木薯、芋头和玉米，主要经济作物有可可和咖啡。粮食不能自给，食品主要靠进口。拥有30万平方公里的海上专属捕鱼区，盛产金枪鱼、非洲黄鱼、鲫鱼、虾类和鲍鱼。但是，捕鱼方式落后，渔民主要依靠人工捕捞。近年来，外国渔船队获准从事捕鱼作业，主要捕捞金枪鱼，规模不大，产量不高。矿藏丰富，主要有石油、天然气、磷酸盐、黄金、铝矾土等。

殖民地经济的长期存在使这个小国没有机会和条件发展民族经济，几乎没有民族工业，基础建设十分落后，交通不便，大陆唯一一条恩圭至蒙戈莫公路是20世纪70年代由中国帮助建设的。尽管如此，1968年独立初期，赤道几内亚经济尚好于非洲一些国家，可可产量比较高，加之出口木材，人均产值仅次于利比亚和加蓬。

马西埃统治的11年，赤道几内亚内亚经济遭到严重破坏，陷入崩溃边缘。

1979年奥比昂总统开始执政时，国家百废待兴，经济形势非常困难。怎样渡过难关，是奥比昂总统和他的政府所面临的一个严峻挑战。为了扭转这种困难局面，奥比昂总统四处奔走，寻求国际援助。中国、法国、西班牙、摩洛哥、尼日利亚和古巴成为第一批向赤道几内亚提供帮助的国家，联合国、世界银行和国际货币基金组织也向赤道几内亚提供援助。1980年，奥比昂总统对法国进行友好访问。法国总统吉斯卡尔·德斯坦向奥比昂总统建议赤道几内亚加入法郎区，这不但有助于解决货币流通问题，还能加强同法郎区国家的政治和经济联系。1983年，赤道几内亚加入中非经济和关税联盟。此后，在法国的支持下，赤道几内亚于1985年加入法郎区，中非金融合作法郎开始正式流通。但是，奥比昂总统意识到一个国家经济的发展，特别是像赤道几内亚长期受殖民主义统治的国家，经济基础薄弱，要彻底改变经济落后面貌只能依靠本国的努力。1980年，赤道几内亚政府成立了经济和计划执行委员会，推行经济自由化政策，鼓励个体化经济，公民可自由经商，马西埃政权时期被没收的私人财产一律归还原主。成立农业生产者协会，扩大可可和咖啡种植面积。鼓励外国在赤道几内亚投资。开发林业资源，鼓励木材加工业，增加原木和木材出口。1987年，赤道几内亚政府开始实施经济结构调整计划。1996年，提出了以农业为基础，石油为重点，促进木材加工工业发展的经济政策。20世纪90年代，发现和开发石油，经济开始好转。进入90年代末，在石油工业的带动下，经济开始加快步伐，基础建设，如公路、水利、电力、基础设施和住宅建设规模不断扩大。石油取代木材成为出口创汇的主要产品后，扭转了贸易长期逆差局面。1997年，奥比昂总统主持召开了第一次全国经济工作会议，制定了1997—2001年国家中期经济发展战略。此后，政府采取了增加信贷投放量，提高可可收购价格，降低生产资料零售价格等一系列刺激经济发展的举措，从而保持了经济快速增长。自20世纪90年代末，国内生产总值保持了两位数的增长。目前，作为法郎区、中非国家经济和货币共同体成员国，在地区经济中正发挥着日益重要的作用。

第二节　发现石油

(一)石油工业成为国家经济发展的龙头产业

赤道几内亚石油开发和产量的增加带动了国民经济的发展。20世纪90年代，赤道几内亚政府实行开放政策，积极吸引外资，引进外国先进勘探和采油技术。美国捷足先登，凭借资金和技术优势占据几内亚湾石油开发的优先地位，赤道几内亚石油产量不断提高。1997年，石油日产量为5.66万桶，1998年提高到8.3万桶，1999年，达到9.7万桶。

自2004年起，石油日产量增加到30万桶。在石油工业的带动下，1993—1998年，国内生产总值平均增长25.95%。

赤道几内亚经济增长几乎完全依赖石油出口，从长远看，这种单一经济形式不可能保证经济可持续发展。据统计，赤道几内亚迄今已经探明的石油储藏量可供25年至30年开发。所以，经济多元化是赤道几内亚经济稳定发展的必由之路。此外，随着经济的发展，贫富差距拉大，特别是地区发展不平衡，分配不均，贫困人口未能减少，社会基本服务滞后。因此，消灭贫困，提高广大人民生活水平，增加社会凝聚力，成为奥比昂总统和政府所面临的一个课题。

2007年11月12日至14日，赤道几内亚政府召开第二次全国经济工作会议。这次会议对1997年召开的第一次全国经济工作会议所确定的中期经济发展计划实施情况做了回顾和总结，并提出了2020年国家经济和社会发展规划，制定了经济和社会发展目标。这个发展规划涵盖了经济、社会、民生、教育、卫生医疗、食品安全等各个方面。

根据发展规划，实行经济和社会结构全面改革，加速经济多元化，改变依赖石油出口的单一经济形式，发展工业、农业、渔业和服务业，建立一个有竞争力的经济体系，提高生产率，使赤道几内亚成为非洲区域性的经济强国。提高人民生活水平，消灭贫困，中产阶级将成为国家总人口的主体。

赤道几内亚拥有长期稳定发展经济，实现经济多元化目标的基础。首先，石油的蕴藏量大，在此基础上可以大力发展能源工业。此外，土地肥沃，雨量充足，具备发展农业的条件。渔业和森林资源也非常丰富。近几年，政府加大了公路、港口、机场、电力、通讯设施、城市改造和住宅建设的投入。与此同时，继续大力发展能源工业。政府的目标是到2020年，不仅满足国内能源的需要，而且能向非洲和其他地区出口原油及其副产品、天然气和电力。大力发展现代化农业，提高农业技术和管理水平，开发农业资源，到2020年基本保证国内的食品需要和安全。

（二）石油工业的勃兴

赤道几内亚位于尼日利亚至安哥拉油田拦腰带。从地质学角度，赤道几内亚应同尼日利亚和安哥拉一样蕴藏丰富石油和天然气资源。早在殖民统治时期，西班牙就在几内亚湾勘探寻找油源。

1980年，赤道几内亚同西班牙雷普索石油公司成立了一家混合公司—几内亚西班牙石油公司，简称赫普萨石油公司，开始海上石油勘探。当时，赤道几内亚没有勘探技术、设备和专家，赤道几内亚给西班牙雷普索石油公司10年的期限，在几内亚湾海域和大陆架寻找油源。雷普索石油公司获得勘探权后，在几内亚湾2000平方公里的海域勘探寻找石油。1984年，雷普索石油公司在比奥科岛西北部的阿尔瓦油田发现了天然气。由于天然气开发成本很高，雷普索石油公司对开发天然气没有兴趣。1990年，雷普索石油公司要求把石油勘探期限再延长五年，但赤道几内亚政府没有同意。当时，赤道几内亚同西班牙关系发展不顺利，这大大影响了两国在经济技术方面的合作。在此情况下，雷普索石油公司停止了勘探作业并从赤道几内亚撤走，赫普萨石油公司随之关闭。后来，经过美国驻赤道几内亚大使彻斯特·诺里斯的推荐，赤道几内亚开始与沃尔特国际石油公司等三家美国石油公司合作。1991年12月，沃尔特国际石油公司开始投资，在离比奥科岛以北12英里处发现了阿尔瓦油田。初步估计，阿尔瓦油田储藏量在6800万桶左右，天然气储藏量3.7亿立方米。经过后来进一步勘探，阿尔瓦油田储量增至近10亿桶油当量，其勘探和生产一直集中在凝析油和天然气。该油田的产量经过改进导致凝析油平均产量增至6.5万桶/日。Marathon石油公司作为阿尔瓦油田的作业者，拥有63%的股份，而其伙伴Noble Energy和赤道几内亚国家石油公司则分别拥有34%和3%的股份。

1995年，埃克森美孚和海洋能源公司发现了位于比奥科岛北部的萨费罗油田，1996年10月出油，产量为4万桶/日，1998年达到7.6万桶/日。此外，美孚石油公司还发现一口油井，产量4317桶/日。后来，在托帕西奥区块也发现了石油，产量为1.1万桶/日。

初步估计，该油田的开采储量为4亿桶以上，是赤道几内亚迄今最大的在用油田，初始产量从1996年的7000桶/日增至2005年的近27万桶/日。该油田原油含硫低，属优质油。近年来，萨费罗油田的产量不断提高。

1999年，Tritoni公司发现了塞伊瓦油田，同年12月出油。塞伊瓦油田是赤道几内亚第二大油田，位于勘探区块G中的木尼河近海，大约有3亿—8亿桶石油储量。该油田自2000年12月份开始生产以来产量不断上升，目前产量约4万桶/日。该油田由Amerada Hess公司作业，其合作伙伴是Tullow石油公司和赤道几内亚石油公司。

2006年6月，赤道几内亚政府计划开始发放近海新一轮许可证，包括区块F、G和B的部分地区。来自中国和印度的亚洲企业特别有兴趣获得该国新一轮许可证的勘探权。2006年，中国同赤道几内亚签订了合作协议，同赤道几内亚石油公司开展石油勘探业务。此外，随着赤道几内亚石油工业的发展和对外开放力度加大，美国、马来西亚、南非、瑞士、日本、韩国等国家的石油公司也纷纷探讨同赤道几内亚石油公司合作的可能性。赤道几内亚有482公里的海岸线，石油分布在近海，而且多为浅层石油，十分有利于探明和开发，成本较低。几内亚湾的石油品种不仅质量好，而且品种多，约有40多种，易于提炼成汽车燃料。

赤道几内亚国内石油消费估计为2000桶/日，主要是发动机燃料。由赤道几内亚政府和法国道达尔公司共同拥有的赤道几内亚道达尔公司对该国的石油产品分销具有垄断权，由于缺乏炼油能力，全部石油产品基本依靠进口。

由Incat石油服务公司建造的卢巴石油港已于2002年投入使用，政府计划近海油气公司将使用卢巴港作为其运输枢纽。此外，马拉博的一座新石油港即将完工。一旦建成，位于比奥科岛的石油公司预计将可使用该石油港，运输能力将大大提高。

(三)石油带来的变化

到1997年，赤道几内亚石油收入仅占国家预算总收入的13.1%，1998年同美孚石油公司谈判，提高了所占份额。1998年，石油收入占国家预算总收入的22.5%，1999年提高到27.6%。但是，这个比例仍低于加蓬(30%)、喀麦隆(48%)、尼日利亚(40%)。2001年，赤道几内亚石油产量20万桶/日，2013年达到30万桶/日。赤道几内亚已探明的石油储藏量56亿桶，可开采量14亿桶，按赤道几内亚目前开采能力,可供开采 25－30 年。此外,在阿尔瓦油田还蕴藏约 566 亿立方米的天然气。目前,这些天然气处于自然燃烧,回灌需要很大投资。1997 年,建立了天然气液化厂,主要满足居民生活使用。

为了改变出口原油的单一状态,赤道几内亚政府制定发展石化工业计划。为此,首先增加原油的储备能力。赤道几内亚将同尼日利亚合作建设位于马拉博西北欧洲角的比奥科岛石油储运中心项目。该储运中心建成后,将拥有 134 万吨储油能力。该中心不仅可储存原油,也可提供汽油、航空燃油、润滑油等石油化工产品储运服务,能满足中非地区石油产品物流需要。此外,赤道几内亚政府正在计划建立一家年产量为 200 万吨的炼油厂,从而基本满足国内对石油产品的需要。

为了更好地发展石油工业,统一规划和统一部署,使石油工业更有效地为国家经济可持续发展服务,赤道几内亚政府于 2001 年成立了国家石油公司。这是赤道几内亚政府响应联合国千年发展计划而采取的一个重大措施,目的旨在科学、合理地规划和管理国家石油资源,更好地为国家经济发展和消除贫困服务。赤道几内亚石油公司的职能是监督和管理石油开发和出售。2002 年,赤道几内亚石油公司开始招聘和培训高层管理、技术人才,达到短期内能胜任工作的目标。经过几年的努力,赤道几内亚石油公司的高管完全由赤道几内亚专家组成,同时也吸收一些外国专家参与管理。赤道几内亚石油公司制定了国家开发石油的长远规划,并在国际上开展投标工作,其最高原则是提高经济效率,更好地利用国家石油资源,开拓国际市场,参与国际市场竞争。赤道几内亚矿产、工业和能源部是石油工业的领导和监管机构。赤道几内亚石油公司主要负责管理政府在与外国石油公司所签订产品分成合同中的股份，同时也参与石油勘探和生产活动，目前，赤道几内亚石油公司成为非洲大陆的一个重要国家级石油公司。公司最高领导机构是董事会，这是一个决策机构，根据国家发展石油工业政策和法律法规做出发展石油工业的具体计划。公司总经理负责实施董事会决定和日常管理。

赤道几内亚政府成立国家石油公司还有一个重要原因。随着石油工业的发展，赤道几内亚必然进入国际石油市场参与竞争。一旦同某些国家发生争执和纠纷，可以向国际法庭提起诉讼，维护本国的经济利益。

赤道几内亚在同美国石油开发的合作中，一直处于一种"劣势"地位。在发现和开采石油初期，赤道几内亚政府在同美国石油巨头埃克森—美孚石油公司签署的买卖合同中，赤道几内亚仅占石油开采收益的12%，其余的全部收益归埃克森—美孚石油公司，而其他几个非洲产油国在同外国公司签署的石油开采权的合同中，石油矿藏所有国的收益占全部收益的60%。因此，赤道几内亚政府一直要求增加其所占收益的比例。近几年来，双方经过谈判和讨价还价，美国公司做出了适当让步，增加了赤道几内亚在石油收益中的比例。但是，赤道几内亚政府对目前的收益分配仍不满意，要求进一步提高所占比例，争取达到50%的目标。

第三节 经济结构的变化

石油的发现和开发不仅为国家带来了巨大的财政收入，而且为经济迅速发展带来了历史性机遇。1993—1998年，赤道几内亚生产总值平均增长25.95％。其中，1996年由于萨费罗油井开始出油，经济增长29％。1997年，由于阿尔瓦油田的产量增加，经济增长71％。1996—2009年赤道几内亚经济增长情况如下：

1996年	＋29％
1997年	＋71％。
1998年	＋22％
1999年	＋50％
2000年	＋16.4％
2001年	＋6.5％
2007年	＋23％
2008年	＋15％
2009年	＋3.3％

随着经济总量的增长，人均产值也大幅度提高，1999年人均产值为2930美元，2002年为3482美元，2004年为3500美元。2006年为8210美元，2007年为10436美元，2008年为14859美元，2009年为9579美元，2010年为17911美元，2011年为2.2万美元，2013年为2.4万美元。

由于大部分石油收入被少数人所掌握，因此国民总体收入水平仍然很低。2005年联合国评估的人类发展指数中，赤道几内亚在177个国家中排124位。

石油给赤道几内亚经济结构带来了根本性的变化。1992年以前，国家财政收入仅靠出口木材和可可、咖啡。自1992年开始，石油逐渐取代了木材、可可等传统出口产品。1993年石油产业占经济总量的15.3%，1998年提高到61.3%。

第一产业：

可可和咖啡曾是赤道几内亚传统出口产品。1968年独立初期，可可种植总面积为50万公顷，年产量为3.7万吨。此后，由于西班牙可可庄园主和尼日利亚农业工人陆续撤离，种植面积减小，产量下降。1976年可可产量下降到5000吨至4000吨。目前，赤道几内亚同欧盟合作扩大可可的种植面积，但是收效不大。主要问题是自20世纪60年代起，可可庄园的土地逐渐老化，肥料跟不上，可可农业工人所剩无几，技术人员缺乏。可可价格下降，收益低，对可可生产很难加大资金投入。比奥科岛有种植可可得天独厚的条件，气候和土地质量好于象牙海岸。只要加大投入，改良土地，每公顷产量至少可达到2吨。比奥科岛上的咖啡种植业没有可可发达，独立初期种植面积仅为3000公顷。马西埃统治时期，大量咖啡园荒废。

莫卡是传统的农牧业区，但近几年马尼拉麻种植面积也大大减少。1968年，莫卡地区饲养的奶牛达5000头。此外，羊和猪的存栏量也比较高。其他农产品有玉米、土豆、山药、棉花、棕榈油、甘蔗、以及香蕉、芒果、油梨、木瓜等热带水果。由于都是以家庭式种植和经营，形不成规模，产量都很低。

大陆地区的农作物有花生、玉米和豆类。但是，大部分土地比较贫瘠，多酸性，所以不适宜粮食种植。在大陆地区发展农业，必须加大资金投入，改良土壤。

猪、牛、羊、鸡等肉类食品主要依靠进口。最近几年，政府采取许多措施鼓励畜牧业发展。但目前尚处于家庭式饲养阶段，不能自给自足。最近几年，奶牛和养鸡业发展较快。

据统计，目前农产品特别是粮食只能满足国内市场需求的10%。1999年，赤道几内亚政府制定了农业发展行动计划，设立农业发展基金，改革农村基层生产组织结构，鼓励农民成立合作社和农业协作生产，加大农业资金投入。发展农业，保障食品安全是政府的一项重要政策。

石油开发之前，林业在国民经济中占有十分重要的地位，成为出口的大宗产品。1970年，木材出口量为45万立方米，但是，由于热带雨林病虫害蔓延，20世纪70年代的木材产量呈下降趋势。80年代，政府采取了一系列鼓励措施，木材产量有所回升，1989年达到13.7万立方米，1993年达到20万立方米。1996年46.1万立方米，外汇收入达到5070万美元，占国内生产总值的14%。1997年，赤道几内亚木材出口量75万立方米，其中原木占85%。出口目的地国主要是亚洲国家。1998年下降到45万立方米，主要原因是亚洲经济困难，木材市场萎缩。1999年出口量回升到78.8万立方米。木材产区集中在木尼河出海口一带，那里的热带雨林占整个地区的三分之二。近年来，赤道几内亚政府重视并采取保护生态环境和森林资源的措施，严禁乱砍乱伐。此外，政府还探讨国际合作途径，加速森林资源保护。1990年，欧盟提出一项森林保护计划，其中包括赤道几内亚。随着石油的大规模开采，林业在国家经济中已退居次要地位。为了保护森林资源和生态环境，政府于2007年颁布一项法令，禁止出口原木，有限制的出口木材加工产品，对海岸线和大陆南部地区的森林资源列入重点保护区。原木产量从2000年的70.82万立方米下降到2008年的40万立方米。现在平均每年原木生产约40万立方米，出口36万立方米，占总产量的90%。开采的主要树种是加蓬榄，其次是红木、紫檀、红铁木等，主要进口国是中国、法国、西班牙、日本、朝鲜、葡萄牙、摩洛哥等。现有木材公司10家左右，分别由马来西亚、西班牙、黎巴嫩、朝鲜、中国等国的木材公司投资兴办。

赤道几内亚拥有30万平方公里的海上专属捕鱼区，渔业资源较为丰富，经济价值较高，年捕获量可达7万吨，然而，由于缺乏先进的捕鱼设备和与之相适应的管理体制和必要资金投入，实际捕捞量不高。长期以来，当地渔民一直沿用比较原始的捕捞方式，甚至仍使用独木舟手工钓鱼。据统计，1997年全国渔业人口仅为2800人，渔船1930条，其中比奥科岛有340条。这些渔船设备落后，均为小吨位。近年来，鱼年产量约7000吨，贝类产量约600吨。据统计，每年渔产品的需求量约为14000吨，其中60%依靠进口。以往也曾有韩国、欧盟和中国的渔业公司到赤道几内亚海域进行过机械捕捞尝试，但因赤道几内亚有关部门管理问题，致使上述公司无功而返。目前赤道几内亚政府已成立渔业公司，计划扩大捕鱼规模。但是，该公司既无机械捕捞的渔船，又无相关技能，故尚无海洋捕捞作业。赤道几内亚政府正在积极探讨与外国渔业公司合作可能性，开展渔业捕捞。

第二产业：

由于殖民主义长期统治，赤道几内亚工业基础十分薄弱。石油工业的勃兴带动了工业的发展，一些新兴工业开始出现，如石油加工、天然气、木材加工、水泥、家具、纺织、矿泉水、啤酒、建筑材料等。1991—1995年，工业产值占国内生产总值的5.7％，1996年为4.8％。

此外，得益于近年来大力推动电力基础设施建设，赤道几内亚目前已基本能自给日常用电。2016年，赤道几内亚装机容量最大的三吉水电站将投入使用，将为电解铝等高能耗矿产品加工业发展提供保障。因此，政府计划在姆比尼工业城规划以矿产品加工为主的重工业区，希望该产业能成为未来国家经济发动机。输变电产品制造业也是发展重点之一。目前，中西非地区尚无变压器、电缆、路灯等电力设备制造能力，全部依赖进口。近年来，随着赤道几内亚电力基础设施不断完善，开始探讨同外国电力企业开展合作的可能性，引进设备制造技术，推进经济多元化转型。

汽车工业是赤道几内亚工业的一个空白，几乎所有汽车来自进口。为完善产业布局，政府计划利用其区位优势，在姆比尼工业城建立汽车及零配件装配工业园。

长期以来赤道几内亚电力严重不足，在石油开采之前，主要依靠水力发电。比奥科岛的发电量9300千瓦/小时，大陆地区为9210千瓦/小时。其中火力发电占总发电量的一半。到了旱季，发电量下降，城市供电短缺，甚至满足不了城市居民的照明需要。此外，由于发电设备落后，火力发电成本高，亟待改变电力结构，大力发展水力发电。为了满足工业生产和民用需要，政府开始大力发展电力工业。2011

年，随着吉布洛水电站和马拉博天然气发电厂的陆续竣工，以及马拉博和大陆地区输变电网的投入使用，赤道几内亚电力供应状况得到很大改善，赤道几内亚主要城市居民的生活用电也得到了基本保证。但是，随着近年来经济的快速发展，工业和商业用电的需求也在节节攀升，电力工业仍需要大力发展。

进入 21 世纪，交通运输业有了长足发展，特别是公路建设进展很快，基本改变了交通落后的状况。目前，全国公路网已基本建成。据统计，全国公路网约 4000 公里，其中 2500 公里分布在大陆地区，300 公里分布在岛上，还有 1300 公里的林区公路。国家级公路长约 1000 公里，其中沥青路面约 700 公里。目前，政府已经启动了横贯大陆地区的高速公路网建设计划，未来高速公路网将是发展的重点。

航空运输业发展较快。近几年，马拉博国际机场和巴塔国际机场进行了扩建，能停靠大型客机。此外，在蒙戈莫和安诺本建有小型机场。目前，在赤道几内亚经营国际航线的有喀麦隆航空公司、西班牙伊比利亚航空公司和斯潘埃尔航空公司、德国汉莎航空公司、法国航空公司、肯尼亚航空公司、埃塞俄比亚航空公司。国内航线有马拉博—巴塔、马拉博—安诺本、马拉博—巴塔—蒙戈莫。国际航线有马拉博至喀麦隆杜阿拉、加蓬利博维尔、西班牙马德里、德国法兰克福、法国巴黎、埃塞俄比亚亚的斯亚贝巴、尼日利亚阿布贾等航班。

马拉博和巴塔是全国最重要的两大港口，目前年吞吐量为 150 万吨左右，远不能满足海运需要，货物压港严重。为了发展海上运输，国家投入巨额资金对巴塔港口和马拉博港口进行改建和扩建。

巴塔港位于巴塔市近郊，地处非洲中部，濒临大西洋几内亚湾东南侧。目前，该港正由中国路桥工程有限责任公司和摩洛哥 SOMAGEC 公司联合进行新建和扩建。完工后，港口将具有 2 个 1 万吨成品油泊位，10 个 1 万—5 万吨散杂货通用泊位，通用码头散杂货的设计年吞吐量为 500 万吨以上，集装箱为 50000 个标准箱（TEU）/年，油码头为 230 万吨/年。2011 年，巴塔港货物吞吐量为 155 万吨，马拉博港为 268 万吨。目前，巴塔港有 50—200 米泊位 2 个，扩建完成后，泊位和吞吐量将增加 2—3 倍。

扩建中的马拉博港

扩建中的巴塔港

为了实现经济多元化目标,充分利用国家石油和矿产资源,保证经济可持续发展,落实国家工业发展规划,赤道几内亚政府决定建设姆比尼工业城。

姆比尼工业城位于大陆地区西海岸姆比尼市南部,交通便利,区位优势明显。巴塔港离姆比尼城很近。政府在此建立工业城另一个目的是将该城打造成中非地区物流转运中心,成为中西非地区与外部连接的枢纽。

姆比尼工业城占地面积约 20 平方公里,分两期建设,是赤道几内亚工业化规划标杆项目。该工业城一期拥有医疗、纺织、化工、木材加工、能源、金属、食品、烟草、渔业、小微企业等功能区块。此外,还有办公楼、商业中心、住宅等服务区块及航运港口、空港、火车站等物流区块。二期为国家第二阶段工业开发预留区块。姆比尼工业城发展的重点部门有矿产品加工。为进一步开发铝、铁、钽等矿产资源,矿产、工业和能矿部在 2012 年矿产航测结果基础上,适时启动矿产开采权发放并逐步建立矿产品加工体系。

据联合国贸发会议发布的 2013 年《世界投资报告》显示，2012 年，赤道几内亚吸收外资流量为 21.2 亿美元，截至 2012 年底，赤道几内亚吸收外资存量为 135 亿美元。赤道几内亚的外资主要来自于美国石油公司，还有摩洛哥、埃及、意大利、法国和中国的部分承包工程企业。

第三产业：

第三产业在国内生产总值中所占比例不大，1998 年占经济总量的 11.7%，其中，公共部门所收增值税占 4.5%，商业占 3.7%。1991—1992 年，商业和旅馆业收入占国内生产总值分别为 17% 和 9%，1993 年下降了 1%，1995 年增长 7.5%。增长的主要原因是政府大力鼓励私人投资旅游和商业部门。随着经济的发展，外国在马拉博和巴塔投资旅馆业和金融业明显加大。

根据世界贸易组织统计，2011 年赤道几内亚对外贸易额为 208.37 亿美元，其中出口 136.57 亿美元，进口 71.8 亿美元。生活日用品和生产资料几乎全部依赖进口。

赤道几内亚主要贸易伙伴有西班牙、中国、意大利、日本、美国、荷兰、加拿大等。

主要出口产品有原油、木材、可可和咖啡。主要进口商品有石油加工产品、石油生产设备和建筑材料、公共设施物品、日常生活用品等。

赤道几内亚是中非经济与货币共同体（CEMAC）成员国、中非国家经济共同体成员国（ECCAS）和中非发展银行（BDEAC）成员国。随着经济的发展，赤道几内亚同周边国家的经济往来更加密切，并在推动区域性经济发展中发挥着重要作用。

第四节 2020年经济社会发展规划

2007年11月,奥比昂总统主持召开了第二次全国经济工作会议,制定了2020年经济社会发展规划。政府在这个规划中明确提出,要摆脱国家经济对石油和天然气的过分依赖,寻求一条经济和社会快速发展的途径,使经济和社会各领域的发展呈多样化形态,从而实现经济的稳步和可持续发展,建设以中产阶层占主导地位的新兴国家。为此,政府在继续发展石油工业的基础上,大力推动基础建设,优先发展农业、畜牧业、渔业、能源、矿业、服务业和金融业。

2020年经济社会发展规划的战略目标是:第一,实现经济多元化,充分开发和利用资源,推动工业现代化。发展四大经济支柱产业,即能源、海洋渔业、农业、旅游业。第二,大力发展社会服务事业,使每一个公民都能享受到经济发展所带来的实惠,提高人民生活水平。

1. 能源发展规划:加大石油和天然气现有区块的开采力度、继续其他区块的发掘、建设炼油厂、扩大液化天然气生产线、建设天然气发电厂、实现能源产业的强劲和多样化发展。使能源工业上一个新台阶,不仅能满足国内对高质量的能源需要,而且能向周边国家出口。进一步推进除石油、天然气以外其他地下矿藏的开发。

2. 大力发展海洋渔业。政府计划建立具有现代化设备的渔船队,兴建15个渔业产品加工厂、冷库、水产养殖厂。到2020年,渔业部门的就业人数达到6万人。最终实现渔产品商业化和地区化市场。

3. 发展现代化农业。利用现代化农业技术，覆盖人口生活的 60％，保证国家粮食和食品安全、建设农业示范农场、帮扶和培训农民、农产品多样化、改善农村落后的生存环境。

4. 充分利用国家旅游资源，大力发展旅游业。进一步完善马拉博、巴塔等城市机场设施，提高其运输能力，增加酒店和商业设施，开发恩索尔克高地国家公园、阿伦山国家公园等自然保护区，建设旅游休闲场所和国际生态旅游示范中心。推动区域性金融中心的建设。

为保障上述规划的顺利实现，赤道几内亚政府开展了大规模的基础设施项目建设，其投资规模均占年国家预算的 30％以上。拟投巨资在全国 5 个主要省份建立 5 个多学科综合实用技术培训中心，加大生产领域、通讯领域的投入，鼓励私人企业投资多样化，如农业和渔业及其产品加工业、炼油厂和天然气液化生产线；铺设首都马拉博至陪都巴塔的海底通讯光缆，启动国家安全网建设等。

随着经济的快速发展，政府开始重视并大力发展旅游业，并视其为多元化经济的重大举措。新闻、旅游和文化部负责规划和管理国家旅游产业。近几年来，赤道几内亚基础建设迅速发展，大陆地区和比奥科岛的公路网基本建成，旅游设施逐步完善，国际连锁酒店和中小型旅馆数量大大增加，旅游服务质量逐渐提高。马拉博和巴塔等大城市市区改造初见成效，马拉博新城已初具规模，长达 10 多公里的机场环路成为该城的现代化标志。公路两旁高楼林立，如总理府和各部办公楼、议会、国家电视台、中央银行、国家项目办公室、学校、医院等公共设施以及新型住宅和商业区等。在保持原有风貌的前提下,马拉博老城区改造工程已接近尾声。经过几年的努力,老城换新颜。栋栋别墅依山而建,错落有致。巴塔市政建设规模不断扩大,海滨大道成为一道亮丽的风景线。为了吸引外国游客,政府决定将科里斯科岛建成一个对外开放的自由岛。尤其引人瞩目的是2011年,考古学家在科里斯科岛发现了铁器时代的遗迹,遗址有三十多

马拉博机场路鸟瞰

处墓葬。这是迄今为止中非地区发现的最大规模的古代墓葬群,这一重要发现不仅具有很高的考古和历史研究价值,也为开发旅游业创造了条件。为开发科里斯科岛上的旅游资源,吸引外国游客,政府投资3亿欧元进行旅游基础设施建设。2011年,科里斯科国际机场正式动工修建,政府还聘请世界

巴塔海滨大道

旅游组织和西班牙旅游专家进行设计和规划。科里斯科岛的旅游文化产业刚刚起步，方兴未艾，具有广阔的发展前景。

第五节　发展经济改善民生

2020年经济社会发展规划特别强调社会发展目标，即发展经济，减少对石油的依赖，消灭贫困，其中包括社会福利、卫生医疗、教育等方面。规划提出，优先发展基础设施和社会福利事业是加强社会凝聚力的必要条件，第一个十年（1997—2007年），交通运输基础建设以及恢复和扩大房地产建设卓有成效，这将为发展社会福利事业，改善人民生活条件打下良好基础。

规划中实现的社会服务主要目标是：人人有饭吃（保障食品安全），人人有受教育的机会，人人有房住，人人有水喝，人人有健康服务，人人有电用，人人有工作。

当前，政府面临的挑战是，妇女的政治和社会地位亟待提高。据统计，全国人口的52%是妇女，多数未能走上社会，她们的基本权利没有得到保障。妇女中的失业人数为77.5%。因此要大力发展服务业，降低妇女失业率。

随着经济的快速发展，地区差别，城乡差别，特别是贫富差别加大，其中国家贫困人口特别是农村贫困人口占较大比例。据统计，2006年全国贫困人口占总人口的76.8%，平均每个家庭，特别是6口人以上的家庭，其贫困人口占66.4%。贫困人口主要是由于家庭人口多，劳动力少，失业，工资低等造成的。失业人口中，青年占较大比例。

教育水平落后，小学、中学和大学数量严重不足，现有学校缺少基本的教学和生活设施，如水、电、教学器材等等。小学和普通中学师资严重不足，特别在农村，多数儿童得不到就学机会。据统计，全国学龄前儿童就学率仅为39%，小学入学率89%，中学入学率23%。专科技术学校数量不足，而且缺少适应国家经济建设需要的学科。目前，在巴塔和马拉博各有一所技术专科学校。企业缺乏对工人的技术培训，无法独立操作，许多技术工艺操作依靠外国技术人员。为了发展教育事业，提高国民素质，政府于1985年颁布教育法，国家逐年提高资金投入，增加初级、中级和高等教育中心的数量。鼓励私人投资创办私立学校。2020年，实现学龄前就学率和小学入学率100%，中学入学率98%。基本实现全民教育。

卫生医疗事业落后。据统计，目前，每1000人只有0.3名医生和2.1张病床。成年患艾滋病比例高达6.2%，世界排名第11位，艾滋病病毒携带者人数31400人，世界排名第69位。出生死亡率为352/10万，1岁以下儿童接种疫苗率34％，五岁以下儿童营养不良占40％，疟疾得病率61％，结核病得病率555/10万。根据规划，政府将加大投资力度，建立完整的医疗体系，实现医疗中心覆盖全国，增加和扩建城市现有的各大医院，购置先进的医疗设备，制定预防艾滋病、疟疾等流行病和传染病规划和措施。加大妇女和儿童保护力度，增加和改善医疗器械设备。改善居民饮水质量，预防疾病发生。经过几年的努力，国家卫生医疗水平有了明显提高，截至2014年，全国共有18所医院，其中地区级医院2所，省级医院4所，县级医院12所，还有22个卫生医疗中心和291个卫生点。医院共有1091个床位。医务人员数量也有较大幅度的增加。

第十四章 外交政策和对外关系

第一节 日益活跃的和平外交

赤道几内亚奉行不结盟、睦邻友好和多元化外交政策。主张在和平共处、平等互利的基础上发展同世界各国的友好合作关系。反对霸权主义和强权政治，反对借人权问题干涉非洲国家内部事务。要求建立国际政治、经济新秩序。主张非洲国家制定共同战略，争取正常的和平发展环境。作为非洲联盟成员国，积极参与非洲事务。为解决和平、安全稳定和发展问题以及能源和食品安全问题而努力。当前世界各国面临经济全球化挑战，因此各国应坚定不移地走改革之路。非洲国家应适应和加强与欧盟的合作，而不应成为欧盟援助单纯的接受国，双方的合作应遵循平等互利的原则。同发达国家的合作应通过改革使本地区得到可持续发展。应加强南南合作和南北对话，为解决经济危机达成共识，南北之间的合作同样应建立在平等互利交换的基础上进行。

进入 21 世纪，奥比昂总统依靠国家经济实力的不断增长，积极开展多边外交，提高赤道几内亚在非洲的政治地位和扩大国际影响。

2000 年 2 月，中部非洲国家经济共同体第三次国家元首和政府首脑会议在马拉博召开。6 月，中部非洲国家经济共同体和平与安全理事会部长级会议在马拉博举行。

2011年6月30日至7月1日，第17届非盟峰会在马拉博举行。非盟50多个成员国国家元首、政府首脑和代表以及联合国等国际组织代表出席这次峰会。此次峰会的主题是"加快青年能力培养以促进可持续发展"。会议讨论了地区安全，特别是北非地区的安全以及气候变化等问题，通过了政治解决利比亚危机的框架协议。关于利比亚局势，奥比昂总统强调，非盟为通过谈判和平解决利比亚危机作出了巨大努力，当前利比亚战争是外来势力强加于利比亚人民的。奥比昂总统的讲话得到了与会代表的欢迎和赞赏。会议还讨论了北非地区局势，认为北非地区动荡是西方大国干预的结果。这次峰会举世瞩目，短短两天的会议也使马拉博成为世界关注的中心。

2012年，在赤道几内亚举行了一系列重要的国际会议。8月，第九届莱昂·苏利文峰会在马拉博举行。非盟轮任主席、贝宁总统亚伊、塞拉利昂总统科罗马、圣多美和普林西比总统达科斯塔、科摩罗总统伊基利卢等国家元首出席会议。11月13日至14日，非洲加勒比太平洋国家首脑会议在马拉博举行。这次会议的主题是"非洲、加勒比和太平洋国家集团在一个不断变化世界中的未来：机遇与挑战"。奥比昂总统在开幕式讲话中表示，非洲加勒比太平洋地区是当今人类充满变革和活力，同时又充满挑战的地区。马拉博为这次峰会提供了一个和平、严肃、安全和值得信赖的对话场所，共同讨论南南发展与合作问题，加强该地区之间的凝聚力和团结，以及与欧盟、北方国家合作问题。峰会主要达成两点共识：一是尽快从非洲、加勒比和太平洋三个地区分别选出一位国家元首作为代表，成立一个由三位国家元首组成的非加太国家集团新领导机构。新成立的领导机构将就非加太国家集团的新架构提出具体建议，新架构将促进非加太国家集团内部的一体化建设，并进一步捍卫非加太国家集团的整体利益；二是呼吁与欧洲国家建立更加平衡的伙伴合作关系。奥比昂总统在会上强调，非加太国家提供的原材料促进了欧盟乃至世界经济的发展，作为回报，我们期待欧盟等发达国家向我们转让技术。欧盟与非加太国家集团之间的关系不应只是简单的资金援助与被援助关系，而应发展成为互惠互利的交流关系。

2013年2月，第三届"南美洲—非洲峰会"在马拉博举行。2014年6月，第23届非盟首脑会议在马拉博举行。9月，第二届联合国教科文组织—赤道几内亚生命科学颁奖仪式在马拉博举行。11月，土耳其—非洲峰会在马拉博举行。

赤道几内亚政府为举办这些国际会议不惜花费大量人力和财力，保证了这些会议成功召开，大大提高了赤道几内亚在非洲和国际上的影响。

2014年4月，奥比昂总统出席在布鲁塞尔举行的第四届欧盟——非洲峰会。7月，奥比昂总统赴东帝汶首都帝力出席第十届葡萄牙语国家共同体首脑会议，会议批准赤道几内亚成为该组织第九个成员国。

第二节　对外关系

(一) 同西班牙的关系

1968年，赤道几内亚实现独立。马西埃执政11年，赤道几内亚同西班牙的关系不断恶化，直至断交。1979年，奥比昂总统开始执政，赤道几内亚同西班牙关系有所缓和，但也出现不少波折。

独立初期，根据西班牙同赤道几内亚签订的协议，在赤道几内亚政府部门供职的西班牙人和驻扎在赤道几内亚的西班牙安全部队继续留用。根据协议，赤道几内亚政府开支纳入西班牙政府预算。

当时，两国仍保持贸易往来。1976年，西班牙从赤道几内亚进口4400吨可可，加上木材总进口额为1.40亿比塞塔。同年，西班牙向赤道几内亚出口粮食、食品、机械设备等，总出口额为2.4亿比塞塔。西班牙外交部长马塞利诺·奥雷哈表示，西班牙愿意同赤道几内亚有一个良好的合作关系，帮助赤道几内亚解决巴塔市的供水问题，修建机场。此后，西班牙政府派代表团访问赤道几内亚。表示愿意进一步改善同赤道几内亚关系。不过，好景不长，在赤道几内亚不断发生驱逐西班牙外交官事件，马西埃对西班牙采取抨击立场，指责西班牙干涉赤道几内亚内政，支持反对派企图推翻他的政权。1977年3月23日，西班牙政府宣布同赤道几内亚断绝外交关系。1978年9月，西班牙在野党西班牙工人社会党向众议院提出一项关于西班牙同赤道几内亚关系和赤道几内亚违反基本人权问题的非法律性建议，要求政府采取必要措施控制对赤道几内亚的经济和技术帮助，在不能保证援助能给赤道几内亚人民带来好处的情况下取消这些援助。

1979年，奥比昂发动"8·3"政变的第三天，西班牙政府宣布承认新政权，并表示愿意同赤道几内亚保持合作。1979年8月30日，赤道几内亚同西班牙复交。1979年9月

3日,西班牙驻赤道几内亚大使胡安·德安德拉达·包蒂斯塔向奥比昂总统递交国书。当日,奥比昂总统邀请西班牙国王胡安·卡洛斯一世访问赤道几内亚。1979年10月12日,西班牙经济部长率领代表团访问赤道几内亚并出席赤道几内亚国庆日庆祝活动。在庆祝大会上,奥比昂总统表示由于历史和文化的原因,赤道几内亚政府将给西班牙政府"特殊待遇",西班牙将成为赤道几内亚的"特殊伙伴"。10月31日,两国政府签署了友好合作协定,并签订了石油、矿产勘探、文化与卫生合作协定。1979年12月,胡安·卡洛斯一世访问赤道几内亚。这是西班牙国家元首第一次对赤道几内亚进行国事访问。胡安·卡洛斯一世表示,西班牙在赤道几内亚无意寻求战略支点,也无意寻求文化统治和其他任何非分利益。西班牙只希望根据自己的承诺和责任同赤道几内亚人民平等地进行合作。奥比昂总统表示:"通过这次历史性的访问,赤道几内亚人民希望国王和西班牙人民给其无条件的帮助以完成重建国家的伟大任务。具体地讲,我们要求西班牙给予赤道几内亚共和国至少五年的国家财政预算,鼓励西班牙私人投资,给予所有重建计划以资金支持。"奥比昂总统还希望西班牙为赤道几内亚经济社会发展提供陆地、海运和空运交通工具。1980年5月,奥比昂总统访问西班牙,同胡安·卡洛斯一世举行了会晤。1981年9月,西班牙政府首相卡尔沃·索特洛访问赤道几内亚。1982年,奥比昂总统再次访问西班牙,两国关系有明显的改善。1979—1983年,西班牙向赤道几内亚提供了150亿比塞塔的援助,用于国家重建。

不过,赤道几内亚政府担心西班牙在发展同赤道几内亚的关系中推行"新殖民主义政策",并对此保持警惕。1981年,赤道几内亚当局宣布禁止西班牙《变革16》、《日报16》、《会见》等出版物在赤道几内亚发行,这引起西班牙当局的不满。1983年5月,在赤道几内亚发生了一起未遂政变,包括马西埃总统时期的一些民兵参与了这起政变。骨干分子贝南西奥·米科在政变失败后逃到西班牙驻赤道几内亚大使馆躲藏起来。赤道几内亚政府要求西班牙大使馆把贝南西奥·米科交给赤道几内亚军方,但被西班牙大使馆拒绝。双方僵持不下,局面出现紧张。西班牙外交部长费尔南多·莫兰来到马拉博同赤道几内亚政府举行谈判。在法国驻赤道几内亚大使的斡旋下,双方达成协议。西班牙大使馆同意把贝南西奥·米科交给赤道几内亚军方。贝南西奥·米科在被判处死刑后赦免。这一事件虽然得到解决,但给两国关系留下了阴影。1983年,赤道几内亚加入中部非洲关税和经济联盟。西班牙担心赤道几内亚被纳入法语区轨道,试图改善两国关系,为此制定了向赤道几内亚提供四年援助计划。1986年,奥比昂总统晋升少将,西班牙派奥比昂当年在西班牙学习的萨拉戈萨军事学院院长代表胡安·卡洛斯一世出席晋升仪式。1987年,两国合资的几内亚对外银行因缺乏严格管理,资金流向不明,出现巨额亏损而关闭。期间,西班牙议会对是否继续向赤道几内亚提供援助展开激烈辩论。反对党人民同盟和联合左翼反对政府继续向赤道几内亚"专制政权提供不合时宜的援助"。但是,西班牙工人社会党政府坚持同赤道几内亚修好。1989年,西班牙外交部长弗朗西斯科·费尔南德斯·奥多涅斯表示,不再以赤道几内亚民主化作为提供援助的先决条件。1990年,西班牙提出了第二个与赤道几内亚框架合作计划。1991年至1994年,西班牙向赤道几内亚提供127.8亿比塞塔的援助。1991年,赤道几内亚政局动荡,发生街头游行,矛头指向奥比昂总统和他的政府。西班牙首相费利佩·冈萨雷斯提出赤道几内亚实现民主化的建议,并计划于1991年9月访问赤道几内亚。但是,由于赤道几内亚政局变化,访问推迟到11月。访问期间,费利佩·冈萨雷斯要求赤道几内亚实行多党制,开启民主化进程。赤道几内亚反对派对费利佩·冈萨雷斯首相的这次访问感到失望。

1993年两国关系紧张,西班牙中断了两国官方机构的合作。这一年,在巴塔和马拉博发生了几起骚乱,赤道几内亚政府将参与骚乱的西班牙公民驱逐出境。同年10月,赤道几内亚政府指责西班牙驻巴塔总领事干涉赤道几内亚内政。1993年11月,赤道几内亚举行议会选举。西班牙驻巴塔总领事发表了不利于两国关系的讲话,被赤道几内亚政府宣布为"不受欢迎的人"。西班牙政府召回驻赤道几内亚大使,并减少了对赤道几内亚的技术和经济援助。西班牙驱逐了赤道几内亚驻西班牙大使馆的一名外交官。两国关系迅速降温。1994年,两国互派大使,但两国政治关系始终缺乏相互信任。1996年,西班牙人民同盟上台执政,两国关系仍未出现转机。1997年,赤道几内亚政府宣布"冻结同西班牙的关系"。1999年12月,西班牙决定恢复对赤道几内亚的官方援助。2004年3月6日,赤道几内亚发生未遂政变后,赤道几内亚政府指责西班牙与政变有染,两国关系一度紧张。2005年,西班牙向赤道几内亚提供2390万美元的援助。2006年1月,西班牙宣布撤销对流亡在西班牙的赤道几内亚反对党领袖的政治庇护。同年 11 月，奥比昂总统对西班牙进行正式访问。期间，奥比昂总统参加了赤道几内亚驻西班牙大使馆开馆仪式。2007 年 6 月，西班牙议会代表团访问赤道几内亚。同年 7 月，赤道几内亚外交部长米恰访问西班牙。2008 年 7 月，赤道几内亚政府总理米拉姆访问西班牙。2009 年 7 月，西班牙外交部长访问赤道几内亚。2011 年 2 月，西班牙议长访问赤道几内亚。同年 7 月，西班牙外贸部国务秘书阿尔弗雷多·博内特率领 29 个企业组成的代表团访问赤道几内亚，双方举行了企业家洽谈会。阿尔弗雷多·博内特表示西班牙愿意加强同赤道几内亚的经贸合作，并宣布在马拉博开设经济贸易办事处。2012 年 11 月，赤道几内亚外交部长阿加皮托·姆巴·莫库伊访问西班牙，与西班牙外长举行了会谈，并签署了赤道几内亚与西班牙航空合作协议。2014 年年初，阿加皮托·姆巴·莫库伊再次访问西班牙，并会见了西班牙国王胡安·卡洛斯一世。2014 年 3 月，奥比昂总统赴马德里参加西班牙政府前首相阿道夫·苏亚雷斯葬礼。同年 6 月，西班牙政府首相马里亚诺·拉霍伊出席在马拉博举行的第 23 届非盟首脑会议。同年 7 月，西班牙政府前首相萨帕特罗访问赤道几内亚。

赤道几内亚是西班牙在撒哈拉以南非洲第四大出口市场，并在能源合作方面有所进展。2010 年，西班牙从赤道几内亚进口原油 1.5 万吨。同年，西班牙向赤道几内亚出口额为 2.26 亿欧元，主要出口产品中食品占 26%，机械设备 31%，半成品 19%，汽车 5.8%。西班牙由于进口赤道几内亚石油，保持逆差。最近两年，共有 50 多家西班牙企业在赤道几内亚投资，投资额增加了 50%。2013 年 4 月 11 日，赤道几内亚塞伊瓦航空公司在西班牙首都马德里设立办事处。赤道几内亚新闻部长阿古斯丁·恩塞·恩福穆代表奥比昂总统和赤道几内亚政府为办事处剪彩揭牌。这是赤道几内亚国家航空公司开辟的第一条飞往欧洲的航线。

(二) 同法国的关系

赤道几内亚同法国的关系起步晚，但发展较快。奥比昂于1979年发动"8·3"政变后，法国成为最先承认赤道几内亚新政权的国家之一。奥比昂总统执政初期，特别需要国际上的承认和支持，以摆脱在国际上孤立的处境。法国看到了这一点，立即向赤道几内亚示好。同年10月，西班牙同赤道几内亚签署友好合作协定，并签订了石油、矿产勘探、文化与卫生合作协定。法国不甘落后，法国合作部长罗贝尔·加莱同年访问马拉博，两国签订了经济、文化、科学技术合作协定。此后，赤道几内亚财政部长访问法国，法国向赤道几内亚提供200万美元贷款，用于石油矿产勘探、捕鱼、公共工程建设及文化合作。可以看出，法国对赤道几内亚的矿产特别是几内亚湾的石油资源十分感兴趣。1980年11月，奥比昂总统访问法国，同吉斯卡尔·德斯坦总统举行了会晤，向其介绍了赤道几内亚局势，希望法国帮助他摆脱前总统马西埃给国家留下的困境。德斯坦总统建议赤道几内亚加入法郎区，但德斯坦总统在这方面未来得及做推动工作，六个月后卸任。奥比昂总统在考虑法国的这一建议之前，曾向西班牙政府表示希望比塞塔作为赤道几内亚流通货币。但是，西班牙政府没有接受奥比昂总统的建议，理由是赤道几内亚经济非常糟糕，西班牙不能卷入其中。在此情况下，奥比昂总统才求助法国政府接受赤道几内亚加入法郎区。1981

年9月，奥比昂总统赴法国参加欠发达国家会议。期间，奥比昂总统同法国总统弗朗索瓦·密特朗举行会晤。密特朗总统重申法国支持赤道几内亚加入法郎区，并建议赤道几内亚向中非国家提出加入法郎区愿望。在法国政府的推动下，赤道几内亚同中非国家就加入法郎区举行谈判，但谈判进展得十分困难。1983年12月，在班吉举行的中部非洲关税和经济联盟会议上，一些成员国反对赤道几内亚加入法郎区，并要求赤道几内亚拿出4000万美元作为加入法郎区保证金。显然，赤道几内亚不可能拿出这笔资金。但是，在法国的支持和推动下，赤道几内亚于1983年加入中部非洲关税和经济联盟，1985年中非金融合作法郎在赤道几内亚正式流通。此后，奥比昂总统与密特朗总统多次举行正式或非正式会晤。1986年7月，奥比昂总统再次访问法国，出席法国国庆节纪念活动。1989年5月，在法国的支持下，赤道几内亚加入法语国家组织。1997年，赤道几内亚政府宣布法语为第二官方语言。2001年3月，奥比昂总统访问法国同雅克·勒内·希拉克总统举行会晤，并邀请他访问赤道几内亚。法国每年向赤道几内亚提供约2000万美元的援助，并向赤道几内亚总统府、国防部等政府部门派出顾问。两国还设立混委会，就两国政治和经贸关系定期举行磋商。2005年6月，法国政府派一艘登陆舰访问马拉博。2007年2月，赤道几内亚政府总理出席第24届法非首脑会议。3月，法国参议员代表团访赤道几内亚。10月，奥比昂总统赴法国参加第34届联合国教科文组织大会，尼古拉·萨科齐总统会见了奥比昂总统。

1998年11月,在巴黎举行的第二十届法非峰会上,奥比昂总统夫妇与希拉克总统夫妇合影

(三)同美国的关系

马西埃总统执政时期,推行排外主义,赤道几内亚同美国关系日趋紧张。1976年,两国断交。1979年奥比昂总统执政,赤道几内亚同美国复交。1993年,美国在民主、人权方面公开批评赤道几内亚政府。1994年,美国同赤道几内亚的外交关系从大使级降为代办级。1996年,美国关闭驻赤道几内亚大使馆。近年来,由于双方在石油领域保持合作,两国关系有所改善。2000年,美国在巴塔开设了名誉领事馆。"9·11"事件发生后,赤道几内亚政府在首都马拉博召开大会,表示赤道几内亚反对任何形式的恐怖主义。2002年2月,奥比昂总统对美国进行访问,2003年6月,

奥比昂总统访美期间，双方签署两国互不向第三国和国际法庭遣送对方公民协议。同年10月，美国驻赤道几内亚大使馆在关闭7年后重新开馆。目前，美国已取代西班牙成为赤道几内亚第一大进口和出口目的地国，美国在赤道几内亚的投资约70亿—80亿美元。2006年2月，美国负责非洲事务的助理国务卿弗雷泽率团访问赤道几内亚。4月，奥比昂总统对美国进行访问。10月，奥比昂总统再次访问美国。2007年1月，美国国防部代表团访问赤几道几内亚。2014年8月，奥比昂总统赴美参加"美国—非洲领导人峰会"，被美国总统奥巴马奉为上宾。在此之前，奥巴马总统表示世界需要一个繁荣和自力更生的非洲，非洲需要加强法制，根除腐败，对公民更负责任。然而，峰会期间，美国大谈"美非合作"，却闭口不谈"推动结束腐败和酷刑"。美国虽然对赤道几内亚人权等问题上常有批评和指责，但由于在赤道几内亚拥有巨大的石油经济利益，所以并不愿意因小失大，把关系搞僵。2009年8月，赤道几内亚外交部长米恰对美国进行工作访问，期间，米恰会见了美国负责非洲事务的助理国务卿，就几内亚湾的安全、美国在赤道几内亚的能源利益和安全交换了意见。双方涉及美对赤道几内亚能源供应的关注和美国石油公司在赤道几内亚海上油气设施总体安全等问题。米恰表示，赤道几内亚仍将继续加强与美国外交、贸易和防务的关系。赤道几内亚政府视美国为好伙伴、好朋友和好同盟，应加强两国合作以有效保护几内亚湾众多石油设施和帮助赤道几内亚改革司法体制。米恰强调，近期在几内亚湾发生多起袭击事件，对本地区的稳定、对两国的能源安全构成威胁。目前，美国所进口能源的15%来自几内亚湾，预计 2020 年将超过 25％。

(四)同俄罗斯的关系

马西埃执政时期，赤道几内亚同苏联签订了渔业合作协定。根据协定，苏联每年向赤道几内亚提供 4000 吨渔产品，但这些渔产品的质量很差，因而引起赤道几内方面的不满。苏联还利用这个协定变相占据了赤道几内亚比奥科的重要港口卢巴，并在岛上建立了卫星观测站。实际上是在中、西非搞情报活动的中继站。奥比昂执政后，废除了赤道几内亚同苏联的渔业合作协定。1980 年 2 月，赤道几内亚政府驱逐了苏联驻赤道几内亚大使馆二等秘书。2011 年 6 月，奥比昂总统应梅德韦杰夫总统邀请访问俄罗斯。访问期间，俄罗斯与赤道几内亚签署了两国军事技术合作协议、两国相互保护和鼓励投资协议、两国外交部关于建立政治磋商机制谅解备忘录。

(五)同邻国的关系

赤道几内亚重视同邻国发展睦邻友好关系。近年来，随着赤道几内亚近海发现石油，同尼日利亚、加蓬、喀麦隆、圣多美和普林西比四个邻国确定领海疆界日显重要，赤道几内亚政府表示愿以谈判方式解决有关问题。

20 世纪 70 年代初，赤道几内亚曾与加蓬发生领土争端，后经非统组织调解，两国签订了《友好睦邻协定》和《划分陆、海边界协定》。1985 年，赤道几内亚同加蓬成立混委会，就划界工作和双边合作等交换意见。1994 年，两国就联合开发科里斯科湾自然资源达成原则协议。2003 年 2 月，加蓬国防部长登上与赤道几内亚有争议的姆巴涅岛并宣布该岛属加蓬领土。赤道几内亚政府立即发表声明，重申该岛是赤道几内亚领土，要求加方立即从该岛撤军。2004年7月，奥比昂总统与加蓬总统邦戈在联合国斡旋下，在亚的斯亚贝巴签署共同开发姆巴涅岛资源的谅解备忘录。2006年2月，奥比昂总统和邦戈总统赴日内瓦接受联合国秘书长安南调解两国领土争端。3月，联合国秘书长安南访问赤道几内亚，继续调解两国领土争端。9月，奥比昂总统对加蓬进行工作访问，两国元首表示将和平解决两国领土争端。2008年以来，赤道几内亚和加蓬就边界岛屿主权归属争议有所缓和。2009年6月，奥比昂总统赴加蓬出席邦戈总统葬礼。10月，奥比昂总统赴加蓬出席阿里·邦戈总统的就职典礼。同月，加蓬总统阿里·邦戈访问赤道几内亚。2012年1月，赤道几内亚同加蓬联合举办第28届非洲杯足球赛。9月，奥比昂总统出席第67届联合国大会期间，宣布将两国领土争端问题提交海牙国际法庭裁决。2013年1月，奥比昂总统访问加蓬并出席中部非洲经济与货币共同体特别首脑峰会。4月，加蓬外长伊索泽访问赤道几内亚。6月，奥比昂总统赴加蓬出席中部非洲经济和货币共同体特别峰会及第二届"纽约—非洲论坛"。

赤道几内亚与喀麦隆边界争议与喀麦隆、尼日利亚边界争端交织在一起，问题错综复杂。1999年3月，赤道几内亚根据联合国海洋法公约中间线条款单方面宣布海上边界。尼日利亚、喀麦隆和加蓬三国对此存有较大争议。2010年2月，喀麦隆外长访问赤道几内亚，就两国边界划定问题进行磋商，双方就两国海洋划界问题达成协议并签署联合公报。2010年5月，喀麦隆副总理访问赤道几内亚，奥比昂总统会见。同月，奥比昂总统出席"喀麦隆独立五十周年"庆典。

2012年9月,赤道几内亚与喀麦隆签署《互免外交、公务护照协议》。11月,奥比昂总统访问喀麦隆。

2000年9月,尼日利亚总统奥巴桑乔访问赤道几内亚,两国元首签署海域边界协定。2002年4月,奥比昂总统访问尼日利亚,双方签署共同开发海洋区协定。2006年3月,奥比昂总统访尼日利亚。12月,两国在尼日利亚首都阿布贾签订能源合作协议。2007年5月,奥比昂总统出席尼日利亚新总统奥马鲁·穆萨·亚拉杜瓦就职典礼。2008年7月,奥比昂总统会见到访的尼日利亚前总统奥巴桑乔。

赤道几内亚同圣多美和普林西比一直保持友好关系。2007年7月,奥比昂总统赴圣多美和普林西比参加该国独立庆典。2008年2月,圣多美和普林西比总统达科斯塔访问赤道几内亚,10月应邀出席赤道几内亚独立庆典。2010年3月、2011年9月、2012年3月和7月,达科斯塔总统先后访问赤道几内亚。2013年8月,奥比昂总统会见圣多美和普林西比总理加布里埃尔·科斯塔。

赤道几内亚与加纳关系良好。2007年3月,奥比昂总统出席"加纳独立五十周年"庆典。2009年2月,赤道几内亚同加纳签署两国航空合作协议。2010年5月,加纳总统约翰·埃文斯·阿塔·米尔斯对赤道几内亚进行国事访问。2012年年初,奥比昂总统和米尔斯总统实现互访。8月,奥比昂总统赴加纳出席米尔斯总统葬礼。2013年1月,奥比昂总统出席加纳总统约翰·德拉马尼·马哈马就职典礼。

近年来,赤道几内亚同非洲国家的高层互访频繁。这些访问推动了赤道几内亚同非洲国家的友好合作关系。2012年1—2月,奥比昂总统出访津巴布韦、斯威士兰、乍得、乌干达等国，贝宁总统、布隆迪总统分别访问赤道几内亚。4月，奥比昂总统出席塞内加尔总统就职典礼。6月，奥比昂总统赴贝宁出席第18届非洲田径锦标赛开幕式。7月，奥比昂总统赴刚果（布）出席中非经济和货币共同体首脑会议。9月，奥比昂总统赴埃塞俄比亚出席埃塞俄比亚总理梅莱斯葬礼。2013年1月，奥比昂总统赴埃塞俄比亚出席第20届非盟首脑会议。2月，奥比昂总统访问冈比亚。4月，贝宁总统亚伊访问赤道几内亚。5月，中非共和国临时总统乔托迪亚、利比里亚总统瑟利夫访问赤道几内亚。同月，奥比昂总统访问安哥拉。6月，尼日尔总统伊素福访问赤道几内亚。7月，贝宁总统亚伊、几内亚总统孔戴分别访问赤道几内亚。8月，奥比昂总统访问刚果（布），赴津巴布韦出席穆加贝总统宣誓就职仪式。2014年1月，奥比昂总统对斯威士兰进行工作访问。5月，奥比昂总统赴刚果（布）出席非盟安理会改革十国元首委员会峰会，赴南非出席祖马总统连任就职仪式。6月，中非临时总统桑巴－庞扎访问赤道几内亚。7月，奥比昂总统访问卢旺达。

(六)同中国的关系

1970年10月15日，赤道几内亚同中国建立大使级外交关系。建交以来，两国关系发展顺利，高层互访频繁，在政治、经济、文化、教育、卫生等领域的交流与合作不断扩大。中国政府十分重视发展同赤道几内亚的友好合作关系。中国国家领导人多次访问赤道几内亚。多年来，两国一直保持着高级别互访。1997年1月，国务院副总理兼外交部长钱其琛访问赤道几内亚。2002年7月，全国人大常委会副委员长许嘉璐访问赤道几内亚。奥比昂总统重视对华关系，先后于 1984 年 8 月、1990 年 4 月、1996 年 9 月、2001 年 11 月、2005 年 10 月对中国进行正式友好访问和工作访问；2006 年 11 月出席中非合作论坛北京峰会；2010 年 8 月，出席上海世博会赤道几内亚国家馆日活动并访华。2012 年 7 月，奥比昂总统来北京出席中非合作论坛第五届部长级会议开幕式并访华。2015 年 4 月，奥比昂总统第九次访华。期间，习近平主席同奥比昂总统举行会谈。两国元首一致决定，将中国和赤道几内亚关系提升为平等互信、合作共赢的全面合作伙伴关系。两国国家领导人的互访增进了两国人民之间的友谊和了解，促进了两国在政治、经济、文化、教育等领域的合作。

建交以来，两国外交部长保持经常性互访和接触，就双边关系发展和国际重大问题交换意见。2005 年奥比昂总统访华取得积极成果，推动两国关系进入快速发展时期。中方感谢赤道几内亚政府长期坚持一个中国立场，愿与赤道几内亚共同努力，抓紧落实两国领导人就发展双边关系达成的共识，推动双边互利合作不断取得新成果。2006 年 7 月 20 日，中国外交部长李肇星会见了过境北京的赤道几内亚外交部长米恰一行。李肇星外长表示，中国赤道几内亚建交 36 年来，双边关系始终稳步、健康发展。米恰外长赞同李肇星外长对双边关系的评价，表示赤道几内亚政府重视发展对华关系，希望双方共同努力落实 2005 年奥比昂总统访华成果。米恰外长强调，赤道几内亚政府坚定奉行一个中国政策，衷心祝愿中国早日实现国家统一。双方还就联合国改革、中非合作论坛及其他共同关心的问题交换了意见。2007 年 12 月 20 日，中国外交部长杨洁篪会见来华进行非正式访问的赤道几内亚外交部长米恰。杨洁篪外长说，中国赤道几内亚友谊源远流长。近年来两国关系全面、快速发展，双方政治上相互信任、相互支持，经贸上优势互补、互利共赢，各领域合作成果丰硕。中方感谢赤道几内亚政府坚持一个中国政策，支持中国统一大业。希望双方巩固传统友好，深化经贸合作，加强相互支持和配合，推动两国关系不断取得新的发展。米恰外长说，中国赤道几内亚建交 37 年来，两国关系不断发展，目前处于历史最好水平。双方近年来互利合作取得丰硕成果，中国向赤道几内亚提供了真诚援助，赤道几内亚对此深表感谢。赤道几内亚将坚定不移地奉行一个中国政策，愿与中方在国际事务中继续相互支持。2008 年 6 月，赤道几内亚外交部长米恰专程来华转交赤道几内亚政府向中国地震灾区提供的捐款。17 日，国务委员戴秉国会见了米恰外长，并表示感谢米恰外长专程来华就四川汶川大地震向中方表示慰问并提供捐款。此举表明了中国赤道几内亚两国人民患难与共的深厚情谊。戴秉国国务委员说，中国赤道几内亚建交 38 年来，双边关系始终健康、稳定、顺利发展。两国政治上相互信任，经贸合作上坚持优势互补，互利共赢，国际事务中相互支持。中方一贯重视中国赤道几内亚关系，愿与赤道几内亚方面共同努力，继续深化各个领域的合作，把两国友好合作关系不断提升到新的水平。米恰外长说，中国赤道几内亚关系真诚友好，两国在各个领域的合作成果丰硕。中国遭受特大地震灾害后，赤道几内亚政府和人民感到十分悲痛，对中国政府和人民表示深切同情和亲切慰问，并愿尽绵薄之力提供帮助。米恰外长重申，赤道几内亚政府和人民始终视中国为最好的朋友，愿与中方共同努力，推动双边关系不断深入发展。

2010年7月,戴秉国国务委员访问赤道几内亚。7月23日,赤道几内亚总理米拉姆在马拉博会见到访的戴秉国国务委员。米拉姆总理说,两国建交以来,一直保持良好关系。我们对两国关系现状表示满意。中国长期为赤道几内亚经济发展提供的合作是真诚的,从不干涉非洲国家内政。中国企业为赤道几内亚基础设施建设作出积极贡献,这体现了中国人民对赤道几内亚人民的友好情谊。双方的合作是互利互惠的,赤道几内亚愿同中方积极保持密切交往,进一步发展友好合作关系。戴秉国国务委员说,建交40年来,在双方共同努力下,两国关系健康、稳定、持续向前发展,给两国人民带来实实在在的利益。40年来,两国各自情况及世界形势发生许多重大变化,但两国的友情、信任不仅没有变,而且在进一步加深,各领域务实合作不断加强。我们愿意同赤道几内亚共同努力,推动两国关系在下一个40年得到深入全面发展。他强调,支持是相互的,赤道几内亚在涉及中国国家主权、安全和发展利益等许多问题上给予中国宝贵支持。在今后的岁月里,中国将坚持奉行不干涉内政、相互尊重、平等相待、互利互惠等原则,坚定不移地走中非发展友好合作关系的道路。作为一个发展中国家,中国将始终同非洲国家站在一起。

2013年11月,赤道几内亚负责国防和安全事务的第二副总统特奥多洛·恩圭马·奥比昂·曼戈访问中国。11月13日,国家副主席李源潮会见了奥比昂·曼戈副总统。李源潮副主席说,中国赤道几内亚友谊深厚,当前两国都处在发展建设的重要时期。希望双方深化政治互信,扩大在石油、信贷、工程和人力资源培训等领域的务实合作，把中国赤道几内亚传统友好合作关系提升到新水平。奥比昂·曼戈副总统说，赤道几内亚和中国是真正的朋友，愿加强双方在基础建设、石油、卫生等领域互利合作，造福两国人民。

2015年1月，中国外交部长王毅访问赤道几内亚。奥比昂总统会见了王毅外长。奥比昂总统高度评价赤道几内亚同中国的关系。他说，赤道几内亚把中国视为真正的好朋友。在赤道几内亚实现崛起梦想的过程中，中国给予了宝贵的支持和帮助，且不附加任何条件，两国兄弟情谊坚不可摧。赤道几内亚坚定致力于进一步深化两国互利合作。当前，赤道几内亚正在实施2020年远景规划，推进工业化进程和经济转型，希望在此方面继续得到中方的支持和帮助。期待中方在帮助非洲实现安全与发展方面发挥更大作用。王毅外长表示，中国是赤道几内亚可靠的伙伴和真诚的朋友。中国感谢赤道几内亚在涉及中国核心利益等重大问题上给予坚定支持，珍视同赤道几内亚的传统友谊，愿与赤道几内亚人民继续互相帮助，互相支持。他表示，他此访就是希望在两国建交45周年之际，探讨如何进一步全面深化两国关系。双方应加强高层交往，进一步巩固政治互信。根据各自国情和形势发展，深化互利合作，把经历风雨考验的传统友好更好地转化为互利共赢的合作成果。中方赞赏阁下领导赤道几内亚人民积极探索符合本国国情的发展道路，推行经济多元化发展战略，根据赤道几内亚需求和中方能力，继续推进两国能源等领域合作，同时把农业现代化、海洋经济振兴和临海经济发展作为未来合作的重点突破方向。积极探讨参与赤道几内亚工业化进程，实现双方产业对接与合作共赢。

中国共产党和赤道几内亚民主党保持友好往来。2011年10月，以赤道几内亚民主党副总书记胡安·恩科·马布拉为团长的赤道几内亚民主党干部考察团访华。2013年6月，赤道几内亚民主党总书记卢卡斯·恩圭马·埃索诺率团访华。9月，中共中央书记处书记、中央纪委副书记赵洪祝率中共代表团访问赤道几内亚。期间，赤道几内亚民主党主席、奥比昂总统会见了赵洪祝一行。

赤道几内亚方面的重要访问还有：总统马西埃（1977年9月）、外交部长马塞利诺（1983年3月）、外交部长埃内梅（1991年5月）、赤道几内亚人民代表院议长萨洛蒙·恩圭马·恩沃诺（2001年6月）、财政和预算部长马塞利诺·奥沃诺·埃杜（2007年2月）、财政和预算部长埃斯塔尼斯劳·唐·马拉沃（2009年3月）、外交部长阿加皮托·姆巴·莫库伊（2012年7月出席中国非洲合作论坛部长级会议）。

建交以来，两国经贸关系呈不断增长趋势，从建交初期中国单方面向赤道几内亚提供经济等各方面的援助发展到多领域、多渠道、快速发展、互利双赢的新局面，其发展前景十分广阔。目前，两国经贸关系已成为巩固和深化双边关系的重要内涵。

两国建交初期，中国帮助赤道几内亚兴建水电站、公路和电信大楼等基础设施。20世纪70年代，中国援助赤道几内亚一艘"马涅"号客货轮。这是20多年间赤道几内亚唯一一条海上交通运输工具，对赤道几内亚大陆和比奥科岛之间的人员和货物往来以及保障国家领土安全发挥了重要作用。"马涅"号客货轮承担了运送货物、部队、调防、劳工和学生的任务。因该船是当时非洲少有的豪华客轮，被赤道几内亚官员和百姓引以为荣。大陆地区经济重镇巴塔市电台是20世纪70年代中国援建的。至今，中国还为巴塔电台提供各种设备，并派出专家提供技术帮助和支持。由中国援建的巴塔—涅芳—蒙戈莫公路建于20世纪70年代末，全长223公里，其中从奥比昂总统家乡蒙戈莫至恩圭段全长121公里。这条公路坚固耐用，经历了30年的风风雨雨，成为中国与赤道几内亚两国友谊的见证。同一时期中国援建的毕科莫水电站至今仍然在发电。20世纪90年代起，赤道几内亚发现和开发石油，经济快速发展，财政收入大大增加，中国继续向赤道几内亚提供援助。近几年中国援建赤道几内亚的新项目有马拉博电视中心、外交部大楼、外交部巴塔办公楼、恩科隆博变电站改造等。中国企业在赤道几内亚承包建设项目的同时，不忘企业的社会责任，投入资金帮助当地建设学校、疟疾防治中心、教堂、乡镇街道、挖井，解决偏远地区居民饮水问题。中国企业的这些善举博得了赤道几内亚人民的好评和赞扬。

奥比昂总统曾多次赞赏中国的援助，他说，赤道几内亚在最困难的时刻，是中国提供了慷慨帮助，他欢迎中国企业来赤道几内亚参加经济建设，赤道几内亚将给中国予以回报。奥比昂总统在他的回忆录《我为人民而生》一书中是这样评价赤道几内亚与中国关系的："在同其他国家关系中最正常、最富有成效的是中华人民共和国。当1979年变革的时候，我同共产党世界逐渐保持距离。在所有这些国家中，同中国的关系发展最好。我三次访问中国。中国在承诺援助一个项目时，我们都相信一定能实现。不管是在医疗卫生、教育、公路建设方面还是其他公共设施建设方面。中国的合作一直是十分有效的，非常受欢迎。当然，中国本身也正在十分迅速地发展。"

中国公司承建的赤道几内亚公共工程和基础设施部大楼

2009年，中国同赤道几内亚签订两国经济技术合作协定。此外，两国还签有贸易协定，并设有经贸混委会。

两国建交初期，双边贸易额仅为几百万美元。进入21世纪，两国贸易额有较快增长。2000年，双边贸易额为3.2298亿美元，其中中国出口350万美元，进口3.1948亿美元；2001年，双边贸易额为5.1194亿美元，其中中国出口335.5万美元，进口5.0858亿美元；2006年，双边贸易额25.8亿美元；2007年，双边贸易额为17.90亿美元，同比降低30.6%，其中中国进口16.97亿美元，出口9275万美元；2012年，双边贸易额为21.83亿美元，同比增长12.6%，其中，中国出口3.62亿美元，同比增长35.9%，进口18.21亿美元，同比增长8.9%。2013年，双边贸易额为28.3亿美元，同比增长29.5%。中国出口3.6亿美元，进口24.7亿美元。

据中国海关统计，近年来，中国对赤道几内亚出口商品主要类别包括电机、电器、音像设备及其零部件、钢铁制品、机械设备及配件；家具、寝具、灯具、活动房、橡胶及其制品、塑料及其制品、陶瓷产品等。中国从赤道几内亚进口商品是石油和木材。

此外，中国政府和赤道几内亚政府分别于2004年7月14日和2005年6月24日换文确认，2007年4月1日中国政府把同中国有外交关系的非洲最不发达国家输华商品零关税待遇受惠商品范围由190个税目扩大至442个税目。

据中国商务部统计，2012年中国对赤道几内亚直接投资流量1.39亿美元。截至2012年年末，中国对赤道几内亚直接投资存量4.05亿美元。

在2006年举行的中非合作论坛北京峰会上，中国提出进一步深化中非经贸关系的八项举措。根据赤道几内亚实际需要，中国宣布在赤道几内亚共落实七项举措，包括优惠买方信贷、免除债务、输华商品零关税、修建两所小学、设立抗疟中心、派遣农业专家、开展人员培训。这些举措得到奥比昂总统和赤道几内亚政府的高度赞赏和欢迎。2007年，已完成免税和零关税两项举措。

中国赤道几内亚建交以来，两国在文教、卫生、军事等领域的交流与合作不断加强。

1982年两国签署文化合作协定。1984年起，中国每年向赤道几内亚提供奖学金名额。2011年，赤道几内亚在华奖学金学生121名。1971年6月，两国签订关于中国政府同意派遣医疗队赴赤道几内亚工作的议定书，迄今中方已向赤道几内亚派遣了27批医疗队，医疗队队员达500多人次，共治疗门诊病人100余万人次。中国医疗队队员克服气候炎热、传染病威胁、通讯不便、医疗设备落后等困难，发扬治病救人的国际主义精神，挽救了无数病人的生命，受到赤道几内亚政府和人民的欢迎和赞扬。中国医疗队的工作为提高当地医疗水平，促进两国卫生领域的交流，增进两国人民之间的了解和友谊做出了努力。

中国赤道几内亚两国军事交往始于20世纪70年代。

中国公司承建的姆比尼大桥

1979年3月，南京军区第一政委廖汉生率中国军事友好代表团访问赤道几内亚。1981年10月，赤道几内亚军政府计划与合作副国务委员姆布依访华。1998年1月，赤道几内亚武装部队总监阿古斯丁·恩东·奥纳上校访华。2000年12月，中国国防部外事办公室副主任张邦栋少将访问赤道几内亚。2001年6月，赤道几内亚国防部特任部长本登率团访华。2009年8月，中国国防部外事办公室主任钱利华少将率团访问赤道几内亚。两军代表团互访增进了两国军队之间的友谊与合作。

大事年表

1471 年	葡萄牙探险队登上费尔南多·普岛。
1475 年	葡萄牙探险队登上安诺本岛。
1492 年	哥伦布远航队发现瓜纳阿尼岛。
1521 年	葡萄牙航海家麦哲伦到达菲律宾群岛。
1777 年 10 月	西班牙同葡萄牙签订《圣伊尔德丰索条约》。依约,葡萄牙将费尔南多·普等岛屿割让给西班牙。
1778 年 3 月	西班牙同葡萄牙签订《帕尔多》条约。依约,葡萄牙正式把费尔南多·普岛割让给西班牙。阿赫莱霍斯伯爵远征队抵达费尔南多·普岛进行考察。
1783 年	英国海军登上费尔南多·普岛。
1842 年 2 月	胡安·何塞·德莱雷纳远征队抵达费尔南多·普岛,宣示西班牙对费尔南多·普诸岛拥有主权。
1845 年 7 月	阿道夫·吉列马德率领远征队到达圣伊萨贝尔港。随后,西班牙将英国再洗礼教团驱逐出费尔南多·普岛。
9 月	伊萨贝尔女王敕令允许在古巴获得自由的黑人和混血人种迁居费尔南多·普岛。
1855 年 1 月	西班牙政府任命多明戈·穆斯特利奇为

	费尔南多·普总督。
1856 年	法国人登上费尔南多·普岛。
1858 年 5 月	卡洛斯·查孔率领远征队抵达费尔南多·普岛，并颁布《地区管理组织法》。
12 月	西班牙颁布皇家法令，对费尔南多·普诸岛实行一系列殖民化措施，并任命何塞·德拉甘达拉将军为费尔南多·普总督。
1862 年	潘塔莱翁·洛佩斯·艾利翁出任费尔南多·普总督。期间，从古巴运来 250 名劳工，在岛上开始种植咖啡、可可。洛佩斯下令修建岛上第一座天主教教堂。
1865 年	何塞·洛佩斯·巴雷达出任费尔南多·普总督。美国长老会教徒来到贝尼托河地区进行传教活动。
1884 年 11 月	柏林会议召开。次年，与会国签订《总协定书》，西方列强开始疯狂瓜分非洲大陆。与会国西班牙划得包括费尔南多·普等岛屿和大陆木尼河地区，面积为 314000 平方公里。
1900 年 6 月	法国同西班牙签订《巴黎条约》，双方同意按照各自实际占领和控制的土地划界并成立边界划定混合委员会。西班牙控制的几内亚海湾岛屿和大陆面积仅剩 28051.46 平方公里。
1903 年	西班牙把费尔南多·普等岛屿统称费尔

	南多·普地区，把大陆木尼河统称西属大陆几内亚。
1907年12月	西班牙政府颁布法令，成立几内亚西属领地殖民卫队。
1908年	西班牙将土著民兵纳入几内亚西属领地殖民卫队编制。
1909年7月	西班牙颁布法令，将费尔南多·普和大陆木尼河地区划为四个行政区。
1910年	安赫尔·巴雷拉·洛杨多总督发起六次探险活动。
1920年	费尔南多·普和大陆开始大面积种植可可、咖啡，由于缺乏劳动力，西班牙从尼日利亚和利比里亚雇佣大批农业工人。
1926年	西班牙将费尔南多·普等岛屿同大陆地区统一管理。
1936年	西班牙内战爆发，赤道几内亚总督宣布忠于立宪政府，西班牙驻军和民防军被解除武装，不久赤道几内亚被佛朗哥叛军控制。
1939年	西班牙内战结束。佛朗哥颁布法令，鼓励开发费尔南多·普和大陆木尼河的资源。
1940年	西班牙加速赤道几内亚殖民化，将其分为13个行政管辖区，加大基础建设和教育、卫生事业的投入。
1956年8月	西班牙政府把费尔南多·普等岛屿和大

	陆木尼河地区划为西班牙"几内亚湾省"。
1959年6月	西班牙将赤道几内亚划为费尔南多·普和木尼河两个行省，其省府分别设在圣伊萨贝尔和巴塔。阿塔纳西奥·恩东戈·米约内与国内的一些民族主义者串联，成立了赤道几内亚全国解放运动。
1960年4月	西班牙政府将"西属几内亚"行政管理划为省议会、市政府和邻里委员会三级。
1962年	赤道几内亚人民思想成立。
1963年8月	西班牙政府宣布给以赤道几内亚自治权。
11月	西班牙议会批准赤道几内亚自治法。
12月	西班牙政府批准赤道几内亚自治法，费尔南多·普和大陆木尼河正式名称确定为赤道几内亚。
1964年5月	赤道几内亚全国代表大会第一次会议选举自治政府，投票选举结果，弗朗西斯科·马西埃·恩圭马获得17票，博尼法西奥·翁多·埃杜获得16票。佛朗哥宣布任命博尼法西奥·翁多·埃杜为自治政府委员会主席，弗朗西斯科·马西埃·恩圭马担任副主席。
1965年11月	联合国第四委员会通过决议，要求西班牙明确提出从赤道几内亚撤出时间表。
1967年10月	立宪会议在马德里召开，讨论和起草赤道几内亚独立后的宪法草案。由于赤道几内亚代表团各派意见分歧很大，未能

	达成协议。
1968年6月	马德里第二次立宪会议通过赤道几内亚宪法草案。
9月	赤道几内亚举行独立以来的第一次民主选举。在第二轮投票中,弗朗西斯科·马西埃·恩圭马获胜,当选赤道几内亚独立后第一任总统。
10月12日	赤道几内亚共和国成立,西班牙政府向马西埃总统移交权力。
1970年2月	发生西班牙国旗事件,赤道几内亚政府驱逐西班牙外交官。
1970年7月	马西埃总统宣布政党非法化,成立全国劳动者统一党。
10月15日	中国同赤道几内亚建立大使级外交关系。
1971年	马西埃总统宣布废除1968年宪法。
1973年7月	马西埃总统颁布新宪法,执掌国家一切权力,并宣布废除费尔南多·普省自治权。
1975年	国家发行带有马西埃头像的新币,全国劳动者统一党党徽上带有马西埃头像。马西埃担心自己的人身安全,以防不测,离开首都马拉博,回到巴塔,下令修建总统府。
1976年	美国同赤道几内亚断绝外交关系。西班牙同赤道几内亚断绝外交关系。
1979年8月3日	青年军官特奥多洛·奥比昂·恩圭马·

	姆巴索戈发动军事政变，推翻马西埃政权。政府权力暂时移交给最高军事委员会。该委员会主席奥比昂宣布大赦，上千名在押犯被释放。马西埃被判处死刑。西班牙、美国同赤道几内亚恢复外交关系。
1980年5月	奥比昂总统访问西班牙，胡安·卡洛斯一世和西班牙首相阿道夫·苏亚雷斯分别会见奥比昂总统。
1981年	中央政府召集城镇委员会大会，颁布城镇行政管理法，成立宪法起草委员会。教皇胡安·保罗二世访问赤道几内亚。
1982年8月	举行全民公决，通过新宪法。
10月	举行全国议会选举，奥比昂宣誓就任总统。解散军事委员会。
1983年	赤道几内亚加入中非经济和关税联盟。
1984年8月	奥比昂总统首次访华。
1985年	赤道几内亚加入中非国家银行，并成为法国与非洲法语国家货币合作协议成员国。中非法郎在赤道几内亚正式流通。
1986年12月22日	赤道几内亚民主党成立。在非洲统一组织的支持和帮助下，赤道几内亚政府制定了国家经济五年发展规划。
1986年10月	赤道几内亚民主党举行第一次全国代表大会，举行人民代表院选举。赤道几内亚政府宣布法语为第二官方语言。

1989年	举行总统选举，奥比昂当选总统后，宣布大赦。
1990年4月	奥比昂总统第二次访华。
1991年12月	举行公民投票通过了政治体制改革方案，其中一项内容是政党合法化。发现阿尔瓦油田。
1992年1月	奥比昂总统颁布"政党组织法"，实行多党制。过渡政府成立，内阁成员全部是赤道几内亚民主党党员。
1993年3月	奥比昂总统宣布大赦。
11月	赤道几内亚民主党在大选中获胜，在80个议席中获得68个。
1994年	国际货币基金组织通过赤道几内亚经济计划。
1995年9月	赤道几内亚民主党在市政选举中获胜，但在马拉博选区失败，市长席位被反对党联合平台夺得。
1996年2月	举行总统选举。奥比昂获得93%的选票，再次当选总统。
10月	奥比昂总统主持全国经济工作会议，反对党代表参加，会议讨论了石油资源的开发和利用。美国关闭驻赤道几内亚大使馆。
1997年1月	中国国务院副总理兼外交部长钱其琛访问赤道几内亚。
6月	赤道几内亚民主党举行第二次全国代表

	大会特别会议，大会讨论了国家政治形势，要求政府建立有效机制，防止外来安全威胁和恐怖主义活动。
1998年5月	举行市政选举，赤道几内亚民主党获胜，在244个市政议员中，赤道几内亚民主党获得230个席位。
1999年3月	举行议会选举，赤道几内亚民主党获胜。
2001年11月	奥比昂总统第四次访华。
2002年7月	中国全国人大常委会副委员长许嘉璐访问赤道几内亚。
2003年10月	美国驻赤道几内亚大使馆在关闭7年后重新开馆。
2004年3月	赤道几内亚挫败一起由外国雇佣军参与的政变。
4月	举行议会和市政选举，赤道几内亚民主党获胜。赤道几内亚和加蓬接受联合国调停，同意和平协商解决两国存在争议的三个岛屿归属问题。
2005年10月	奥比昂总统第五次访华。
2006年11月	奥比昂总统出席中非合作论坛北京峰会并访华。
2007年5月	赤道几内亚民主党在议会选举中再次获胜，取得99个席位。
11月	奥比昂总统主持召开第二次全国经济工作会议，制定2020年经济社会发展规划。

2008年5月	赤道几内亚民主党在议会选举中获胜。
2010年8月	奥比昂总统出席上海世博会赤道几内亚国家馆日活动并访华。
2011年6月	第十七届非盟首脑峰会在马拉博召开。
11月	举行公民投票通过新宪法。
2012年7月	奥比昂总统出席中非合作论坛第五次部长级会议并访华。
11月	非洲加勒比太平洋国家首脑会议在马拉博召开。
2013年9月	赤道几内亚民主党在议会选举中获胜。
2015年4月	奥比昂总统第九次访华。习近平主席同奥比昂总统举行会谈，两国元首决定把两国关系提升为平等互信、合作共赢的全面合作伙伴关系。

附录一

奥比昂总统九次访华回顾

奥比昂总统重视发展赤道几内亚同中国的关系,曾于1984年8月、1990年4月、1996年9月、2001年11月先后四次对中国进行正式友好访问,2005年10月对中国进行工作访问,2006年11月出席中非合作论坛北京峰会,2010年8月出席上海世博会赤道几内亚国家馆日活动并访华,2012年7月来北京出席中非合作论坛第五届部长级会议开幕式并访华。2015年4月对中国进行国事访问。奥比昂是中国人民的老朋友,他的九次访华推动了赤道几内亚和中国友好合作关系的发展,得到了中国国家领导人的高度赞赏。

第一次访华

1984年8月13日,应中国国家主席李先念邀请,奥比昂总统对中国进行正式友好访问。这是奥比昂总统自1979年执政以来首次访华。

李先念主席举行宴会欢迎奥比昂总统访华。李先念主席在宴会上说,中国愿与赤道几内亚和其他第三世界国家一道,加强团结,互相支持,为维护世界和平,促进各自的经济发展而共同努力。中国一贯奉行独立自主的和平外交政策。反对霸权主义,维护世界和平是中国对外政策的基本方针,加强同非洲和其他第三世界国家的团结合作是中国对外政策的基本立足点。中国一贯主张国家不论大小、贫富、强弱,在国际事务中都应当一律平等。中国坚决反对以大欺小,以富压贫。李先念主席赞扬赤道几内亚政府在奥比昂总统的领导下,重视发展经济,实行对外开放,不断取得可喜的成就。他指出,赤道几内亚政府在国际事务中奉行不结盟政策,反对帝国主义、殖民主义和种族主义,支持民族解放运动,坚持睦邻政策,重视区域性合作,为世界和平与各国友好事业作出了自己的贡献。李先念主席说,中国和赤道几内亚建交14年来,两国之间的友好关系获得了令人满意的发展,双方在政治、经济、贸易、卫生、文化等领域进行了富有成效的合作。中国政府和人民愿为进一步加强双方的友好合作关系而继续努力。奥比昂总统表示,赤道几内亚的外交政策是建立在互相承认独立、主权和领土完整、不干涉别国内政、各国人民主权平等和合作互利的基础之上的。我们在同其他国家的关系中执行了这一政策。他说,赤道几内亚人民钦佩和高度评价中国人民为发展自己的国家和奉行积极的外交政策所作出的努力。

奥比昂总统在京期间会见了中国企业家。

第二次访华

1990年4月12日至17日,应中国国家主席杨尚昆邀请,奥比昂总统对中国进行正式友好访问。

杨尚昆主席设宴热烈欢迎奥比昂总统。杨尚昆主席高度赞扬赤道几内亚政府和人民在奥比昂总统的领导下坚定捍卫国家主权，维护国内安定，努力振兴国民经济、改善人民生活以及积极发展同世界各国友好关系所取得的可喜成果。他衷心祝愿兄弟的赤道几内亚人民在前进的道路上不断取得新的成就。奥比昂总统在讲话中赞誉了两国业已存在的友好合作关系。他说："这种关系将发展两国的共同利益并将为加强世界的均衡、和平与安定作出积极贡献。"奥比昂总统说，赤道几内亚密切关注各国在国际关系中的所作所为。他认为中国的态度对巩固新兴国家的主权、捍卫各国和各国人民的基本权利、捍卫人的自由和人格都是宝贵的贡献。赤道几内亚赞同中国维护本民族的价值观念，捍卫民族统一和领土完整，不把人类的政治解放当作对外界的简单效仿，而是当作对它的吸收，结合本民族自身的观点，从而不断造就出一个具有千年文化传统和独特人类价值的、更受尊敬、赢得他人承认的中华民族的观点。赤道几内亚赞赏并支持中国政府为取得全面发展所作出的努力，赞赏并支持中国政府广泛地对外开放，加入各个国际组织、地区性组织和小地区性组织。在这些组织中，中国将永远得到赤道几内亚的支持和声援。

国务院总理李鹏同奥比昂总统举行了会谈。宾主就国际形势和发展两国关系问题深入地交换了意见。李鹏总理指出，当前国际形势复杂多变，发展中国家面临着一些政治、经济压力，南北经济差距更加拉大。中国是第三世界的一个成员，我们对包括非洲国家在内的第三世界的处境深表同情，我们把加强同第三世界国家的团结与合作作为中国对外政策的基本出发点。李鹏总理感谢奥比昂总统和赤道几内亚政府对中国内外政策的理解和支持。奥比昂总统对有机会第二次访华表示高兴，希望此行有助于进一步促进两国友好关系。

访华期间，奥比昂总统一行到青岛、烟台等地进行参观访问。

第三次访华

1996年8月31日至9月7日，应中国国家主席江泽民邀请，奥比昂总统对中国进行正式友好访问。

江泽民主席在人民大会堂同奥比昂总统举行了会谈。江泽民主席代表中国政府和人民热烈欢迎奥比昂总统再次访华。他赞扬奥比昂总统为中国和赤道几内亚的友谊作出了重大贡献，并表示相信此次访问将把中国和赤道几内亚友好合作关系提高到新的水平。奥比昂总统表示，作为赤道几内亚领导人又一次来到中国，受到热烈欢迎，这生动地体现了两国人民之间的友好情谊。两位领导人认为，中国和赤道几内亚虽然相距遥远，但两国和两国人民之间有着传统友谊。建交二十多年来，两国在政治、经贸、文教等众多领域进行了卓有成效的合作，两国人民的友谊与日俱增。

奥比昂总统向江泽民主席介绍了赤道几内亚政府和人民在坚持维护国家主权与独立、积极寻求经济发展方面取得的进展。江泽民主席表示，中国支持赤道几内亚维护民族权益、发展国民经济的努力。作为发展中国家，中国和赤道几内亚始终相互支持、相互同情、相互理解。中国将以两国的传统友谊与和平共处五项原则为基础，同赤道几内亚发展面向21世纪的、相互信赖、长期稳定、全面合作的友好关系。他感谢赤道几内亚在国际事务中对中国的一贯支持，赞赏赤道几内亚政府坚持"一个中国"、不与台湾发生官方关系的立场。奥比昂总统表示，赤道几内亚将继续坚定地支持中国的统一大业。

在谈到两国经贸合作时，江泽民主席说，二十多年来，中国和赤道几内亚一直在平等互利的基础上开展经贸领域的合作，取得了积极的成果。中国将继续在力所能及的范围内，对赤道几内亚的经济建设提供帮助，并且鼓励两国地方部门、公司、企业在广泛的领域开展多种形式的互利合作。奥比昂总统感谢中国长期支持赤道几内亚发展事业。他赞成江泽民主席关于企业界在双边经贸关系中具有重要作用的看法，希望两国企业界寻找扩大合作的领域。

国务院总理李鹏会见了奥比昂总统。李鹏总理十分高兴与奥比昂总统再次见面，对奥比昂总统第三次访华表示欢迎。

访华期间，奥比昂总统一行还到杭州进行参观访问。

第四次访华

2001年11月19日，应中国国家主席江泽民邀请，奥比昂总统对中国进行第四次正式友好访问。

江泽民主席在人民大会堂会见了奥比昂总统，对其四度访华表示欢迎。他说，中国同赤道几内亚建交31年来，始终相互支持、真诚合作，结下了浓厚的友谊。近年来，两国友好合作关系呈现出新的发展势头。中国愿意在力所能及的范围内向包括赤道几内亚在内的广大发展中国家提供帮助。为表达中国人民对赤道几内亚人民的友好情谊，进一步发展两国友好合作关系，中国政府决定向赤道几内亚政府提供无息贷款，并根据中国政府在中非合作论坛会议上做出的减免债务的承诺，决定免除赤道几内亚所欠的部分债务。中国愿与赤道几内亚一道，为在新世纪巩固和发展长期稳定、平等互利的友好关系而共同努力。江泽民主席还向客人简要阐述了中国政府在反对恐怖主义、阿富汗等问题上的原则立场。

奥比昂总统说，赤道几内亚独立后，中国一直是赤道几内亚的朋友。他感谢中国政府多年来对赤道几内亚的支持，也感谢中国政府通过主办中非合作论坛对非洲大陆提供的大量帮助。他表示，赤道几内亚和中国在国际事务中有许多共同点，希望通过此次访华扩大与中国在广泛领域里的合作关系，特别是在经贸领域的合作关系。奥比昂总统祝贺中国成功恢复对香港、澳门行使主权，并希望中国大陆与台湾早日实现统一。在这些问题上，赤道几内亚将始终支持中国政府的立场。

会见结束后，两国领导人出席了有关《中华人民共和国政府向赤道几内亚共和国政府提供贷款的协定》、《中华人民共和国政府和赤道几内亚共和国政府关于免除赤道几内亚政府部分债务议定书》和《中华人民共和国农业部和赤道几内亚共和国农业、畜牧业及农村发展部关于农业合作的谅解备忘录》的签字仪式。

国务院总理朱镕基会见了奥比昂总统。朱镕基总理说，江泽民主席与奥比昂总统进行了富有成果的会见，就共同关心的问题交换了意见。双方还签署了有关经贸和友好合作协定。访问取得极大成功，将促进两国关系进一步向前发展。奥比昂总统高度评价两国签署的有关经贸和友好合作协定，认为这对加强两国关系具有重要意义。奥比昂总统赞赏中国对赤道几内亚在各方面所提供的帮助，并表示希望更多的中国企业参与赤道几内亚的资源开发，希望中国在城市建设、医疗、石油、广播电视等方面向赤道几内亚提供技术帮助，以促进赤道几内亚的经济发展。奥比昂总统赞扬中国经济发展取得的巨大成就，祝贺中国加入世界贸易组织，认为这对广大发展中国家是十分重要的。朱镕基总理表示，非常同意奥比昂总统关于进一步加强两国经贸和技术合作的设想。他指出，除政府间合作外，还应推动两国企业加强交往和合作，两国政府对企业间的合作应给予必要的政策支持。中国政府支持中国的石油、林业以及其他领域企业到赤道几内亚开展经济合作项目。他说，中国加入世界贸易组织后，将进一步加快与世界经济的接轨，两国经贸合作具有更广阔的发展前景。中国政府愿继续本着求实开拓的精神和平等互利、共同发展的原则，开展两国间的经贸和技术合作。

访华期间，奥比昂总统一行到厦门进行参观访问。

第五次访华

2005年10月19日至24日，应中国国家主席胡锦涛邀请，奥比昂总统对中国进行工作访问。

胡锦涛主席会见了奥比昂总统并同他举行了会谈。两国元首积极评价中国和赤道几内亚关系。一致同意共同努力，推动新世纪中国和赤道几内亚友好合作关系更快、更好地向前发展。胡锦涛主席说，中国赤道几内亚建交35年来，双边关系顺利发展，两国领导人交往频繁，政治互信不断增加。近年来，双边贸易快速增长，呈现良好的发展势头，文化、教育、卫生等领域的合作成效明显。在国际事务中相互理解，相互支持。中国赞赏赤道几内亚政府坚持"一个中国"

的立场，支持中国和平统一大业。中国一贯支持赤道几内亚政府和人民为维护国家稳定、反对外来干涉、促进经济社会发展所做出的努力。

奥比昂总统说，赤道几内亚政府和人民对中国怀有深厚友谊。此次是他第五次访华，表明赤道几内亚政府高度重视发展对华友好关系。奥比昂总统表示，建交以来，两国始终相互支持，双方在各领域的合作富有成果，在重大国际事务中保持着良好的协调与合作，赤道几内亚政府对两国关系顺利发展非常满意。赤道几内亚政府和人民感谢中方在赤道几内亚维护国家主权与独立以及经济建设方面给予的宝贵支持和无私帮助。奥比昂还表示，赤道几内亚和中国都是发展中国家，赤道几内亚对中国取得的发展成就感到骄傲，赞赏中国在国际事务中发挥的积极作用。

胡锦涛主席表示，中方愿与赤道几内亚保持高层交往，加强两国政党、议会对口交流，进一步增进了解和友谊；提高两国经贸合作水平，积极探索新的合作思路和方式，重点拓展双方在基础设施建设、油气资源开发、农林渔业等领域的互利合作；扩大两国在文教、卫生、人力资源开发等领域的合作；就联合国改革、发展筹资、消除贫困等共同关心的问题保持密切磋商，共同维护发展中国家的权益。中国和赤道几内亚友好合作潜力很大，前景广阔，中方愿与赤道几内亚共同努力，以新的业绩和成果，造福两国和两国人民。

奥比昂总统赞同胡锦涛主席对进一步发展两国关系的建议。他表示，巩固和发展同中国的友好合作关系是赤道几内亚政府坚定不移的政策，赤道几内亚政府愿不断加强两国在政治上的互相支持，深化在经贸、科技、资源开发等领域的互利合作，欢迎中国企业积极参与赤道几内亚的经济建设，通过双方共同努力，不断推进双边关系向前发展。会谈后，两国元首共同出席了有关两国合作文件的签字仪式。

国务院总理温家宝会见了奥比昂总统。温家宝总理表示，中国重视发展与赤道几内亚的关系，愿积极参与赤道几内亚的经济和社会发展事业，为赤道几内亚培养更多的技术人才。希望双方进一步加强在基础设施建设、农林渔业以及资源开发等领域的合作。奥比昂总统说，赤道几内亚与中国建交以来，两国相互支持，友好合作，双边关系发展顺利。中国政府给予赤道几内亚的无私帮助对赤道几内亚经济社会发展发挥了积极作用。他还说，两国经济互补性强，赤道几内亚愿同中方一道，充分利用两国现有经贸合作机制，进一步推进两国在各领域的友好合作。双方还就非洲和地区形势等问题交换了意见。

访问期间两国发表了联合公报，还签署了有关文件。除北京和上海外，奥比昂总统一行还访问了大连。

第六次访华

2006年11月1日至5日，奥比昂总统应邀来华出席中非合作论坛北京峰会并访华。

胡锦涛主席在人民大会堂会见了奥比昂总统。胡锦涛主席首先欢迎并感谢奥比昂总统出席中非合作论坛北京峰会，他希望双方共同努力，以这次中非合作论坛峰会为新起点，把中非合作关系不断推向前进。奥比昂总统祝贺论坛峰会开幕式圆满成功，并表示，中非人民有着深厚的友好感情，广泛的共同利益，峰会的召开对推动中非合作和南南合作具有重要意义。胡锦涛主席在峰会开幕式上讲话表达了中国政府和人民加强中非合作的坚定意志，中国政府宣布的中非新型战略伙伴关系发展的八个方面政策措施令人振奋。

在会谈中，胡锦涛主席表示，中国和赤道几内亚友好关系加速发展，双方政治互信增强，务实合作取得新进展，在国际事务中合作密切，两国经贸部门已开始执行双方经贸合作的框架协议，希望双方尽早实施上述项目，不断扩大两国经贸、基础设施建设等重点领域合作，为两国人民带来更多实实在在的利益。奥比昂总统表示，加强同中国的互利合作是赤道几内亚的优先方向，一年前双方达成的各项协议正在积极落实，进展良好。希望双方继续鼓励两国企业加强合作，努力提升两国经贸合作水平，造福两国人民。他还表示，世界上只有一个中国，赤道几内亚政府坚定奉行"一个中国"的政策，祝愿中国早日实现祖国统一。

第七次访华

2010年8月16日，奥比昂总统应邀来华出席上海世博会赤道几内亚国家馆日活动并访华。

16日，上海世博会赤道几内亚国家馆日在世博中心隆重举行。奥比昂总统携赤道几内亚政府多位内阁高官出席仪式。奥比昂总统在致辞中高度评价中国赤道几内亚长期以来的友好合作关系，赞扬中国政府一贯坚持在中非合作论坛框架下对非洲进行的无私援助。对中国举办上海世博会的巨大成功给予充分肯定。在谈到世博会对发展中国家的意义时，奥比昂总统说："赤道几内亚一直坚信，无论是经济、社会还是科技的任何进步，都是人类共同的财富，任何个人、国家和国际组织都不能独霸这些全人类智慧的结晶。因此，我们认为，上海世博会正是为所有国家提供了一个能够促进互相了解，共享科学技术和经济社会发展成果的机会。此外，世界各国还能在这里互相交流各自发展中所取得的经验，通过互相学习，取长补短，全人类才能携手共同发展。我们参加上海世博会的目的，就是向全世界的国家发出诚挚的邀请，希望能够向他们学习先进的科学技术，与他们分享经济社会发展中所取得的经验，实现我们确定的在 2020 年将赤道几内亚建设成一个兴旺发达国家的目标。"

奥比昂总统说，通过参展，赤道几内亚向全世界展示了最近 10 年来，在建设"新兴国家"的道路上所取得的成就和付出的努力。他同时表示，赤道几内亚高度重视开发自然资源与环境保护并重，期望更多中国企业积极参与赤道几内亚的经济建设。仪式后，奥比昂总统出席了在世博会新闻中心举行的赤道几内亚新闻发布会。他再次感谢中方对赤道几内亚参加世博会给予的热情欢迎以及中国人民对赤道几内亚发展给予的帮助，表示将把中国人民的深情厚意带回赤道几内亚。

在馆日庆祝仪式上，中国海关总署署长盛光祖在致辞中高度评价了中国赤道几内亚建交以来在各领域的良好合作。他说，赤道几内亚馆提出的"城市的可持续美丽"主题既呼应了上海世博会的主题，也浓缩了赤道几内亚人民对未来城市发展的畅想。走进赤道几内亚展馆，我们不仅能领略赤道几内亚迷人的海岸风光，同时也能看到赤道几内亚人民在兼顾能源开发利用与环境保护方面的智慧结晶。

赤道几内亚国家馆日原定 15 日举行，因中国为甘肃舟曲特大山洪泥石流灾害遇难同胞举行哀悼日，特将国家馆日延期一天。对此，奥比昂总统在仪式上特意向中国遇难民众表达哀悼，并表示相信中国人民一定能战胜灾害。

参加国家馆日活动后奥比昂总统抵达北京，继续对中国进行访问。

胡锦涛主席在人民大会堂会见了奥比昂总统。胡锦涛主席首先感谢奥比昂总统就甘肃舟曲发生特大山洪泥石流灾害致函表示慰问和赤道几内亚为配合中方全国哀悼活动推迟上海世博会赤道几内亚国家馆日活动。胡锦涛主席说，中国和赤道几内亚两国人民的友谊始于20世纪70年代，经过建交40年的风雨洗礼，两国关系历久弥坚。双方在政治、经贸、文化、教育、卫生等领域进行了广泛的交流合作，取得了丰硕成果。今年适逢两国建交40周年，我们既要重温历史、展望未来，更要抓住机遇、加强合作，共同开拓两国关系的新局面。

奥比昂总统在京期间会见了中国企业家。

第八次访华

2012年7月17日至22日，奥比昂总统来北京出席中非合作论坛第五届部长级会议开幕式，并应中国国家主席胡锦涛邀请，在出席论坛开幕式之际对中国进行访问。

胡锦涛主席在人民大会堂北大厅为奥比昂总统访华举行欢迎仪式，随后两国元首举行了会谈。胡锦涛主席表示，中国和赤道几内亚建交42年来，两国一直真诚相待、相互支持、相互帮助，双边关系全面发展。中国高度重视两国关系，愿意同赤道几内亚一道推动两国关系取得更大进展。

胡锦涛主席就进一步发展双边关系提出三点建议：一是深化政治领域合作，保持政府、政党友好交往，增进政治互信，在涉及各自主权、安全重大问题上继续相互给予坚定支持。二是推进经贸、农业、能源、基础设施建设、人力资源培训等领域合作。中方愿意继续在力所能及的范围内为赤道几内亚国家建设提供帮助。三是加强在国际事务中的团结协作，维护发展中国家共同利益。

奥比昂总统表示，赤道几内亚同中国的友好合作取得长足进展，中国积极参与赤道几内亚国家建设，为赤道几内亚经济发展和民生改善作出了重要贡献。事实证明，中国是赤道几内亚人民的好朋友。赤道几内亚珍视两国传统友谊，希望同中国保持高层交往，加强在经贸、农业、基础设施建设、医疗卫生等领域合作，实现共同发展。赤道几内亚主张国际关系民主化，愿同中国加强在重大国际和地区问题上的共同协调。

国务院副总理李克强会见了奥比昂总统。李克强副总理表示，中国和赤道几内亚有着深厚的传统友谊。建交四十多年来，两国兄弟般的情谊始终如一。双方政治互信日益增强，各领域合作不断取得新成果，双边关系呈现全面发展的良好势头。中方将按照胡锦涛主席在中非合作论坛第五届部长级会议开幕式上提出的加强中非合作的要求，同赤道几内亚共同努力，保持两国高层交往势头，加强在各自重大关切问题和国际事务中的沟通协调，推动双边关系不断向前发展。中方愿与赤道几内亚继续深化务实合作，交流互鉴发展经验，实现共同发展。双方应探讨切实可行的合作模式，挖掘农业合作新潜力，进一步谋划基础设施、能源等合作新项目,打造人力资源合作新亮点。中方一贯重视非洲,愿通过合作为非洲可持续发展提供帮助,让合作成果惠及双方人民。

此外,奥比昂总统出席了"中非企业家大会"和由赤道几内亚矿产、工业和能源部举办的"赤道几内亚投资机遇论坛"并分别致辞,就赤道几内亚和中国两国关系的发展前景进行了探讨。

第九次访华

2015年4月27日至30日,奥比昂总统应中国国家主席习近平邀请对中国进行国事访问。这是奥比昂总统执政36年来第九次访华。

28日,习近平主席同奥比昂总统在人民大会堂举行会谈。两国元首一致决定,将中国赤道几内亚关系提升为平等互信、合作共赢的全面合作伙伴关系。

习近平主席指出,奥比昂总统长期致力于对华友好,积极推动两国各领域合作,是中国人民的老朋友和好朋友。今年是中国和赤道几内亚建交45周年。45年来,两国政府和人民始终互帮互助、风雨同舟。两国友好历久弥坚、深入人心。

习近平主席强调,中方愿同赤道几内亚一道努力,将两国传统友好优势转化为共同发展的动力,共同推动中国与赤道几内亚友好合作关系不断迈上新台阶。双方要牢牢把握友好关系大方向,在涉及各自核心利益和重大关切问题上继续相互理解、相互支持,保持高层交往势头,密切两国各领域多层次交流合作。双方要开展产业对接和产能合作。中方愿鼓励优势产业和优质产能落户赤道几内亚，帮助赤道几内亚建设和改善基础设施，支持中国金融机构在中赤几一揽子互惠贷款合作框架内提供相关融资支持，中方愿同赤道几内亚加强教育、文化、医疗卫生、体育、新闻媒体等领域交流合作，为双方人员往来提供便利条件，欢迎更多赤道几内亚青年来华学习和培训。中方愿同赤道几内亚就2015年后国际发展议程、非洲和平与发展等一系列地区和国际事务加强沟通。

奥比昂总统表示，赞同习近平主席对赤道几内亚同中国关系的评价，两国保持着传统友好合作关系，一贯相互支持，积极开展平等合作。赤道几内亚感谢中方长期以来对赤道几内亚的帮助和支持，这有力地促进了赤道几内亚经济社会发展。这次访华，旨在继续深化两国在各领域的关系，加强双方多层次的交流与合作。赤道几内亚期待着中国在国际事务中发挥更重要的作用。

习近平主席指出，不久前在印度尼西亚举行的亚非领导人会议重温了60年前万隆会议确立的国际关系十项准则。中国历来支持非洲国家维护自身独立、和平、稳定和发展的努力。中国和非洲历来是休戚与共的命运共同体。发展同非洲国家的友好合作关系始终是中国外交政策的基石。作为最大的发展中国家和发展中国家最集中的大陆，中国和非洲的发展互为机遇，加强中非合作符合双方根本利益。今年是中非合作论坛成立15周年，中方将同非方一道规划双方未来三年合作，推出更多切合双方需求的新举措。

奥比昂总统表示，非洲国家维护稳定、促进发展仍然面临巨大挑战。感谢中方长期以来对非洲国家不附加任何政治条件的积极支持。这对非洲国家在新形势下的发展至关重要。会谈后，双方共同发表了《中华人民共和国和赤道几内亚共和国关于建立全面合作伙伴关系的联合声明》。两国元首共同见证了外交、教育、经济技术、贸易、航空、金融等领域双边合作文件的签署。

访问期间，奥比昂总统宣布为中国云南省金平县捐建"中国－赤道几内亚友谊小学"。12名来自该校的师生代表参加了欢迎仪式。

29日，中国全国政协主席俞正声在钓鱼台会见奥比昂总统。俞正声主席说，中国人民和赤道几内亚人民有着兄弟般的友好情谊，两国建交45年来始终相互理解、相互支持。总统先生此次访华成果丰硕，两国元首一致决定将中赤几关系提升为全面合作伙伴关系，双方共同规划了两国关系未来发展蓝图。中方愿同赤道几内亚一道，落实两国领导人重要共识，全面推动各领域友好合作，更好地造福两国人民。中国全国政协愿积极发展同赤道几内亚参议院、众议院、政党和社会各界的友好合作关系，为推动两国关系发展作出更大贡献。

奥比昂总统说，此访期间我深深感受到中国政府和人民的深情厚谊。赤道几内亚感谢中方给予的一贯支持，将不断加强同中国全方位合作。

访华期间，奥比昂总统访问了大连，出席了"赤道几内亚—亚洲经济论坛"并致辞。

附录二

赤道几内亚基本法

赤道几内亚宪法新文本，2012年2月16日正式颁布，包括2011年11月23日公民投票通过的宪法修订条文

序 言

我们，赤道几内亚人民深知自己在上帝和历史面前的责任。

在捍卫我们的完全独立，创立和巩固国家团结意志的激励下：

希望坚持家族和集体组织优良传统的真正非洲精神，使之适应符合现代生活新的社会和司法结构；

认识到传统家族神圣的权威性是赤道几内亚社会组成的基础；

坚定地依照1948年10月10日颁布的世界人权宣言中确定的关于人权与自由所庄严重申的社会正义之原则；

1981年6月26日非洲人权和民族权宪章；

我们通过如下赤道几内亚基本法。

第一部分　国家基本原则

第一条

1. 赤道几内亚是一个主权、独立、共和、社会、民主国家，其最高价值为团结、和平、正义、自由与平等。

2. 承认政治多元化。

3. 它的正式名称是：赤道几内亚共和国。

第二条

国家主权属于人民，并通过普选行使。国家主权体现于公共权力，并在本基本法和其他法律规定的条件下实施。人民之任何分割部分或个人不得擅自行使国家主权。

第三条

1. 赤道几内亚共和国领土包括木尼河大陆地区和比奥科、安诺本、科里斯科、大埃洛贝、小埃洛贝、姆巴涅，孔加，莱瓦，科科特洛和邻近岛屿，根据法律确定的河流、海域、大陆架及所覆盖的空域。

2. 国家在其领土上全面行使主权，唯一可勘探和开发领土上全部资源、矿产和碳氢化合物。

3. 国家领土不可分割、不可缩小。

4. 出于行政管理和经济之目的，划为地区、省、区和市。

5. 法律确定地区、省、区和市的地界及名称。同样，法律还确定上述每个区域之面积。

第四条

1. 赤道几内亚共和国官方语言为西班牙语、法语和法律规定的其他语言。承认土著语言为国家文化的组成部分。

2. 国旗颜色为绿色，白色和红色，由三条尺寸相等的平行宽条和靠旗杆一侧蓝色等边三角形组成。旗面中央镶嵌共和国国徽。

3. 共和国国徽由法律规定之。

4. 共和国之信条是团结、和平和正义。

5. 国歌是 1968 年 10 月 12 日宣布国家独立时人民所唱的歌曲。

第五条

赤道几内亚社会之基础是：

1. 尊重人和人的尊严、自由及其他基本权利。

2. 保护家庭这一赤道几内亚社会基本单位。

3. 承认男女平等之权利。

4. 保护劳动，人们通过劳动发挥其国家财富的创造性，造福于社会。

5. 推动国家经济发展。

6. 推动赤道几内亚公民社会和文化发展，以实现国家最高价值。

第六条

国家促进和推动文化和艺术创作、科学技术研究，关心和保护自然，保护国家艺术和历史财富文化遗产。

第七条

国家维护国家主权，加强团结，保障尊重人的基本权利，推动国民经济、社会和文化进步。

第八条

赤道几内亚国尊重国际法原则，重申接受在已加入的国际组织中所应尽的权利和义务。

第九条

1. 政党是由为参与国家政治方针而自由结合的公民所组成的政治组织,是政治多元化和民主的体现,作为政治参与的基本工具,形成和表达人民意愿。

2. 赤道几内亚政党不得与1968年10月12日以前存在的政党同名,应具有全国性特征及范畴。因此,不得以部落、种族、地区、区、市、省、性别、宗教、社会地位、职业或行业为基础。法律规定政党成立及其作用。

第十条

承认罢工权利,并依照法律规定行使之条件。

第十一条

公民、公共权力、政党、工会、社团以及其他法人均受基本法和司法条例之约束。

第十二条

1. 法律规定适用于国籍、公民权以及外国人地位的司法制度。

2. 赤道几内亚公民成人年龄为18岁。

第十三条

1. 所有公民都享有如下权利和自由:

(1) 尊重人、人的生命、人的完整、尊严及其身心全面发展。处以死刑只能依照法律所确定的罪行。

(2) 有表达思想、想法和意见的自由。

(3) 法律面前平等,不论婚姻状况如何,妇女与男人一样在公共、私人和家庭生活中以及民事、政治、经济和文化方面享有同等权利和机会。

(4) 自由迁徙和选择住所。

(5)名誉和良好形象。

(6)宗教和信仰自由。

(7)住宅不可侵犯及保障通讯秘密。

(8)向当局提出指控和起诉。

(9)人身保护及庇护。

(10)在遵守法律的框架内,在法庭上和对席审判中的辩护权。

(11)自由结社、集会及游行。

(12)劳动自由。

(13)未有司法命令,不得剥夺人身自由。法律所规定的情况和现行犯罪者除外。

(14)有权被告知逮捕原因和理由。

(15)法律不能确定有罪则视为无辜。

(16)在审判中不自我栽赃。不对亲族中第四支及姻亲中第二支之亲属作不利的陈述,在可能产生负有刑事责任的事情中不得被强制作自证其罪的宣誓陈述。

(17)不得因同一案情而受两次审判和定罪。

(18)不论诉讼处于何种程度和状况,未经审判不得定罪或剥夺其辩护权。

(19)在其行为或过失发生之时,根据当时法律不具有典型特征,则既不视为违法而受到惩处;也不可超越法律判刑。如有疑问,刑法以最有利于被告实施之。

2. 在法律面前妇女享有平等的原则基础上,公共权力采取法律主动或机制以支持妇女在国家所有机构中担任职务和其他职能。

3. 立法条例确定上述权利和自由的实施条件。

第十四条

此章所列举公认之基本权利不排除基本法所保障的其他权利,以及由人之尊严、人民主权之原则、法律之社会民主状况和国家共和政体所衍生的其他同类性质的权利。

第十五条

1. 任何出于部落、种族、性别、宗教、社会、政治原因或其他同类性质的不公正或歧视行为,并已被应有的证实,均受处罚或法律制裁。

2. 腐败行为亦将受到法律惩罚。

第十六条

1. 全体赤道几内亚人有义务崇敬祖国,捍卫国家主权、领土完整和国家团结,并为维护国家和平与安全及赤道几内亚传统核心价值,保护国家利益作出贡献。

2. 实行义务兵役制,并由法律规定之。

第十七条

全体公民都有权利及义务和平地生活在赤道几内亚共和国,尊重他人权利并为建立一个公正、友爱和团结的社会作出贡献。

第十八条

共和国全体居民都应尊重赤道几内亚、国家标记、国家元首、政府以及合法建立的其他机构。

第十九条

1. 国家通过依照平等、普遍和繁荣之基本原则制定的税赋法,设定税收、纳税和强制征税,以及各种税目结算的特殊情况。

2. 所有自然人和法人,本国人和外国人,居住在赤道几内亚共和国都有依法纳税的义务。

第二十条

1. 所有赤道几内亚人都有义务根据其缴纳能力并按比例承当法律所规定的公共财政负担。

2. 国家收入与支出以及投资计划被列入依照现行法律所编制的年度预算各项财政实施中。。

第二十一条

所有公民都有义务尊重、履行和维护赤道几内亚共和国基本法及国家司法条例。

第二十二条

1. 国家保护家庭这一社会基本单元，并为实现其目标保障道义、文化和经济条件。

2. 一视同仁保护所有合法婚姻，以及母亲一方地位和家庭义务。

第二十三条

1. 人自受孕起受国家保护，国家保护未成年人正常成长，保障其身心和精神完整，以及在家中之生存。

2. 国家将优先加强和推动对健康的基本关注，并将其作为该领域战略发展的基础。

第二十四条

1. 教育是国家的首要责任。全体公民都有接受义务、免费和有保障的初级教育的权利。

2. 教育免费的程度由法律规定之。

3. 国家保障所有人、合法个体和宗教团体，在官方教育规划内办学的权利。

4. 以本基本法所保障的良知和宗教自由为基础，官方教育接受自由选择宗教培养课程。

5. 官方承认之教育不得进行任何带有意识形态和党派倾向的教程和宣传。

第二十五条

国家提倡父权尽责以及适合于促进家庭兴旺的教育。

第二十六条

1. 劳动是一种社会权利和义务。国家承认劳动是改善民生和创造国家财富的建设性功能。国家促进社会和经济条件以消除贫穷和贫困，保障赤道几内亚共和国所有公民均等获得为不被生活需要而困扰的有效劳动机会。

2. 法律将规定实施这一权利的条件。

第二十七条

1. 赤道几内亚共和国经济制度建立在自由市场、自由企业原则基础上。

2. 法律根据经济和社会发展之要求规定上述自由的实施。

3. 国家保护、保障和管制旨在有利于国家发展的外国资本投资。

第二十八条

赤道几内亚共和国经济按以下四个基本部门运行：

（1）公共部门，全部由国有资产企业组成，主要从事本基本法第 29 条中列举的资源开发和服务，以及其他任何经济活动。

（2）混合经济部门，由公共资本企业和私人资本企业联合组成。

（3）合作部门，其财产和管理属于长期合伙劳动的团体所有。国家制定法律对其进行协调和发展。

（4）私有部门，由财产属于拥有私有权的一个或数个自然人或法人的企业组成，通常是指上述部门以外的行业。

第二十九条

1. 以下为公共部门专属资源和服务：

（1）矿产及碳氢化合物。（2）饮用水及电力供应和服务。（3）邮政、电信及交通服务。（4）广播电台和电视。（5）法律规定的其他资源和服务。

2. 国家可根据法律规定的形式和情况，授权、准予或加入私有部门之主动，开展上述各项活动和服务。

第三十条

1. 国家承认公有财产和私有财产。

2. 除法律规定的限制外，财产权得到保障和保护。

3. 财产不可侵犯，任何人的财产和权利不得被剥夺，公益原因及相应的赔偿除外。

4. 国家保障农业者所拥有的土地这一传统财产。

5. 法律确定公有财产的法律制度。

第二部分

第一章　国家权力和机构

第三十一条

1. 国家通过下列权力行使主权：行政权、立法权和司法权。

2. 法律规定每项权力的权限和职能。

第三十二条

1. 国家通过共和国总统、共和国副总统、部长会议、众议院、参议院、司法权、宪法法院、司法权最高委员会、共和国委员会、全国经济社会发展委员会、审计法院、护民官及依照基本法和其他法律设立的机构行使其职能。

2. 法律规定上述机构的权限和职能。

3. 共和国总统在政府成员中任命一名总理负责行政管理协调，向议会提交政府的法律和其他法令，以及授予的其他职权。

第二章 共和国总统

第三十三条

1. 共和国总统是国家元首，作为政府首脑行使行政权力。总统体现国家团结，确定国家政策，确保尊重基本法，运用仲裁权保障公共权力的运转，代表国家，是国家独立的保障。总统通过直接、秘密、普选产生，获得有效票的简单多数即可当选。

2. 法律确定选举程序的条件。

3. 共和国总统由一名共和国副总统辅佐，可将宪法中的某些权力赋予副总统。

4. 共和国副总统在履行职能前，其任命应由议会两院全会和由共和国总统召集的特别会议上获简单多数批准。

第三十四条

国家元首人身不可侵犯。法律规定国家元首之特权及结束任期后所享有的豁免权。

第三十五条

担任共和国总统应具备的条件:

(1) 原籍为赤道几内亚。

(2) 享有公民权。

(3) 在国内连续居住五年以上。

(4) 精通阐释基本法。

(5) 符合基本法和其他法律而当选。

(6) 最低年龄四十岁。

(7) 无其他国籍。

第三十六条

1. 共和国总统每七年选举一次,可连选。

2. 共和国总统任期限定在连续两任,不得参加第三任竞选,直至产生轮换。

3. 总统选举在共和国总统任期第七年举行,日期由部长会议议定的法令确定。

4. 总统选举在任内总统行使权力期满前四十五天或最迟在上述日期的七十天内举行。

第三十七条

1. 当选总统应在选举结果公布后三十天内,在由众议院和参议院主席团、最高法院全体以及宪法法院全体组成的名誉法院面前宣誓忠于基本法并就职。

2. 总统选举结束后,共和国当选总统任命新政府。

第三十八条

共和国总统决定国家政策,仲裁并协调国家各机构的正常运转。其权威覆盖全国境内。

第三十九条

共和国总统在部长会议行使规定的权力。

第四十条

共和国总统批准和颁布法律,并根据本基本法中的条文行使否决权。

第四十一条

此外,共和国总统还行使以下权力:

(1)保证本基本法的执行、国家公共权力的运转及连续性。

(2)召集并主持部长会议。

(3)根据本基本法规定的条文,在部长会议制定法律性法令和政令。

(4)是国家武装力量和国家安全力量最高统帅,共和国总统保障国家对外安全。

(5)宣布战争与和平。

(6)共和国总统可自行任免共和国副总统。共和国副总统应同属于共和国总统所在的政党。

(7)依照本基本法和两院章程,批准众议院和参议院作出的关于两院议长、主席团其他成员选举和离职的决定。

(8)任免国家文职人员和军职人员高级职衔,授权共和国副总统或总理任命其他文职人员和军职人员职衔。

(9)根据本基本法谈判和签署国际协定和条约。

(10)在国际关系中代表赤道几内亚接收和派驻大使,授权领事履行其职责。

(11)授予国家头衔、荣誉及勋章。

(12)行使赦免权。

(13) 根据本基本法召集大选。

(14) 根据本基本法召集公民投票。

(15) 在部长会议批准国家发展计划。

(16) 根据本基本法规定下令解散众议院和参议院。

(17) 行使法律所赋予的的其他权力和特权。

第四十二条

为了保障国家领土完整和维护公共秩序，国家武装力量、国家安全力量以及公共秩序力量绝对和无条件地服从共和国总统。

第四十三条

在临危情况下，当商定宣布进入特别或戒严状态时，共和国总统可在最长不超过三个月期间中止本基本法所规定的权利和保障，采取非常措施维护国家领土完整、国家独立、国家机构以及国家权力和服务的运转，并发文告知人民。上述三个月时间可以延长至中止原因之消失。

第四十四条

1. 在情势需要时，共和国总统通过法令宣布紧急状态、特别状态和戒严状态，并将此通知众议院和参议院。

2. 宣布紧急状态、特别状态和戒严状态应明确指出其作用以及所涉及的地域范围和时限。

3. 法律规定紧急状态、特别状态和戒严状态，及其相应的权限。

4. 在宣布本条所提及的任何状态中不得解散议会两院。

5. 对武装团伙和恐怖分子的行动，运用必要的司法介入及适当的议会监督，并依照法律对特定的人以单独或集体方式中止其基本法中所承认的权利和保障。

第四十五条

1. 共和国总统的职权在如下情况中止：

(1) 辞职。

(2) 本基本法中规定的条件下总统任期结束。

(3) 身体和精神永久失能。

(4) 死亡。

2. 如发生第一款中(1)、(3)、(4)情况所导致的权力空缺，由共和国副总统行使共和国总统职能。

3. 权力空缺最长二十四小时之内，共和国新总统在由众议院和参议院主席团、司法权最高委员会全体、宪法法院全体组成的名誉法院面前宣誓忠于基本法并就职，完成被接替的共和国总统任期。

第三章　部长会议

第四十六条

为行使政治和行政职能，共和国总统主持由共和国副总统、总理以及政府其他成员组成的部长会议。

第四十七条

1. 部长会议是执行共和国总统所确定的国家总政策机构，保障法律实施，随时协助共和国总统处理政治、经济与行政事务。

2. 法律确定部的数目、名称以及各部职权。

第四十八条

公共服务的领导、行政管理委派各部长，分管各部门职权内的事务。

第四十九条

除基本法明确规定和其他法律所确定的情况外,部长会议还有如下职权:

(1)指导共和国总统所确定的国家总政策,组织并实施经济、文化、科学和社会活动。

(2)推动国家社会经济发展计划。众议院和参议院通过并由共和国总统批准后,组织、领导和监督计划的执行。

(3)制定国家总预算,一经众议院和参议院通过并由共和国总统批准,便监督其执行。

(4)通过货币政策,并采取措施保护和强化国家货币金融制度。

(5)制定法律草案,并提交众议院和参议院批准。

(6)给予领土庇护。

(7)指导国家行政管理,协调并监督国家各行政部门的活动。

(8)监督法律和国家司法条例中其他常规法令的执行。

(9)为履行上述所授予的职权设立必要的委员会。

第五十条

1. 共和国副总统、总理以及政府成员的工作对法律、共和国总统、众议院和参议院负有集体责任,但不妨碍他们对法律各负其责。

2. 共和国总统、政府首脑、共和国副总统、总理和政府所有成员的民事和刑事责任依照法律予以追究。

3. 共和国总统,国家元首和政府首脑的行为由副署者负责。

第五十一条

同共和国总统和政府首脑一起的政府成员有：

(1) 共和国副总统

(2) 总理

(3) 副总理

(4) 国务部长

(5) 部长

(6) 特任部长

(7) 副部长

(8) 国务秘书。

第五十二条

共和国副总统、总理以及政府其他成员在就职前，向总统宣誓忠于总统和本基本法。

第五十三条

部长会议全体或部长可分别参加众议院和参议院辩论会，发言但无投票权，可应邀到会提供情况。

第四章 议会

两院共同规定

第五十四条

立法权属于人民，并授权由普选产生的议会在本基本法所规定的权力框架下行使。

第五十五条

议会行使国家立法权，由众议院和参议院两院组成。两院提出法律，在履行各自的职能和权力中依照本基本法和其他法律规定之方式分别或共同行动。

第五十六条

1. 众议员和参议员在大选中通过秘密、直接、普选产生,任期五年,选举日期在其任期届满之前或之后的六十天内的一天举行。

2. 众议院和参议员席位分配须符合法律确定的代表制中每个候选名单。

3. 选举法规定每个选区的议席名额,当选资格和无被选资格、众议员和参议员兼职和不可兼职之制度,以及选举程序的其他方面。

第五十七条

众议员和参议员不接受强制命令。

第五十八条

众议员和参议员有提出修正案和投票的权利。票须由本人亲投。

第五十九条

共和国总统在征询政府以及两院主席团后,可将需要同人民直接商榷的任何问题提交公民投票。草案被通过后由共和国总统颁布。

第六十条

共和国总统在部长会议可下令解散众议院和参议院,并提前召集大选。如果众议院和参议院是在两院任期最后一年解散并选举其议员,选举将依照本基本法的相关规定举行。

第六十一条

众议院和参议院席位出现空缺,将按照选举法规定递补。

第六十二条

1. 任何众议员或参议员在众议院或参议院行使职能时发表意见，无论在其当时或其后都不得因此而被追诉或逮捕。

2. 政府或司法当局在事先未得到所在议院主席团的要求这一必要条件下，不得逮捕或起诉众议员或参议员，现行犯罪情况除外。

第六十三条

1. 众议院和参议院自大选结果公布后三十天起自行举行会议，开始第一个工作日。

2. 首次会议唯一议程是选举两院各自议长和主席团其他成员，除非政府要求议程中包括其他紧急事项。

第六十四条

1. 众议院和参议院每年召开两次常会，第一次常会在一月，第二次常会在七月，会期最长为五个月。

2. 会议召开要求众议院和参议院一半加一的议员参加，做出决议需与会者简单多数通过。

第六十五条

无论是常会还是特别会议，每次会议开幕和闭幕均在两院主席团取得一致，由共和国总统通过法令确定。

第六十六条

众议院和参议院全会辩论会公开。

第六十七条

应政府或众议员和参议员四分之三人数要求，出于保密和安全理由，两院可举行特定的秘密会议。

第六十八条

1. 立法主动根据法律规定的方式归属在部长会议的共和国总统和众议员和参议员。

2. 众议员和参议员提出的法律议案依照两院各自内部章程提交到众议院和参议院主席团,并送达政府讨论。

第六十九条

除本基本法其他条款中明确规定的情况外,以下方面为法律所保留:

(1)行使公民权利和义务的规定。(2)出于公益强制征用财产制度。(3)人的国籍、身份和能力,婚姻和继承制度。(4)司法组织、新的审判机构之创设,大法官和检察机关条例。(5)监狱制度、大赦和罪行的判定,以及对其适用的刑罚。(6)社团、政党及工会制度。(7)国家货币、邮票及印花发行和印制。(8)行政与金融例行机构。(9)国家参与混合企业的条件与管理。(10)公共遗产制度。(11)人的自由、财产、特许权、实际权利、民事和商业义务制度。(12)国家信贷和财政责任。(13)经济及社会行动计划。(14)教育、文化、劳动权利及社会保险基本原则。(15)度量衡规定。

第七十条

1. 政府提交的国家总预算在众议院和参议院第二次常会期间投票表决。如果执行中的财政年度结束前未获得通过,共和国总统可将前一年度预算法延长,直至新预算法通过。

2. 在政府要求下,众议院和参议院召开为期十天的特别会议以重新审议。

3. 如特别会议最终未通过预算,预算法将由共和国总统最终确定。

第七十一条

如果政府在众议院和参议院第二次常会期间未向其提交预算，共和国总统将为此召开一次两院特别会议。

第七十二条

在预算法颁布之前，共和国总统可要求众议院和参议院对预算法二读和三读。

第七十三条

共和国总统可在众议院和参议院全会上发言或向其送达咨文。在总统出席的情况下，上述联系中不得发生任何辩论，以此目的会议除外。

第七十四条

众议院和参议院议事日程由两院主席团各自确定。

第七十五条

共和国总统颁布和批准众议院和参议院所通过的法律。

第七十六条

众议院和参议院通过各自开支预算，并将其通报政府以便安排和纳入国家总预算中。

第七十七条

两院之间联系以书面形式进行，与国家其他权力机构的联系分别通过两院各议长。

第七十八条

法律规定众议员和参议员在行使其职能中不可兼职制度。

第七十九条

众议院与参议院的共同职能如下：

(1) 在议员中选举两院各自议长、副议长和主席团成员。
(2) 制定两院各自的内部章程。
(3) 通过国家收支和投资预算法。
(4) 税赋立法，根据情况取消或设立税收和其他税目。
(5) 度量衡立法。
(6) 确定民事法、商业法、诉讼法、刑法和劳动法基础。
(7) 调整基本权利和法律保留的所有权利。
(8) 法律赋予的其他职权。

众议院

第八十条

众议院是代表全国人民和国家立法机构。由在大选中通过直接、秘密和普选产生的一百名成员组成，任期五年，选举在任期届满前或后六十天的一天举行。

第八十一条

众议院的职权如下：

(1) 通过和平、商业条约和涉及国家主权和领土完整及所有法律保留方面的其他条约，并呈递共和国总统批准。

(2) 休会期间，授权共和国总统通过法律保留方面的法律性法令。这些法律性法令一经颁布将立即生效，未被其他法律取代不得废除。政府向众议院和参议院通报这些法律性法令。

(3) 向政府成员阐释其权限内的事务，并要求政府成员到众议院向其阐释总政策以及职责内的专题事项。

(4) 在众议院内任命委员会以调查涉及公共利益的事务。这些委员会可自由接触政府各部门，涉及国家机密部门除外。

第八十二条

法律规定众议员选举条件。

参议院

第八十三条

依照法律规定之形式，参议院是地区和地方机关代表院。

第八十四条

1. 参议院由秘密、直接、普选产生的七十名议员组成，任期五年，举选日期在本届任期届满前或后六十天的一天举行。

2. 法律规定在七十名参议员中由共和国总统自主任命的名额。

3. 选举法确定选区、每个选区分配的席位、参议员的选举资格和无被选资格、兼职和不可兼职制度，以及选举程序中的其他方面。

4. 席位须符合各地区代表和地方机关分配名额。

第八十五条

共和国前总统，前副总统，众议院和参议院前议长，在他们保持其政治和社会尊严和威信时，均为享有全部权利、特权和豁免权的当然参议员。

第八十六条

只有参议院特定职权内的以及共和国总统或众议院明确要求参与的事项方可被列入参议院会议日程。

第八十七条

1. 在共和国总统和副总统同时缺位的情况下，由参议院议长临时担任共和国总统职务并在九十天内召集总统选举。

2. 如举行第一款所述的选举，临时总统不得作为候选人参加竞选。

3. 自过渡期至共和国新总统选出，基本法不得修改，国家任何机构不得被解散。

第八十八条

参议院职权如下：

(1) 议定二读法律草案和由众议院审议和通过的其他法令。

(2) 接受或拒绝共和国总统辞职。

(3) 法律规定的其他事项。

第五章 司法权和通则

第八十九条

司法权独立于立法权和行政权。司法权行使国家司法职责。

第九十条

1. 司法来自人民，以国家元首的名义管理。

2. 司法权组织法确定旨在保障司法管理有效运转所必要的法庭、法院的组织和职权。该项组织法规定法官条例。

第九十一条

一切审理、审判和监督执行判决过程，司法权只能由法律规定的法庭和法院行使。

第九十二条

国家元首是国家首席大法官,保障司法职能的独立。

第九十三条

法官和大法官在行使职能中只服从于法律规定。

第九十四条

司法统一之原则是法庭和法院组织和运转的基础。法律确定适用于军事当局的司法制度。

第九十五条

除法律所规定的情况外,审判公开,但法院审议则秘密进行。

司法权最高委员会

第九十六条

1. 司法权最高委员会是司法权领导机构。委员会由共和国总统担任主席和由国家元首任命的被公认有能力和品德的六名委员组成,任期五年。

2. 一项组织法规定司法权最高委员会组织、运转及其成员司法条例。

最高法院

第九十七条

最高法院是按各种序列排列之最高司法机关,宪法保障性条款规定除外。由一名院长和八名大法官组成。

第九十八条

1. 最高法院院长和大法官由共和国总统任命,任期五年。

2. 职业大法官和司法行政官员依照法律任免。

共和国总检察院

第九十九条

共和国总检察院主要职责是书面监督国家所有机关、地区、省、区、市以及本国居民和居住在国家的外国人严格遵守法制和其他法令。

第一百条

1. 共和国总检察长和副总检察长由共和国总统任免。
2. 共和国总检察院遵从组织章程。

第六章　宪法法院

第一百零一条

1. 宪法法院由共和国总统任命的一名院长和四名成员组成。其中两名分别由众议院和参议院提名。宪法法院成员任期为七年。

2. 宪法法院的职权如下：

（1）调查法律违宪上诉案。

（2）调查宪法保护性上诉案关于侵犯基本法公认的权利和自由的规定和行为。

（3）公布总统选举、立法选举、市政选举和公民投票的最终结果。

（4）宣布共和国总统、共和国副总统、众议长和参议长因身体和精神永久失能，构成合法性之障碍，而不能行使其职权。

（5）对机关法按规定实施之宪法合法性提出有约束力

意见。

（6）调查宪法规定的机关之间的纠纷。

（7）调查国际条约违宪情况。

（8）法律赋予的其他方面的权力。

第一百零二条

1. 可提出违宪上诉的合法机构如下：

（1）共和国总统—国家元首。

（2）共和国副总统和总理。

（3）众议院和参议院达到其成员四分之三以上有效多数。

（4）共和国总检察长。

2. 任何自然人和有合法利益之诉讼，均可提出上诉寻求保护。

第一百零三条

宪法法院成员不得为政府成员、众议院或参议院成员、司法和检察职业人员，也不得担任任何选举性公职。

第一百零四条

组织法将规定宪法法院运转、成员条例及向其提出诉讼程序。

第七章 共和国委员会

第一百零五条

共和国委员会是国家政治咨询机构，负责向任期内的共和国总统在其工作中及国家其他权力机构提供意见。

第一百零六条

共和国委员会就下列事项提供意见：

（1）保护和维护赤道几内亚基本法和国家最高价值。

(2) 维护国家对内和对外安全。

(3) 捍卫和坚持赤道几内亚共和国国家统一、领土完整和主权。

(4) 保护土著文化价值、班图人及非洲人的特征和普世文明。

(5) 保护和坚持赤道几内亚共和国法制国家及民主制度。

(6) 所有应包括的其他问题。

第一百零七条

共和国委员会由九名成员组成，从共和国前总统、众议院和参议院前议长、最高法院前院长、宪法法院前院长中被公认曾以诚实和尊严任职的，以及其他具备诚实和尊严能称职的人士中选出。

第一百零八条

1. 共和国委员会成员由共和国总统任命，任期五年，可以连任。

2. 共和国前总统为共和国委员会全权终身成员。

第一百零九条

共和国委员会成员不可同时兼任基本法所规定的其他机构成员的职务，共和国前总统除外。

第一百一十条

共和国委员会成员在下列情况将被终止其职能：

(1) 任期届满。

(2) 死亡。

(3) 精神永久失能。

第一百一十一条

共和国委员会组成：

(1) 一名主席，优先考虑共和国前总统中的一位。

(2) 一名副主席。

(3) 一名秘书。

(4) 成员。

第一百一十二条

一项法律规定共和国委员会成员的职能、权限和豁免权。

第八章　国家经济社会发展委员会

第一百一十三条

1. 国家经济社会发展委员会是关于经济和社会计划和纲领、所有财政法规的技术咨询机构。该委员会还可根据市场经济对赤道几内亚发展问题进行分析。

2. 国家经济社会发展委员会对共和国总统、众议院和参议院以及国家其他管理机构所研究的相关问题发表意见并提出结论。

3. 跟踪政府对经济和社会组织相关决定的执行情况。

第一百一十四条

1. 国家经济社会发展委员会由经济社会发展问题的技术人员、专家和负责人组成。三十名成员均由共和国总统任命，任期五年。

2. 国家经济社会发展委员会内部组织及运行准则由法律规定之。

第九章 审计法院

第一百一十五条

1. 财政监督是由共和国审计法院负责行使的一种公共职能，旨在监督行政机关以及掌管国家资金和财产的个人及单位财政管理的透明度。这一监督将依照法律规定的程序、制度和原则在后期有选择的进行。

2. 审计法院是一个行政和预算自主的技术性单位。除本机构内定的职能外，不具有其他与之不同的行政职能。

第一百一十六条

所有国家人员，公务员和公共服务人员均应在任职前申报其财产。

第一百一十七条

1. 审计法院院长及成员由共和国总统任命。

2. 法律规定审计法院院长及成员的名额、任期以及任命条件。

第一百一十八条

审计法院职权如下：

（1）制定掌管国家资金和财产负责人提供报告的办法和方式，确立对那些应为永久监管对象的财政运转和结果作出评估的准则。

（2）检查和控制国库负责人所经管的账目，评定其效力及效率之级别。

（3）登记国家和地方公共债务。

（4）要求任何序列的公务员和管理国家资金和财产的个人以及公共或私人单位提供财政管理报告。

(5)确定财政管理责任,制定相应的经济惩罚并对财政管理中造成的后果行使强制裁判权。

(6)评估国家机关和单位内部财政监督的质量和效率。

(7)向共和国总统和议会提交年度工作情况报告,确证国家财政和结算情况。

(8)鼓励主管部门对造成国家遗产损失的人分别提供证据、刑事或纪律调查。在其责任范围内,审计法院在进行调查和刑事及纪律诉讼期间可根据事实并善意地要求暂时停止这些人的职务。

(9)提出有关财政监督制度、审计法院组织和运转的准法律草案。

(10)法律赋予的其他职能。

第一百一十九条

审计法院预先调查初步结果对共和国总检察长和责任法官具有证明价值。

第一百二十条

法律规定审计法院的机构和运转。

第一百二十一条

法律规定对审计法院活动的控制和监督方式。

第十章 护民官

第一百二十二条

护民官是由众议院和参议院委任的、为保护基本法规定的公民权利的高级代表。因此,护民官可监督行政机关的活动,并向众议院和参议院提供报告。

第一百二十三条

护民官由众议院和参议院选举产生,经共和国总统批准,任期五年。

第一百二十四条

在议会中任命一个众议院和参议院混合委员会负责与护民官保持联系,必要时向两院全会分别提供报告。

第一百二十五条

任何自然人和法人在关系自身的事情上认为某公共机关之运转和行为不符合其委任的公共服务之使命,可向护民官提出保护性上诉。

第一百二十六条

护民官职责如下:

(1)核查和调解行政机关、私人机构及公民之间关系中所出现的非正常行为。

(2)向职能部门通报和举报不符合法律规定的行为。

(3)调解行政机关和被管理者之间可能出现的矛盾,根据情况向职能部门提出解决建议。

(4)调查保护性上诉案有关侵犯宪法中所承认的权利和自由的法令和行为。

第一百二十七条

1. 护民官是所有人与之可接触的。

2. 公众均可获取护民官提供的报告。法律规定的具有保密性质的特殊情况除外。

第一百二十八条

法律将规定护民官组织机构和职能。

第三部分 国家武装和安全力量及国防

第一百二十九条

国家武装和安全力量是国家机构,其主要使命是维护国家独立和领土完整,捍卫国家主权,维护祖国最高价值、国家安全、公共秩序和公共权力的正常运转。国家武装和安全力量受法律及其自身守则约束。

第一百三十条

1. 国防是在情况需要时一切有生力量及精神和物质手段的组织和参与。

2. 一项组织条例对国防做出规定。

第四部分 地方机关

第一百三十一条

地方机关是负责地区、省、区和市具有独立法人资格的行政管理机构,依照法律规定在各自区域推动经济和社会发展计划和纲领。

第一百三十二条

1. 地方机关为实现基本法规定的国家职能和目标做出贡献。除非基本法规定,不得创设、改动或取消。

2. 法律规定地方机关的职权、运转、管辖权及组成。

第五部分　基本法修改

第一百三十三条

1. 本基本法修改主动权归属共和国总统或众议院和参议院四分之三成员同意。

2. 上款所指的宪法修正案须依照法律草案和提案有关之规定履行程序。

3. 基本法修正案须获得众议院和参议院成员四分之三赞成票方得通过。

4. 基本法修正案根据上款规定通过后即为最终修订，除非共和国总统决定提交公民投票。在此情况下，全民通过即为最终修订。

第一百三十四条

赤道几内亚国家民主共和政体、国家团结及领土完整不得成为基本法任何修改的对象。

过渡性条款

第一条　在依照本基本法设立的新的机关和机构尚未运转时，现时机关继续有效。

第二条　若未成立众议院和参议院，现人民代表院继续行使基本法承认的国家立法机构的职能。

废除性条款

所有与本基本法相抵触的规定均予废除。

最后条款

　　本基本法在全民投票通过且在国家官方公报公布后,自共和国总统颁布起生效。

　　根据上述,在严格执行现行法律机制规定的国家机关和机构的法规,依照赤道几内亚本基本法的最后条款之规定,我于 2012 年 2 月 16 日在巴塔批准并颁布本基本法。

为了一个更美好的几内亚

赤道几内亚共和国总统
奥比昂·恩圭马·姆巴索戈

附录三

地名人名中外文对照

本表就书中所见地名人名摘要列入，按西班牙语字母顺序排列。

一、地名中外文对照表

A

Abuja	阿布贾（尼日利亚）
Accra	阿克拉（加纳）
Aconibe	阿科尼贝
Acurenam	阿库雷南
Addis Abeba	亚的斯亚贝巴（埃塞俄比亚）
Africa	非洲
Africa del Sur	南非
Aguas Claras	清水河
Alicante	阿利坎特（西班牙）
Ambam	安巴姆（喀麦隆）
Andok	安多克
Angola	安哥拉

Anisok	阿尼索克
Annobón	安诺本
Antillas	安的列斯群岛
Archipiélago Azores	亚速尔群岛
Argel	阿尔及尔(阿尔及利亚)
Argelia	阿尔及利亚
Argentina	阿根廷
Ascensión Island	阿松森岛
Asobia	阿索比亚
Ayene	阿耶内

B

Bahamas	巴哈马群岛
Banapá	巴纳帕
Baney	巴内
Bangui	班吉(中非共和国)
Basupú	巴苏普
Bata	巴塔
Batete	巴特特
Berlín	柏林(德国)
Biafra	比夫拉海湾
Bidjabidjan	比德哈比德汉
Bikurga	比库尔加
Bimbiles	宾比莱斯
Bioko	比奥科
Bioko Norte	北比奥科
Bioko Sur	南比奥科
Bitika	比蒂卡

Bolivia	玻利维亚
Brasil	巴西
Brazzaville	布拉柴维尔（刚果共和国）
Brusela	布鲁塞尔（比利时）
Buenos Aires	布宜诺斯艾利斯（阿根廷）

C

Cabo de Bajador	博哈多尔角
Cabo de Buena Esperanza	好望角
Cabo de Hornos	和恩角（南美）
Cabo de Lope	洛佩角
Cabo de San Juan	圣胡安角
Cabo Verde	佛得角
Cadiz	加的斯（西班牙）
Calicúte	卡利卡特（今日科泽科德－印度）
Camerún	喀麦隆
Canarias	加那利群岛（西班牙）
Caracas	加拉加斯（委内瑞拉）
Caroline Islands	加罗林群岛
Cartagena	卡塔赫纳（西班牙）
Cataluña	加泰罗尼亚（西班牙）
Centro Sur(Provincia)	中南省
Ceuta	休达
Clarence	克拉伦斯（今日马拉博）
Cocotero	科科特洛
Cogo	科戈
Colombia	哥伦比亚
Colonia del Sacramento	科洛尼亚·德尔萨克拉门托（乌拉圭）

Concepción(Riaba)	康塞普西翁(今日里亚巴)
Conga	孔加
Congo	刚果
Congo River	刚果河
Corisco	科里斯科
Costa Rica	哥斯达黎加
Cuba	古巴

Ch

China	中国

D

Dakar	达喀尔(塞内加尔)
Dominica	多米尼加
Duala	杜阿拉(喀麦隆)

E

Ebebiyin	埃贝比因
Ebolowa	埃博洛瓦(喀麦隆)
Egipto	埃及
Elobey	埃洛贝
Elobey Chico	小埃洛贝
Elobey Grande	大埃洛贝
España	西班牙
Etiopia	埃塞俄比亚
Etulá	埃图拉(比奥科旧称)
Europa	欧洲
Evinayong	埃维纳永

F

Felipinas	菲律宾

Fernando Poo	费尔南多·普
Ferror	费罗尔(西班牙)
Florida	佛罗里达(美国)
Francia	法国

G

Gabón	加蓬
Gaspar Corapiate	加斯帕尔·科拉皮亚特
Gibraltar	直布罗陀
Golfo de Paría	帕里亚湾
Gran Bretaña	英国
Great Lakes Area	大湖区(非洲)
Guadalupe	瓜达卢佩
Guinea Ecuatorial	赤道几内亚
Guyana	圭亚那

H

Habana	哈瓦那(古巴)
Harare	哈拉雷(津巴布韦)
Holanda	荷兰
Honduras	洪都拉斯

I

India	印度
Isla de Margarita	马格丽塔岛
Isla de Santiago	圣地亚哥岛(佛得角)
Italia	意大利

J

Jamaica	牙买加
Jubba River	朱巴河(非洲)

K

Kie Ntem	基埃－恩特姆
Kribi	克里比（喀麦隆）

L

Lago Mazafín	马扎芬湖
La Plata	拉普拉塔（阿根廷）
Liberia	利比里亚
Libreville	利伯维尔（加蓬）
Limbe	林贝（喀麦隆）
Limpopo River	林波波（非洲）
Lisboa	里斯本（葡萄牙）
Litoral	海岸省
López Gonsalves	洛佩斯·冈萨尔维斯
Luba(San Carlos)	卢巴（圣卡洛斯）

M

Machinda	马钦达
Madagascar	马达加斯加
Madeira	马德拉群岛
Madrid	马德里（西班牙）
Malabo	马拉博
Mandy	曼蒂（科里斯科岛）
Manila	马尼拉（菲律宾）
Margarita	玛格丽塔
Mariana Islands	马里亚纳群岛
Marruecos	摩洛哥
Mauritania	毛里塔尼亚
Mbane	姆巴涅

Mbíni	姆比尼
Mikomensen	米科梅森
Milán	米兰（意大利）
Mississippi River	密西西比河（美国）
Moka	莫卡
Mongomeyen	蒙戈梅因
Mongomo	蒙戈莫
Monte Alén	阿伦山
Monte Chime	奇梅山
Monte Chocolate	乔科拉特山

N

Nanda	南达
Ncomo	恩克莫
Ncuefulán	恩库埃夫兰
Nicaragua	尼加拉瓜
Niefang	涅芳
Nile River	尼罗河（非洲）
Nkimi	恩基米
Nkue	恩圭
Nkumeikén	恩库梅肯
Nsang	恩桑
Nsok Nsomo	恩索克·恩索莫
Nsork	恩索尔克
Nzan-Nnam	恩桑·恩南

O

Ogowe	奥果韦河口（中非河流）

P

Pagalú	帕加卢（安诺本岛旧称）
Panamá	巴拿马
Paraguay	巴拉圭
Pardo	帕尔多（西班牙）
París	巴黎（法国）
Pico Basilé	巴西莱山峰
Pico Mitra	米特拉山峰
Piedra de Nzas	恩萨斯石头峰
Portugal	葡萄牙
Provincia de Kie-Ntem	基埃-恩特姆省
Provincia Litoral	海岸省
Provincia de Wele Nzas	维勒-恩萨斯省
Puerto Rico	波多黎各

R

Rebola	雷博拉
Riaba	里亚巴
Río Abama	阿巴马河
Río Abia	阿比亚河
Río Aye	阿耶河
Río Benito	贝尼托河
Río Bolo	勃洛河
Río Bono	勃诺河
Río Calabar	卡拉巴尔河
Rio Campo	坎波河
Río Congu	孔古河
Río de Janeiro	里约热内卢（巴西）

Río del Rey	雷伊河
Río Ekuke	埃库科河
Río Laña	拉尼亚河
Río Mandyani	曼蒂亚尼河
Rio Mbia	穆比亚河
Río Mombe	蒙贝河
Río Mtimele	姆提梅勒河
Río Muni	木尼河
Río Niger	尼日尔河（西非）
Río Utamboni	乌坦勃尼河
Río Wele	维勒河
Rota	罗塔（西班牙）

S

Salvador	萨尔瓦多
Sanaga	萨纳加河（喀麦隆）
San Antonio de Palé	圣安东尼奥·德帕莱
San Antonio del Norte	北圣安东尼奥
San Antonio del Sur	南圣安东尼奥
San Carlos	圣卡洛斯（今日卢巴）
San Cruz(Awual)	圣克鲁斯（阿瓦尔）
Sangha River	桑加河（非洲）
San Ildefonso	圣伊尔德丰索（西班牙）
San Mateo	圣马特奥
San Pedro(Ahangais)	圣佩德罗（阿汉加伊斯）
San Tomé y Principe	圣多美和普林西比
Santa Catalina	圣卡塔利娜岛
Santo Domingo	圣多明各（多米尼加）

Sierra Leona	塞拉利昂
Strait of Magellan	麦哲伦海峡
Sudán	苏丹
Suecia	瑞典

T

Talavera	塔拉维拉（西班牙）
Tanganyika Lake	坦噶尼喀湖（非洲）
Tegete	特戈特
Tomar	托马尔（葡萄牙）
Tordesillas	托尔德西利亚斯（西班牙）
Torrejón	托雷洪（西班牙）
Trinidad	特立尼达岛
Trinidad y Tobago	特立尼达和多巴哥
Túnez	突尼斯
Turquía	土耳其

U

Ureca	乌雷卡
Uruguay	乌拉圭

V

Valencia	瓦伦西亚（西班牙）
Valladolid	瓦利阿多里德（西班牙）
Vaticano	梵蒂冈
Venezuela	委内瑞拉

W

Wele – Nzas	维勒-恩萨斯

Y

Yaoundé	雅温得（喀麦隆）

Z

Zambezi River	赞比西河（非洲）
Zaragoza	萨拉戈萨（西班牙）

二、人名中外文对照表

A

Aberdeen	艾贝丁
Abilio Balboa Arkins	阿维略·巴尔沃亚·阿金斯
Acacio Mañe Ela	阿卡西奥·马涅·埃拉
Acevedo	阿塞维多
Adolfo Bote	阿道夫·博特
Adolfo Guillemard	阿道夫·吉列马德
Adolfo Suárez	阿道夫·苏亚雷斯
Agapito Mba Mokuy	阿加皮托·姆巴·莫库伊
Aguelles	阿圭列斯
Agustín Daniel Grange	阿古斯丁·丹尼尔·格兰赫
Agustín Eñeso ÑeÑe	阿古斯丁·埃涅索·涅涅
Agustín Ignacio Emparán	阿古斯丁·伊格纳西奥·恩帕兰
Agustín Muños Grande	阿古斯丁·穆尼奥斯·格兰德
Agustín Nse Nfumu	阿古斯丁·恩塞·恩福穆
Agustín Nve Ondo Nchama	阿古斯丁·恩维·翁多·恩查马
Ahmadou Ahidjo	阿赫杜·阿希乔
Alcocer	阿尔科塞尔
Alejandro Ⅵ	亚历山大六世

Alejandro Evuna Owono Asangono	亚历杭德罗·埃乌纳·奥沃诺·阿桑戈诺
Alfonso V	阿方索五世
Alfonso XII	阿方索十二世
Alfonso Jesús Oyono	阿方索·赫苏斯·奥约诺
Alfonso Nsue Mokuy	阿方索·恩苏埃·莫库伊
Alfredo Bonet	阿尔弗雷多·博内特
Alfredo Jones Niger	阿尔弗雷多·霍内斯·尼赫尔
Alfredo Tomas King	阿尔弗雷多·托马斯·金
Alvaro da Cunha	阿尔瓦罗·达孔纳
Amancio Nse	阿曼西奥·恩塞
Andrés Ikuga Ebombebombe	安德烈斯·伊库加·埃邦贝邦贝
Andrés Moisés Maba Ada	安德烈斯·莫伊塞斯·马巴·阿达
Angel Barrera Loyando	安赫尔·巴雷拉·洛杨多
Angel Escudero de Corral	安赫尔·埃斯库德罗·德克拉尔
Angel Masié Mubuy	安赫尔·马歇·米布伊
Angel Masié Ntutumu	安赫尔·马歇·恩图图穆
Angel Serafín Seriche Dougan	安赫尔·塞拉芬·塞里切·多甘
Aniamu	阿尼亚姆
Antonio Cándido Enang	安东尼奥·坎迪多·恩昂
Antonio Cano	安东尼奥·卡诺
Antonio Canovas Castillo	安东尼奥·卡诺瓦斯卡斯蒂略
Antonino Eworo Obama	安东尼诺·埃沃洛·奥巴马

Antonio Fernando Nve Ngu	安东尼奥·费尔南多·恩维·恩古
Antonio García Trevijano	安东尼奥·加西亚·特雷维哈诺
Antonio María Claret	安东尼奥·玛丽亚·克拉雷特
Antonio Ndongo Ngonga	安东尼奥·恩冬戈·恩贡加
Antonio Nve Nseng	安东尼奥·恩维·恩森
Antonio Ricardos	安东尼奥·里卡多斯
Araujo	阿劳霍
Argelejos(Conde)	阿赫莱霍斯(伯爵)
Armando Balboa	阿曼多·巴尔沃亚
Armengol Cool	阿门戈尔·库尔
Atanasio Ndongo Miyone	阿塔纳西奥·恩东戈·米约内
Aurelio Nicolás Etoha	奥雷利奥·尼古拉斯·埃托哈
Ayala	阿亚拉

B

Baldomero Espartero	巴尔多梅罗·埃斯帕特罗
Baltasar de Almeida	巴尔塔萨·德阿尔梅达
Baltasar Ngonga Adjo	巴尔塔萨·恩贡加·埃德霍
Basilio Olaechea Otuño	巴西利奥·奥莱切亚·奥图尼奥
Beawer	比阿维
Bellart	贝利亚特
Benito Patrón	贝尼托·帕特龙
Boncoro Ⅰ	邦克洛一世
Boncoro Ⅱ	邦克洛二世

Bonifacio Ondo Edu	博尼法西奥·翁多·埃杜
Boppi	博皮
Botud	博图德（王子）
Bottud	博图德（王）
Braulio Ncogo Abegue	布劳里奥·恩科戈·阿贝格
Buenaventura Ochaga Ngomo	布埃纳文图拉·奥恰加·恩戈莫

C

Calvo Sotelo	卡尔沃·索特洛
Cándido Muatetema Rivas	坎迪多·穆阿特特马·里瓦斯
Cándido Nang	坎迪多·南格
Carlos Ⅰ	卡洛斯一世（西班牙）
Carlos Ⅲ	卡洛斯三世（西班牙）
Carlos Cabrera Jaime	卡洛斯·卡夫雷拉·海梅
Carlos Chacón	卡洛斯·查孔
Carmelo Modu Akuse Bindang	卡梅洛·莫杜·阿库塞·宾丹
Celestino Bonifacio Bakale Obiang	塞莱斯蒂诺·博尼法西奥·巴卡莱·奥比昂
Ciriaco Ramirez	西利亚科·拉米雷斯
Clemente Ateba Nsoh	克莱门特·阿特巴·恩索赫
Clemente Ngongga Nguema Onguene	克莱门特·恩贡加·恩圭马·翁圭内
Constancia Mangue Nsue	康斯坦西亚·曼戈·恩苏埃
Cristino Seriche Bioko	克里斯蒂诺·塞里切·比奥科
Cristóbal Colón	克里斯托瓦尔·哥伦布

Cristóbal Mañana Ela	克里斯托瓦尔·马尼亚纳·埃拉

Ch

Chester Norris	彻斯特·诺里斯

D

Dag Hammarskjold	达格·哈马舍尔德
Dalmases	达马塞斯
Daniel G. Mbandezóo	丹尼尔·G·姆班德梅索
Delsassé	戴尔卡塞
Diego de Delgado	迭戈·德尔加多
Diego Saavedra Magdalena	迭戈·萨阿韦德拉·马戈达莱拉
Diogo Cao	迪奥戈·康
Domingo Mustrich	多明戈·穆斯特里奇

E

Edmundo Bossio Dioko	埃德蒙多·博西奥·迪奥克
Emilio Bonelli	埃米利奥·博内利
Enrique Dálmonte	恩里克·德阿尔蒙特
Enrique Gori Molibela	恩里克·戈里·莫鲁贝拉
Enrique Nvo Okenve	恩里克·恩沃·奥肯维
Esasi Ewera	埃萨西·埃维拉
Esono Abura	埃索诺·阿布拉
Espinosa	埃斯皮诺萨
Estanislao Cuba Mavila	埃斯塔尼斯劳·库瓦·马韦拉
Estanislao Llemua	埃斯塔尼斯劳·列穆亚
Esteban Nsue Ngomo	埃斯特班·恩苏埃·恩戈莫

F

Faustino Ndong Esono Eyang	福斯蒂诺·恩东·埃索诺·埃杨

Faustino Ruiz González	福斯蒂诺·鲁伊斯·冈萨雷斯
Federico Ngomo Nnandong	费德里科·恩戈莫·恩南东
Felipe Ⅰ	费利佩一世
Felipe Ⅱ	费利佩二世
Felipe Ⅳ	费利佩四世
Felipe Esono Nsue	费利佩·埃索诺·恩索埃
Felipe José	费利佩·何塞
Felipe Njoli	费利佩·恩霍利
Felipe Quir	费利佩·吉尔
Felipe Santos Toro	费利佩·桑托斯·托罗（阿赫莱霍斯伯爵）
Fernando Ⅱ	费尔南多二世
Fernando de Magallanes	费尔南多·麦哲伦
Fernando Fernández Echegoyen	费尔南多·费尔南德斯·埃切戈因
Fernando León Castillo	费尔南多·莱昂·卡斯蒂略
Fernando Maria Castiella	费尔南多·玛丽亚·卡斯铁利亚
Fernando Mirán	费尔南多·米兰
Fernando Morán	费尔南多·莫兰
Fernando Poo	费尔南多·普
Fernando Rodríguez López Lames	费尔南多·罗德里格斯·洛佩斯·兰梅斯
Fortunato Ofa Mbo	福尔图纳托·奥法·姆博
Francisco Almijo	弗朗西斯科·阿尔米霍
Francisco Boddie Ngalo	弗朗西斯科·博迪埃·恩加罗
Francisco Cibut	弗朗西斯科·西布特

Francisco de Paula Esteban	弗朗西斯科·德帕乌拉·埃斯特班
Francisco Dowgan Mendo	弗朗西斯科·多甘·门多
Franciso Fernández Ordónez	弗朗西斯科·费尔南德斯·奥多涅斯
Francisco Franco	弗朗西斯科·佛朗哥
Francisco Gómez Marijuan	弗朗西斯科·戈麦斯·马里胡安
Francisco Jacas Cuandras	弗朗西斯科·哈卡斯·夸德拉斯
Francisco Javier Ngomo Mbengono	弗朗西斯科·哈维尔·恩戈莫·穆本戈诺
Francisco Leandro de Viana	弗朗西斯科·莱安德罗·德维亚纳
Francisco Linaje	弗朗西斯科·利纳赫
Francisco Macía Nguema	弗朗西斯科·马西埃·恩圭马
Francisco Nuñez Rodriguez	弗朗斯斯科·努涅斯·罗德里格斯
Francisco Pascual Obama Asue	弗朗西斯科·帕斯夸尔·奥巴马·阿苏埃
Francisco Pérez romero	弗朗西斯科·佩雷斯·罗梅罗
Francisco Salome Jones	弗朗西斯科·萨洛梅·霍内斯
Francois Mittrrand	弗朗索瓦·密特朗
Frey González Andrade	弗雷·冈萨雷斯·安德拉德
Frey Luis Cayetano de Castro	弗雷·路易斯·卡耶塔诺·德卡斯特罗

G

Gabriel Mañueco	加夫列尔·马纽埃科

Gabriel Mbega Obiang Lima	加夫列尔·姆贝加·奥比昂·利马
Garayoa	加拉约瓦
García	加西亚
García Jofre de Loaisa	加西亚·霍夫雷·德洛艾萨
García Mendez de Castelo Brando	加西亚·门德斯·德卡斯特洛·布兰科
Gaspar Corapiate	加斯帕尔·科拉比亚特
Gaspar Leal	加斯帕尔·莱亚尔
George Robertson	乔治·罗伯逊
Gershon B. O. Collier	格尔松·B·O·克列尔
Giscard Déstaing	吉斯卡尔·德斯坦
Guillermo Nguema Ela	吉列尔莫·恩圭马·埃拉
Gustavo Sostoa	古斯塔沃·索斯托阿

H

Hannón	汉农

I

Ibapá	伊巴帕
Ignacio García de Tudela	伊格纳西奥·加西亚·德图德拉
Ignacio Milam Tang	伊格纳西奥·米拉姆·唐
Isabel Ⅰ	伊萨贝尔一世
Isabel Ⅱ	伊萨贝尔二世

J

Jacques René Chirac	雅克·勒内·希拉克
Jaime Abrisqueta	海梅·阿夫里斯克塔
Jaime Piniés	海梅·皮涅斯
Jaime Nseng	海梅·恩森

Javier Solana	哈维尔·索拉纳
J. Beecroft	约翰·贝克罗夫特
Jeorge Robertson	乔治·罗伯逊
Jerenias Ondo Ngomo	赫雷尼亚斯·翁多·恩戈莫
Jerónimo Martín	赫罗尼莫·马丁
Jerónimo Usera Alarcón	赫罗尼莫·乌塞拉·阿拉尔孔
Jesús Alfonso Oyono	赫苏斯·阿方索·奥约诺
Jesús Edu Mbuy	赫苏斯·埃杜·姆布伊
Jesús Eworo Ndong	赫苏斯·埃沃罗·恩东戈
Jesús Mba Ovono	赫苏斯·姆巴·奥沃诺
Joao Santarém	若昂·桑塔伦
Joaquín Ferrer	华金·费雷尔
Joaquín Primo Rivera	华金·普里莫·里韦拉
Joaquín Souza	华金·索萨
John Clarke	约翰·克拉克
Jorge de Mello	豪尔赫·德梅里奥
Jorge Prescott	豪尔赫·普雷斯科特
José Benito Piñeyro	何塞·贝尼托·皮涅罗
José Camps	何塞·坎普斯
José Chicharro Lamamier	何塞·奇查罗·拉马米耶
José de Barrasa	何塞·德巴拉萨
José de Grandellana	何塞·德格兰德利亚纳
José de la Gándara	何塞·德拉甘达拉
José Díaz Villegas	何塞·迪亚斯·比列加斯
José Irisarri	何塞·伊里萨里
José López Barreda	何塞·洛佩斯·巴雷达

José Luis Leal Maldonado	何塞·路易斯·雷阿尔·马尔多纳多
José Maymó	何塞·迈莫
José M. Chacón	何塞·M·查孔
José Nsué Angue Osa	何塞·恩苏埃·安古埃·奥萨
José Perea Epota	何塞·佩雷亚·埃波塔
José Ramos	何塞·拉莫斯
José Sánchez Guerra	何塞·桑切斯·格拉
José Valero Berenguer	何塞·巴莱罗·贝伦格尔
José Varela Ulloa	何塞·瓦雷拉·乌略亚
José Xifres	何塞·西福莱斯
Jovino Edu Mbuy	霍维诺·埃杜·姆布伊
Juan Ⅱ	胡安二世
Juan Ⅲ	胡安三世
Juan Ⅳ	胡安四世
Juan Bautista Muñoz	胡安·包蒂斯塔·穆尼奥斯
Juan Carlos Ⅰ	胡安·卡洛斯一世
Juan Deacon	胡安·德亚孔
Juan de Cerro	胡安·德塞罗
Juan Durán Loriga	胡安·杜兰·洛里加
Juan Fontán Lobé	胡安·丰坦·洛韦
Juan José de Barrasa	胡安·何塞·德巴拉萨
Juan José de Lerena	胡安·何塞·德莱雷纳
Juan Manuel de Azambuja	胡安·曼努埃尔·德阿桑布哈
Juan Manuel de la Vega	胡安·曼努埃尔·德拉维加
Juan Manuel Tray y Mueri	胡安·曼努埃尔·特拉伊·穆埃里

Juan María Bonelli y Rubio	胡安·玛丽亚·博内利·鲁比奥
Juan Negrin	胡安·内格林
Juan Nguema Mañe	胡安·恩戈马·马涅
Juan Nko Mbula	胡安·恩科·姆布拉
Julián Pellon y Rodríguez	胡利安·佩利翁·罗德里格斯
Julio Bonoko Eiye	胡利奥·波诺科·艾耶
Justino Mba Nsué	胡斯蒂诺·姆巴·恩苏埃
Justino Obama Nve	胡斯蒂诺·奥巴马·恩维

K

Kelly	凯利

L

Laureano López Rodo	劳雷亚诺·洛佩斯·罗多
Lawson	劳松
León Rabadán	莱昂·拉巴丹
Liniers	利涅尔斯（伯爵）
Linslager	林斯拉赫尔
Lopoa	洛波阿（王）
Lorito	洛里托（王）
Lucas Nguema Esono Mbang	鲁卡斯·恩圭马·埃索诺·姆班
Luis Carcía Tejero	路易斯·加西亚·特赫洛
Luis Carrero Blanco	路易斯·卡雷罗·布兰科
Luis de Almeida	路易斯·德阿尔梅达
Luis de Onis	路易斯·德奥尼斯
Luis Maho Sicacha	路易斯·马奥·西卡查
Luis Oyono Esono	路易斯·奥约诺·埃索诺
Luis Ramos Esquivel	路易斯·拉莫斯·埃斯吉维尔

Luis Rondo Maguga	路易斯·龙多·马古加
Luis Sánchez Guerra	路易斯·桑切斯·格拉
Luis Serrano Maranges	路易斯·塞拉诺·马兰赫斯

M

Madabita	马达比塔(王)
Majia	梅希亚
Malabo Lopelo Meleca	马拉博·洛佩洛·梅莱卡
Manuel Ⅰ	曼努埃尔 一世
Manuel Azaña Díaz	曼努埃尔·阿萨尼亚·迪亚斯
Manuel Aznar	曼努埃尔·阿斯纳尔
Manuel Cano	曼努埃尔·卡诺
Manuel Cervera Cabello	曼努埃尔·塞韦拉·卡韦略
Manuel Corsini	曼努埃尔·科尔西尼
Manuel Crosini	曼努埃尔·克罗西尼
Manuel Fraga Iribarne	曼努埃尔·弗拉加·伊里瓦内
Manuel Iradier Bulfy	曼努埃尔·伊拉迭尔·布尔费
Manuel Morgades Besari	曼努埃尔·莫尔加德斯·贝萨利
Manuel Nacimiento	曼努埃尔·纳西缅托
Manuel Rafael Vargas	曼努埃尔·拉斐尔·巴尔加斯
Manuel Robles Postigo	曼努埃尔·罗布莱斯·波斯蒂戈
Marcelino Cabanas	马塞利诺·卡瓦纳斯
Marcelino de Andrés	马塞利诺·德安德烈斯
Marcelino Nguema Onguene	马塞利诺·恩戈马·翁圭内
Marcelino Owono Edu	马塞利诺·奥沃诺·埃杜
Marcelino Oyono Ntutumu	马塞利诺·奥约诺·恩图图姆
Marcos Ropo Uri	马科斯·罗波·乌里

María Ⅰ	玛丽亚一世
María Cristina	玛丽亚·克里斯蒂娜
Mariano Alfonso Alonso	马里亚诺·阿方索·阿隆索
Mariano Ganel	马里亚诺·卡内尔
Mariano Rajoy	马里亚诺·拉霍伊
Marques de Montefuerte	马克斯·德蒙特富尔特
Martín Evo Nguema	马丁·埃沃·恩圭马、
Martín Zato	马丁·萨托
Mbogo Sogo	姆博格·索戈
Metú Meye	梅图·梅耶
Miguel Abia Biteo Boricó	米格尔·阿比亚·比特奥·博里科
Miguel Edjang Nvono	米格尔·埃德夯·恩沃诺
Miguel Eyegue	米格尔·埃耶戈
Miquel Herrero	米克尔·埃雷罗
Miguel Iyanga Djobe Malango	米克尔·伊扬加·德霍贝·马兰戈
Miguel Nuñez del Prado	米格尔·努涅斯·德普拉多
Moadyabita	莫阿迪亚比塔(王)
Molambo	莫兰博(王)
Montes Oca	蒙特斯·奥卡
Moocata	莫卡塔(王)
Moros Morellón	莫罗斯·莫雷利翁
Munga	蒙加

N

Ngomo Nandongo	恩戈莫·南东戈
Nicolás Bosqued	尼古拉斯·博斯克德
Nicolás Monterola	尼古拉斯·蒙特罗拉

Nicolás Norton Nicols	尼古拉斯·诺顿·尼考尔斯
Nicolas Sarkozy	尼古拉·萨科齐
Nkrumah	恩克鲁玛
Nsue Nchama	恩苏埃·恩查马

O

Osorio Zabala	奥索里奥·萨巴拉

P

P. Acevedo	P·阿塞维多
Pantaleón López Ayllón	潘塔莱翁·洛佩斯·艾利翁
Pastor Micha Ondo Bile	帕斯托尔·米恰·翁多·比莱
Pastor Torao Sikala	帕斯特尔·托拉奥·斯卡拉
Pedro de Ceballos	佩德罗·德塞瓦略斯
Pedro Ekong	佩德罗·埃孔
Pedro Escobar	佩德罗·埃斯克瓦尔
Pedro Jover Tovar	佩德罗·霍韦尔·托瓦尔
Pedro Latorre alcubierre	佩德罗·拉托雷·阿尔库维雷
Pedro Ndong Ncongo Nfono	佩德罗·恩东·恩科戈·恩福诺
Pedro Val Llovera	佩德罗·瓦尔·略韦拉
Peter Nicoll	佩特尔·尼克尔
Placido Micó Abogo	普拉西多·米科·阿沃戈
P. Vega	P·维加

R

Rafael Evita	拉斐尔·埃韦塔
Rafael Galbe Pueyo	拉斐尔·加尔贝·普埃约
Rafael Nsue Nchama	拉斐尔·恩苏埃·恩查马
Ramón Sedo Gómez	拉蒙·塞多·戈麦斯
Ramón Topete	拉蒙·托佩特

Ramós Esquivel	拉莫斯·埃斯吉维尔
Raymondo Stanguino	拉伊蒙多·斯坦蒂诺
Reyes Católicos	天主教双王
Ricardo Dillon	里卡多·迪利翁
Ricardo Erimola Chema	里卡多·埃里莫拉·耶马
Ricardo Mangue Obama Nfubea	里卡多·曼戈·奥巴马·恩富贝阿
Ricardo Owen	里卡多·欧文
Robert Galley	罗贝尔·加莱
Rodolfo Marín Villa	鲁道夫·马丁·比利亚
Rogey	罗杰
Román Borico Toichoa	罗曼·博里科·托伊乔阿
Román Morales Fernández	罗曼·莫拉雷斯·费尔南德斯
Rosendo Ela Nsue Mibui	罗森多·埃拉·恩苏埃·米布伊
Ruben Maye Nsue	鲁本·马耶·恩苏埃

S

Salomón Nguema Nwono	萨洛蒙·恩圭马·恩沃诺
Salvador Ela Nseng	萨尔瓦多·埃拉·恩圣
Samuel Brew	萨穆埃尔·布鲁
Samuel Johnson	萨穆埃尔·约翰逊
Santiago Ángel Djamanene	圣地亚哥·安赫尔·德哈马内内
Santiago Yague	圣地亚哥·亚圭
Sas Ebuera	萨斯·埃布埃拉
Saturnino Ibongo	萨图尼诺·伊邦戈
Sauker	萨乌科尔
Scott	斯克特
Secundino Oyono Awong Ada	塞昆迪诺·奥约诺·阿沃·阿达

Sepoko	塞博克
Severo Moto Nsa	塞维洛·莫托·恩萨
Silvestre Siale Bileka	西尔维斯特雷·西亚莱·比莱卡
Simón Ngomo	西蒙·恩戈莫

T

Teodoro Nguema Obiang Mangue	特奥多洛·恩圭马·奥比昂·曼戈
Teodoro Obiang Nguema Mbasogo	特奥多洛·奥比昂·恩圭马·姆巴索戈
Teodosio Noeli	特奥多西奥·诺埃利
Teofilo Bieveda	特奥费洛·比埃维达
Teresa Efua Asangono	特雷莎·恩福阿·阿桑戈诺
Toichoa Boricó	托伊乔阿·博里克
Tomás A. King	托马斯·A·金
Tomás Mecheba Fernández Galilea	托马斯·梅车巴·费尔南斯·加利莱亚

V

Vasco da Gama	瓦斯科·达·伽马
Vazquez	巴斯克斯
Vega	维加
Venancio Miko	贝南西奥·米科
Vicente Ehate Tomi	比森特·埃哈特·托米
Vicente Gómez Ferreira	比森特·戈麦斯·费雷伊拉
Vicente Owono Minang	比森特·奥沃诺·米南戈
Victor Suances del Río	维克托·苏安塞斯·德里奥
Villalba Pérez	比利亚尔瓦·佩雷斯
Villalón Santa Ella Beltrán	比利亚隆·圣埃利亚·贝尔特兰

W

Weja Chicampo Puye	维哈·奇坎波·普耶
Welliam F. Owen	威廉姆·F·欧文
Wilwaldo Jones Niger	维尔瓦尔多·霍内斯·尼赫尔
Wise	威萨

Y

Yeli Ibape	耶利·伊巴佩

参考书目

1. Historia de Guinea Ecuatorial …… Rosendo-Ela Nsue Mibui.
2. Historia de la Colonización y de la Descolonización de Guinea Ecuatorial por España …… Rosendo-Ela Nsue Mibui.
3. Mi Vida por mi Pueblo …… Teodoro Obiang Nguema Mbasogo.
4. Guinea Ecuatorial-País Joven（Ⅰ）…… Teodoro Obiang Nguema Mbasogo.
5. Guinea Ecuatorial-País Joven（Ⅱ）…… Teodoro Obiang Nguema Mbasogo.
6. Guinea Ecuatorial …… Jagual.
7. P. D. G. E-Memorial.
8. Crónica Gráfica de la Guinea Española …… José Luis Jurado Centurión.
9. De colonia a Estado：Guinea Ecuatorial 1955－1968 …… Alicia Campos Serrano de la Calle.
10. Origen de la colonización española de Guinea Ecuatorial（1777－1860）…… Mariano L. de Castro y María Luisa.

图书在版编目(CIP)数据

赤道几内亚简史/许昌财著. —北京:世界知识出版社,2015.11
ISBN 978-7-5012-5075-2

Ⅰ.①赤… Ⅱ.①许… Ⅲ.①赤道几内亚－历史 Ⅳ.①K439

中国版本图书馆 CIP 数据核字(2015)第 265633 号

书　　名	**赤道几内亚简史** Chidaojineiya Jianshi
作　　者	许昌财
责任编辑	孟　玲　程　立　洪静茹
责任出版	赵　玥
责任校对	小　韩
出版发行	世界知识出版社
地址邮编	北京市东城区干面胡同 51 号(100010)
网　　址	www.ishizhi.cn
联系电话	010－65265923(发行)　010－85119023(邮购) 010－85113916(编辑)
经　　销	新华书店
排版设计	北京天放自动化技术开发公司
印　　刷	北京毅峰讯捷印刷有限公司
开本印张	880×1230 毫米　1/32　14 印张
字　　数	290 千字
版次印次	2016 年 1 月第一版　2016 年 1 月第一次印刷
标准书号	ISBN 978－7－5012－5075－2
定　　价	58.00 元

版权所有　侵权必究